本书由哈尔滨商业大学博士科研启动金项目资助

|光明社科文库|

冰雪纪行
哈尔滨冰雪文化的民族志研究

佟　彤 ◎ 著

光明日报出版社

图书在版编目（CIP）数据

冰雪纪行：哈尔滨冰雪文化的民族志研究 / 佟彤著.
北京：光明日报出版社，2025.3. -- ISBN 978-7-5194-8575-7

Ⅰ. G127.351

中国国家版本馆 CIP 数据核字第 2025CF0266 号

冰雪纪行：哈尔滨冰雪文化的民族志研究
BINGXUE JIXING：HAERBIN BINGXUE WENHUA DE MINZUZHI YANJIU

著　　者：佟　彤	
责任编辑：杨　娜	责任校对：杨　茹　乔宇佳
封面设计：中联华文	责任印制：曹　诤

出版发行：光明日报出版社
地　　址：北京市西城区永安路106号，100050
电　　话：010-63169890（咨询），010-63131930（邮购）
传　　真：010-63131930
网　　址：http://book.gmw.cn
E – mail：gmrbcbs@gmw.cn
法律顾问：北京市兰台律师事务所龚柳方律师
印　　刷：三河市华东印刷有限公司
装　　订：三河市华东印刷有限公司
本书如有破损、缺页、装订错误，请与本社联系调换，电话：010-63131930

开　　本：170mm×240mm	
字　　数：201千字	印　　张：15
版　　次：2025年3月第1版	印　　次：2025年3月第1次印刷
书　　号：ISBN 978-7-5194-8575-7	
定　　价：95.00元	

版权所有　　翻印必究

荐　读

　　作为佟彤博士的导师，我有幸见证了她对哈尔滨冰雪文化民族志研究的深厚热情和学术探索。佟彤博士的著作《冰雪纪行：哈尔滨冰雪文化的民族志研究》不仅是一部学术研究的力作，更是她对家乡民族文化传承与创新的深情告白。

　　本书以严谨的学术态度和生动的田野调查为基础，深入挖掘了哈尔滨冰雪文化的丰富内涵和历史演变；运用多学科的理论知识，对冰雪大世界这一独特的文化现象进行了全面的解读，展现了其在社会变迁中的复杂性和多样性。她对冰雪文化传统的创造性转化和创新性发展提出了独到的见解，为我们理解当代民俗文化提供了新的视角。书中，佟彤博士对冰雪节庆活动的组织、设计、搭建和表演等环节进行了细致的分析，揭示了多元参与角色之间的互动关系和文化表演的社会意义。她对非物质文化遗产保护的深刻洞察，以及对社区参与概念的重新诠释，体现了她对文化传承和地方认同建构的深入思考。

　　我推荐这部著作给所有对民俗学、文化地理学和非物质文化遗产保护感兴趣的学者和读者。佟彤博士的作品是对哈尔滨冰雪文化深情的颂歌，也是对文化多样性和地方性知识重要性的有力证明。通过阅读本书，读者将获得一次深入了解和体验哈尔滨冰雪文化的独特旅程。

中国社会科学院文学研究所　安德明

前　言

　　哈尔滨地区的冰雪文化由来已久，位于松花江中游的满族先世肃慎人、挹娄人、靺鞨人，为了在风雪严寒的环境中求得生存，从敬畏冰雪、祭祀冰雪之神发展到喜爱冰雪、利用冰雪，创造了包罗万象的冰雪文化传统。这一文化传统世代相传，至今在当地民众日常生活的各方面发挥着重要影响。20世纪60年代，当地政府机构在已有传统基础上开始创办冰雪节，把松花江流域的冰雪文化推向了发展的顶峰。经过数十年的起伏跌宕，冰雪节渐成规模，并在政府、商业集团和冰雕艺人等多方力量共同推动下，于1999年被定性为"全世界规模最大的冰雪盛会"，"冰雪大世界"应运而生，成了这项每年持续一月之久的冰雪盛会的核心部分。无论是早期的冰雪节还是今天的冰雪大世界，它们的产生，背后都包含着深刻的社会历史影响和主持参与者复杂多样的动机。对哈尔滨而言，它尤其与这座城市的发展史密切相关。从作为"流放之地"的小渔村到多元的"东方小巴黎"，从昔日的工业重镇到今天"年轻人逃离、老年人海边养老"的"逃亡之地"，哈尔滨在过去的一个世纪当中经历了太多剧烈的变化。在这样的背景下，如何重塑城市的辉煌成为当地政府和社会各界共同关心的大事，丰厚的冰雪传统以及在其基础之上建构的冰雪大世界，自然被当成了复兴城市的重要资源，它不仅能够创造可观的经济效益，更重要的是能够成为城市独一无二的对外展示标志。近年来，随着非物质文化遗产保护运动的广泛兴起，当地的政府、商业集团、冰雕手工艺人以及其他诸多利益相关者，积极抓住这一新的机遇，在为冰雪大世界申请到哈尔滨"市级非遗项目"名号之后，更着力于国家非遗项目的申请，这在体现当地为该项目努力争取更大合法性、权威性和影响力的强烈愿望的同时，又进一步显示了这一新兴文化事象当中不可避免包含的传统化取向，以及商业化和权力参与等因素。

本书从"文化表演"的角度，结合冰雪文化发展史和哈尔滨冰雪节的产生过程，以对哈尔滨冰雪大世界组织、设计、搭建和表演等环节的田野调查及对相关人士的深度访谈为基础，集中探讨社会变迁过程中，以传统文化为基础的现代商业展演活动是如何从黑龙江地区的冰雪文化传统当中建构起来并如何在多元力量的互动当中获得成功的。具体而言，本书主要讨论了以下几方面的问题。

首先，"冰雪大世界"背后的多元参与角色。不管是官方的、商业的还是民众集体和个人的力量，他们都是基于不同的立场，本着不同的动机，来参与这一文化事件的建构的。在此过程中，具体的观念和诉求之间，不可避免会产生各种冲突和矛盾。这些冲突和矛盾，又始终因为一个共同的大目标而处在不断协商和妥协的状态，并最终能够达成一致，促成一个各方力量共同接受的文化表演。

其次，冰雪大世界的组织规划者，通过对当地已有的冰雪文化传统或相关要素的创造性运用，构建出了一个新的文化事象。它虽有别于传统，但又与传统有着千丝万缕的联系，既让参与各方觉得不伦不类又无法全然否定。这种被发明的传统，对作为活动中表演主体（如冰雕艺人、冰雪工人等）的当地人来说，有着突出的去语境化特征，但又在特定的时空条件下，面对来自四面八方的游客而经历了再语境化的处理，最终成了当地用以展示其"地方性"、外地人得以感受和体验当地"独特魅力"的一个特殊表演平台。

再次，冰雪大世界所"表演"或展示的具体内容，在保持传统冰灯造型和风格的同时，还常常顺应时代要求，不断创造大量新的题材，诸如克里姆林宫、撒哈拉、圣索菲亚大教堂等古代丝绸之路沿线国家风情，以及"王者荣耀"乐园等在年轻人中所流行的电子竞技游戏主题设计等，而其中每年一度作为冰雪节开幕标志的"采冰仪式"，是利用部分传统元素精心编创的表演活动，它尤其会创造出极度狂欢的场面。这一切，都为经营者带来了更大、更好的经济效益，客观上也面向更为广泛的观众群体，更加集中地展示了哈尔滨与时俱进、多元并蓄的城市面貌。其中的"采冰仪式"这一富于动态感和戏剧性的表演形式，突出表现了粗犷、豪迈、雄壮的"东北大汉"形象。这一形象，既符合外地人对东北人性格的想象与期待，又能满足当地人关于自我形象的定位，从而在高度商业化的表演活动中，强烈地表达了"本地"与"外地"之间复杂而微妙的关系，并使"本地"与外界更加密切地联系在一起。

最后，在对民俗传统进行当代重构和商业化利用的过程中，相关的参与者或行动方构成了一个总体目标基本一致或高度相似的群体，大体相当于非物质文化遗产保护中的"社区"。与联合国教科文组织（United Nations Educational Scientific and Cultural Organization，UNESCO）非遗保护中从官方与民间二元分界的关系中所强调的社区有所不同，本书从行动或实践的角度，把包括官方机构、商业团体和冰雕艺人及冰雪工人等在内的所有参与力量，都视为所涉及"社区"的有机组成部分。在复杂的综合商业活动和地方认同建构过程中，这些参与力量的具体诉求与行动会有种种差异，但在建造冰雪大世界这一大的目标之下，各种差异又往往会得到调和与统一，并最终促成总体目标的达成。这对于我们更加深刻地理解文化与地方认同建构过程中的权力关系，更加全面地认识《保护非物质文化遗产公约》所强调的"社区参与"在具体实践中的表现或变化，具有积极的参考意义。

目 录
CONTENTS

第一章 哈尔滨冰雪节庆：研究综述与方法论 ……………………… 1
  第一节 研究对象：哈尔滨地区的冰雪节庆 …………………… 2
  第二节 国内外研究综述 …………………………………… 5
  第三节 理论框架与研究方法论 …………………………… 13
  第四节 主要田野点介绍 …………………………………… 22

第二章 冰雪文化的历史演变与当代重构 ……………………… 27
  第一节 冰雪文化的历史根源与演进 ……………………… 29
  第二节 冰灯艺术简史及其与节日合流 …………………… 33
  第三节 冰雪传统的当代重构：全球旅游消费与地方文化复兴 … 40

第三章 冰雪文化的演进与历史脉络 ……………………… 56
  第一节 "传统"到"非物质文化遗产"的转变 ……………… 58
  第二节 "冰雪大世界"——作为文化表演的实践 ………… 68
  第三节 "表演性真实"下的地域认同 ……………………… 78

第四章 传统与现代的交织：冰灯艺术的历史演变与当代实践 …… **84**
 第一节 形态的演进：冰灯艺术的分类与特色 …………… 85
 第二节 技术的革新：冰灯制作工具与技艺的演化 ……… 92
 第三节 生产的转型：冰灯产业的组织形态与生产模式的演替 … 97
 第四节 艺术与生活的融合：手工艺人的日常生活与创作实践 …… 103

第五章 冰雪大世界与地域文化认同：构建地域性知识体系 … **114**
 第一节 冰雪大世界的申遗之旅与文化传承 ……………… 115
 第二节 群体狂欢：采冰仪式的田野调查与文化塑造 …… 128
 第三节 "民俗主义"视角下的共同体建构 ………………… 150

第六章 冰雪节庆中的社区参与多元话语 ……………………… **162**
 第一节 "社区参与"的多维视角 …………………………… 164
 第二节 官方在民俗文化表演中的引领作用 ……………… 170
 第三节 商业集团在冰雪节庆决策中的角色 ……………… 177
 第四节 个体参与者的自我表述与体验 …………………… 181
 第五节 构建"社区"：民俗文化表演中的实践与认同 ……… 203

结　语 …………………………………………………………… **209**
参考文献 ………………………………………………………… **214**
附　录 …………………………………………………………… **223**

第一章

哈尔滨冰雪节庆：研究综述与方法论

哈尔滨的冰雪节庆，作为这座城市的文化象征和国际交流的重要窗口，不仅是一场盛大的商业性民俗文化表演活动，更是"国际冰雪节"的核心组成部分。其历史渊源可追溯至松花江流域的满族先民，他们在对抗严酷自然环境的过程中，逐渐形成了一种独特的冰雪文化。这种文化深刻影响了当地的经济、交通、教育等各方面，并渗透至体育、娱乐、饮食、服饰等日常生活的诸多领域。自 20 世纪 60 年代起，随着大规模冰灯雕刻表演的兴起，哈尔滨的冰雪文化得到了更为广泛的传播和认可。其发展历程在地方志及新闻报道中有着详尽记录，为我们提供了一幅关于冰雪文化历史进程的全景图。随着非物质文化遗产（Intangible Cultural Heritage, ICH）保护运动的兴起，2015 年"冰雪大世界"成功申请为市级非物质文化遗产，标志着其在文化传承和保护方面迈出了重要一步。如今，政府、商业集团、手工艺人、工人和游客等多方力量正共同推动其向国家级非物质文化遗产的目标迈进。这一过程中的互动和影响，为我们提供了一个深入探讨的契机。

本书从民俗文化表演的角度出发，对"冰雪大世界"进行深入分析。表面上，它是对当地民俗传统和手工艺智慧的展示，但其深层结构则涉及不同社会角色之间的冲突与妥协、沟通与协商。本书将探讨在社会变迁的大背景下，如何从黑龙江地区的冰雪文化传统中建构起"冰雪大世界"这一现代商业表演活动，并分析其成功的关键因素。同时，本书也将探讨在当代重构民俗传统和商业化利用的过程中，"社区"概念在实际应用中的新内涵和表现形式，以及这一过程中的"社区参与"如何影响和塑造着"冰雪大世界"的文化身份和自我主体性。通过对这些问题的探讨，本书旨在为理解文化地标在现代社会中的演变提供新的视角，并为非物质文化遗产的保护与发展提供理论支持和实践指导。

第一节 研究对象：哈尔滨地区的冰雪节庆

本书是通过家乡民俗学视角对冰雪文化传统进行调查。从冰雪文化的历史、传承、创新、发展的脉络中进行梳理，揭示了当地的冰雪文化如何从日常生活的潜流中走向前台，以被包装的"文化表演"、完美而复杂的商业形态展示在大众面前，从而成为"传统发明"的典型案例。笔者家乡在黑龙江省绥化市，距离哈尔滨约一个半小时的车程，两个地区的地理特征、文化背景、民间信仰、语言交流等方面很相似，这给"冰雪大世界"的研究提供了调查条件与文化理解等多方面的便利。

哈尔滨市是中国纬度最高、气温最低的省会城市，年均气温3.6摄氏度，冬天可达零下30摄氏度，故有"冰城"之称。在这块令人望寒生畏的土地上，当地民众把寒冷和冰雪化为神奇，创造出了晶莹夺目的冰雪文化，主要包括冰灯、冰雕、雪雕、冰雪运动、冰雪饮食、冰雪服饰等，它是一种具有地域性、民族性和审美性的文化现象。在先民的日常生活中，冰灯是在寒冬时节人们露天喂马或捕鱼时的简单照明工具，在维德罗（俄语音译，意为小水桶）中放水取冰，其中植入蜡烛而成。对冰雪文化的信仰也构成研究的一个重要方面，在满族萨满教中有祭祀冰神、崇拜雪神的行为，关于冰神、雪神也有丰富的神话和祭祀礼仪记载，并衍生出一系列传承至今的民间仪式、庆典活动，如满族的"滚冰"、俄侨的冰上洗礼等。

1999年，为了迎接千禧年，由黑龙江省政府计划建造了"冰雪大世界"。至今已经发展为集雕刻、建筑、园林、机械、电子等多元学科为一体的系统工程，甚至在此基础之上形成的民俗文化节——长达一个月之久的哈尔滨国际"冰雪节"，与日本的"札幌雪节"、加拿大的"魁北克冬季狂欢节"和渥太华"冬乐节"齐名，是世界上少数几个内容最丰富、气氛最热烈的冬令盛典之一。每年冬令时节，哈尔滨街道和广场上张灯结彩，男女老幼喜气洋洋，冰雪艺术、冰雪体育、冰雪饮食、冰雪经贸、冰雪旅游、冰雪会展、冰雪文化旅游等各项活动在银白的世界里有声有色地开展起来，中国北方名城霎时变成了硕大无朋的冰雪舞台。其中众所周知的就是哈尔滨"冰雪大世界"，它的建造时间为15~20天。所动用的人力，以2016年为例，共有临时雇用农民工1.5万余人，其中场内施工人数达1.2万余人，场外负责取冰、运冰的农民工有3000人左右；2016年的园区总用冰量20万立方米，用雪量预计15万立方米。从1963年至今，"冰雪大世界"实际上是地方政府为了经济发展而对地方文化和身份进行操作和重塑，在经济发展的同时还打造了地方文化名片。尤其是在黑龙江经历了"共和国长子"的光环渐退、东北老工业基地衰落到如今缺乏技术、市场、人才流失的现状之后，出现了各种主体焦虑，因此政府依据地方民间文化打造或"发明"出具有独特性的文化身份，展示"自我"对自身传统的表述尤显必要。

　　冰雪表演作为一种现代文化表演形式，虽然由政府主导，但其展示内容却是多方社会角色共同参与和协商的结果。这包括政府、主办集团、文化公司、建筑公司、策划机构、商业角色以及市民、非正式票务经纪人、城市司机、旅行团体等。这些角色的互动构成了一个复杂而多元的社会参与网络。印第安纳大学学者贝弗利·斯道杰（Beverly J. Stoeltje）在《权力和仪式类型》这篇文章里提出了一种仪式模式，确认节日将随着时间演进而发生重大改变，仪式、节日、庆典、集市商会、大型表演（spectacle）等这些"仪式类事象"（ritual genres），"不仅是权力操练运作的发源地，而且是展现这种操练和运作的舞台"①。官方的、商业的、信仰的、民众的和个人的参与使整个表演更加多元和复杂，那么多元的社会角色在这样一个大型文化表演中都是基于怎样的出发点，通过怎样的自我表述以及如何面对沟通中的互动和冲突的呢？在历年的政策、偶发事件的话语影响下，多元角色又是如何建立的合作关系？通过对"冰雪大世界"的背景、形式、组织过程、表演过程、参与角色及其话语考察，本书还将探讨文化表演中充斥着的不同话语交织以及在此语境中的表达。如此宏大的工程是如何开始和完成的，在"冰雪节"期间园区内的吉祥物形象、行为活动、"滚冰"仪式、冰灯、冰雕展出与互动等"文化表演"行为是如何通过传统民间文化而建构出来的，这都是本书主要关注的问题。本书将"冰雪大世界"定位为一场"文化表演"，即通过一系列事件将以冰为主题的各种角色之间的交流、表达活动连接起来。本书所要探讨的正是这些角色在"文化表演"场景中的扮演问题、社会性的实践问题等。这场冰雪文化表演是从黑龙江地区的冰雪文化传统当中建构起来的，人们所了解和熟识的寒季娱乐和日常生活连接起过去、现在和未来，提供了一个反映当下社会境况的契机和当地人建立认同感的文化空间，以及创造新的社会关系的机会。

在世界各地"非遗"热以及如火如荼的民俗文化旅游的大背景下，大众对各种民俗事象，特别是自己不熟悉的民俗事象的兴趣与日俱增，当代的民俗文化表演除商业性之外，也传递着更多的思乡、怀旧情绪，更是带着来自传统的、根深蒂固的文化基因。

---

① 李靖. 印象"泼水节"：交织于国家、地方、民间仪式中的少数民族节庆旅游［J］. 民俗研究，2014（1）：45-57.

第二节　国内外研究综述

国内外关于冰灯、冰雕作为一种艺术形式的研究成果主要集中在现代科技手段运用于传统艺术形式之中，大多聚焦于运用现代科技来塑造冰雕，赋予冰以更复杂、更美观的审美展示价值。其中罗伯特·加罗夫（Robert Garroff）、兰迪·芬奇（Randy Finch）、德里克·马科斯菲尔德（Derek Maxfield）等人合著的《现代冰雕技法：宴会冰雕·节庆冰雕·竞赛冰雕》[①]是美国学习冰雕课程的基础教材，其中详细介绍了关于冰雕的用冰硬度、适宜温度、雕刻工具等技术性问题，阐释了现代化工具向传统切削工具等发起的挑战，以及雕刻者如何发挥定向水流、气流、光流、声流、热流的作用来帮助他们创造出更好的雕刻作品等，同时也拓展了冰雕的功能。比如，将微型冰雕作品置于冷餐盘饰之中等。较之国外，国内的冰雕技艺著作和论文较少，王凯宏、贺敏、李方海等人合著的《黑龙江冰雕文化的发展与制作技术》[②]是目前可见的唯一一篇关于冰雕制作的文章，它以东北冰雕艺术的角度为基点，主要关注的是冰雕在设计及制作工艺上的相关问题。哈尔滨市在20世纪60年代大型冰灯文化表演活动之初曾出版过一系列关于1963年哈尔滨第一届冰灯游园会直接参与者的个人书写，包括第一批策划者对当时背景、资金来源、困难障碍等的介绍，也包括第一批冰灯、冰雕手工艺者的口述记录，以及在最初的冰灯游园会之后召集出版的当代诗文等。这些资料为本书的写作提供了丰富而翔实的第一手文献资料，珍贵至极。2001年

[①] 加罗夫，芬奇，马科斯菲尔德. 现代冰雕技法：宴会冰雕·节庆冰雕·竞赛冰雕[M]. 郑蕴，葛莉，刘旸菲，译. 沈阳：辽宁科学技术出版社，2006.
[②] 王凯宏，贺敏，李方海. 黑龙江冰雕文化的发展与制作技术[J]. 艺术品鉴，2013（2）：40-41.

由王景富编著的《永不重复的童话：哈尔滨冰灯诗文选粹》，以及2005年方存忠、张少良编著的《情系哈尔滨》，均收集了自1963年以来部分关于哈尔滨冰灯的诗文，是早期关于冰灯的专题性综合文学作品选集，抛开艺术性不谈，我们首先能看到的就是当地人对哈尔滨冰灯的寻找童年般的情结和追忆。2013年是哈尔滨兆麟公园冰灯游园会的50年里程碑，由哈尔滨市政协文史和学习委员会编写的《那个冬天——哈尔滨冰雪文化50年》和哈尔滨市城市管理局编写的《哈尔滨冰灯五十年》这两本资料是关于"冰灯游园会"的产生缘由、建造过程、困难障碍、个人心路等内容的文章选集，其中的写作者和口述者几乎都为20世纪70年代哈尔滨冰雪文化节的重要决策者和参与者。

对哈尔滨市冰雪文化的研究文献和专著较多，黑龙江地区冬季气候恶，土气极寒，"八月雪，其长也，一雪地即冻，至来年三月方释"①，冰雪成为超自然的异己力量，在千里冰封的漫长岁月中出现了为数众多且神秘莫测的冰雪神话，自然而然形成了对冰雪神灵的崇拜、信仰以及相应的祭祀仪式。富育光的论文《北方冰雪文化述考》②通过大量的文献搜集从而展开对黑龙江地区满族、鄂伦春族、赫哲族等诸民族的冰雪文化生存之缘、东北民间信仰、冰雪神话、冰雪祭祀以及冰雪文化与少数民族日常生活的研究。郭淑云的论文《满族萨满教雪祭探析——兼论原始萨满教的社会功能》③中指出雪祭是满族萨满教中最古老的祭祀大典之一，在白山黑水的教谕中占据极高的地位，认为满族萨满教雪祭是以物化的形式、隆重的礼仪及神话、史诗等展示了满族及其祖先对冰雪的恐惧与崇拜，并阐释了雪祭仪式在崇奉萨满教地域的重要社会功

---

① 胡朴安. 中华全国风俗志 [M]. 石家庄：河北人民出版社, 1986：109.
② 富育光. 北方冰雪文化述考 [J]. 民间文化, 2001 (2)：72-78.
③ 郭淑云. 满族萨满教雪祭探析：兼论原始萨满教的社会功能 [J]. 内蒙古社会科学（文史哲版）, 1992 (5)：65-70.

能。王景富的《世界五千年冰雪文化大观》①、《哈尔滨冰雪文化发展史》②两本著作梳理了冰雪节庆、冰雪雕塑、冰雪饭店、冰雪婚礼、冰雪艺术、冰雪文学、冰雪体育、冰雪旅游及附录热爱冰雪等十部分，全面系统地介绍了世界范围内开发冰雪资源、发展冰雪文化的历史和现状。龚强的《冰雪文化与黑龙江少数民族》③是一部系统展示冰雪文化和黑龙江世居少数民族风情及其内在联系的著作，这部专著全面记述了冰雪文化的形成与演进，阐释了冰雪文化在中华文明中的地位和作用，等等。关于哈尔滨冰雪文化、各地冰灯、冰雕塑的技术性及其观赏性等问题的研究成果有很多，但是通过民俗学理论、文化表演的视角对地方性冰雪文化及其表演活动冰雪大世界的研究却显缺失。

本书从民俗节庆与地方认同视角出发来分析作为现代都市民俗文化表演活动的冰雪大世界，国内外对此理论视角的研究成果颇多。20世纪70年代，英国谢菲尔德大学地理系教授彼得·杰克逊（Peter Jackson）在其著作 Maps of Meaning 中首先提出了文化研究应关注文化政治、权力等因素在建立地方性知识的过程中所发挥的核心作用，文化是代际传承的，同时也渗透在人们的日常生活之中。尤其是在后现代主义语境下，异质、多元甚至相互冲突的话语交织不断，语言、知识和社会实践等均在意义建构中具有重要价值。④文化景观的变化与相应的权力关系紧密相关，不同角色和群体通过权力斗争来赋予文化空间以意义。"文化地理学家们非常重视文化的多样性并将关注焦点转向探索人们日常生活的空间实践，重点分析文化被生产和再生产的社会关系，其

---

① 王景富. 世界五千年冰雪文化大观［M］. 哈尔滨：黑龙江人民出版社，2007.
② 王景富. 哈尔滨冰雪文化发展史［M］. 哈尔滨：黑龙江人民出版社，2007.
③ 龚强. 冰雪文化与黑龙江少数民族［M］. 哈尔滨：黑龙江人民出版社，2008.
④ MITCHELL D. Cultural geography: A critical introduction［M］. Oxford: Blackwell Publishers Limited, 2001.

中地方性文化和社会实践是发挥重要作用的两个方面。"① 20 世纪 70 年代，人本主义地理学家段义孚将"地方"重新引入人文地理学研究，"地方认同"受到关注，强调人类地方体验的主观性，视地方为"感知的价值中心"，认为"地方"是稳定的、有界限的、具有历史连续性的实体。② 20 世纪 80 年代，马克思主义、女性主义、后结构主义等学派认为，"地方"总是与权力相关，"地方"承载着丰富的社会文化意义，成为建构社会关系和权力关系的地理媒介，与个体、社区等群体的身份认同建构密切相关。③ 其讨论地方认同的建构过程与本地独特的"地方性知识"，并使其成为他者得以识别该地方的独特性。从时间层面上来看，集体记忆常被以景观、文本等特定形式固定和保存下来，并不断使其重现以获得现实意义。个人通过与他人进行社会交流、参与祝祷仪式、民俗节庆等来回忆过去、分享记忆，以此来增强群体成员的凝聚力。尽管在发现或制造景观的过程中，权力并非总是压制的姿态，当权力仅集中在精英群体手中时，草根群体所认同的地方性就可能被抹杀，但权力却可能给地方性的建构带来多种可能性。

20 世纪 80 年代以来，民俗节庆与"地方"概念结合起来受到持续的关注。在西方语境中，常常把节日（festival）和特殊事件（special event）合为一个整体来探讨，在英文中简称为 FSE（Festivals & Special Events），中文译为"节日和特殊事件"。④ 美国人类学家克利福德·格尔茨（Clifford Geertz）把经过策划的事件（planned event）分为八类，包括文化庆典（节日、狂欢节、宗教事件、大型表演、历史纪念活

---

① 刘博，朱竑. 新创民俗节庆与地方认同建构：以广府庙会为例 [J]. 地理科学进展，2014, 33 (4)：574-583.
② 段义孚. 人文主义地理学之我见 [J]. 地理科学进展，2006, 25 (2)：1-7.
③ 朱竑，钱俊希，封丹. 空间象征性意义的研究进展与启示 [J]. 地理科学进展，2010, 29 (6)：643-648.
④ 戴光全，保继刚. 西方事件及事件旅游研究的概念、内容、方法与启发（上）[J]. 旅游学刊，2003, 18 (5)：26-34.

动)、文艺娱乐事件(音乐会、其他表演、文艺展览、授奖仪式)、商贸及会展(展览会/展销会、博览会、会议、广告促销、募捐/筹资活动)、体育赛事(职业比赛、业余竞赛)、教育科学事件(研讨班、专题学术会议、学术讨论会、学术大会、教科发布会)、休闲事件(游戏和趣味体育、娱乐事件)、政治/政府事件(就职典礼、授职/授勋仪式、贵宾VIP观礼、群众集会)、私人事件(周年纪念、家庭假日、宗教礼拜、舞会、节庆、同学、亲友联欢会)。① 民俗节庆是文化节庆中的一部分,它有助于保存和传承地方传统文化②,宣扬地方的文化精神,增进人们的身份认同,进而增强群体凝聚力和认同感③,同时节庆在表达特定群体的文化意义时,为他者提供了一个学习本土民俗文化的机会,实现了与他者的文化沟通与交流④。民俗节庆是被发明的传统,它并非一成不变,而是随着时间变化,所谓"传统""真实"也是由不同群体建构出来的。⑤ 因此,民俗节庆是建立在地方认同基础之上的具有包容性的文化事件。随着全球化、城市化与非物质文化遗产项目兴起等多种原因,民俗节庆常常被视为城市再定位的策略和地方营销的主要途径。例如,卡罗拉·伦茨(Carola Lentz)在论文中关注现代社会城市民俗节庆,阐释权力在其中所产生的作用⑥;李靖在其《印象"泼水节"》一文中关注交织在国家、地方、民间仪式等元素中的少数民族

---

① GETZ D. Event management & event tourism [M]. New York: Cognizant Communication Corporation, 1997: 386.
② ASSMANN J, CZAPLICKA J. Collective memory and cultural identity [J]. New German Critique, 1995, 65 (65): 125-133.
③ EKMAN A K. The revival of cultural celebrations in regional sweden: Aspects of tradition and transition [J]. Sociologia Ruralis, 2010, 39 (3): 280-293.
④ QUINN B. Changing festival places: insights from Galway [J]. Social & Cultural Geography, 2005, 6 (2): 237-252.
⑤ 霍布斯鲍姆, 兰格. 传统的发明 [M]. 顾杭, 庞冠群, 译. 南京: 译林出版社, 2004: 1.
⑥ LENTZ C. Local culture in the national arena: the politics of cultural festivals in Ghana [J]. African Studies Review, 2001, 44 (3): 47-72.

节庆旅游；也有论文探讨政府主办对节庆参与度的影响问题①；等等。"地方"并没有明确的边界，"认同"也处于不断被建构的过程之中。本书试图理解在全球化冲击与快速城市化进程中，哈尔滨地区如何利用民俗活动、冰灯手工艺展示等文化表演来展现自身的文化身份认同，不同行动者如何行使权力的问题等。为了更加深刻地理解地方认同建构过程中的权力关系，本书基于地方视角，分析不同参与者的不同诉求和行为，这将有助于理解多元文化背景下的城市民俗节庆、文化表演与地方认同的关系。

与民俗节庆、地方认同同时发展起来的遗产旅游也是本书所借助的理论视角之一。中文的"遗产"一词最早出现在《后汉书》卷五十七，原句为"（郭）丹出典州郡，入为三公，而家无遗产，子孙困匮"，其含义可以理解为"亡者留下的财产"。但"遗产"在中国古代文献中并不常见，在《二十五史》当中仅出现过10次，其含义均与《后汉书》中相同，且沿用至今。② 目前在文化与自然遗产研究领域广泛使用的"遗产"一词经历了"宝物""古玩""文物""文化遗产""文化与自然遗产""非物质文化遗产"等发展阶段，其蕴藏的内涵不断变化。③在西方语境中，英文"遗产"（heritage）一词源于拉丁文，指"父亲留下而可为子孙继承的财产"，与中国古汉语的"遗产"词义基本相同。直到20世纪下半叶，"遗产"一词的外延才开始逐渐扩大，地方文化、历史名人等都成为"遗产"的一部分，并越来越为娱乐或商业目的所利用。20世纪70年代，联合国教科文组织（UNESCO）颁布

---

① 余青，吴必虎，殷平，等．中国城市节事活动的开发与管理［J］．地理研究，2004，23（6）：845-855．
② 汪受宽．二十五史新编（修订版）（全十五册）［M］．上海：上海古籍出版社，1997．
③ 张朝枝．旅游与遗产保护：基于案例的理论研究［M］．天津：南开大学出版社，2008：1．

《世界遗产公约》与《各国保护文化与自然遗产建议案》，这两份文件使"自然遗产""文化遗产"及"世界遗产"等概念广为传播。[①] 20世纪后半叶，在很多发达国家，遗产地、遗产景观成为旅游业的重要组成部分，例如，在英国，遗产业被称为"英国吸引海外游客的主要力量"，每年约28%的旅游收入来自遗产旅游业。[②] 随着全球化、城市化进程的加快，中国作为一个文明古国、遗产大国也有意识地将遗产地、非遗地、非遗景观等打造成为旅游资源。在此之前，许多以历史遗迹和古代名人故居等为景观的旅游业早已开始，西方小说家们经常通过游历、流浪来进行小说创作，比如，16世纪西班牙小说《托美思河的小拉撒路》（又叫《小癞子》）、《堂吉诃德》等。但在20世纪70年代以前并没有出现将遗产打造成旅游业一部分的现象。因此，有意识地建造"遗产旅游"是近现代的发明，尽管"遗产或非遗价值远不止旅游经济价值，但由于旅游价值更容易被上层社会或者有话语权的人群所使用，故遗产的旅游价值往往更显性，而其他价值往往被隐性化"[③]。

英国学者戴伦·蒂莫西（Dallen J. Timothy）、斯蒂芬·博伊德（Stephen W. Boyd）在《遗产旅游》一书中对"遗产旅游"（heritage tourism）做了明确定义，认为遗产旅游是"深度接触其他国家或地区自然景观、人类遗产、艺术、哲学以及习俗等方面的旅游"[④]。而节庆、特殊活动则是遗产旅游中的重要因素，其形式多种多样，涵盖众多的主

[①] 顾军，苑利. 文化遗产报告：世界文化遗产保护运动的理论与实践 [M]. 北京：社会科学文献出版社，2005.

[②] MARKWELL S, BENNETT M, RAVENSCROFT N. The changing market for heritage tourism: a case study of visits to historic houses in England [J]. International Journal of Heritage Studies, 1997, 3 (2): 95-108.

[③] 张朝枝. 旅游与遗产保护：基于案例的理论研究 [M]. 天津：南开大学出版社，2008：5.

[④] 蒂莫西，博伊德. 遗产旅游 [M]. 程尽能，主译. 北京：旅游教育出版社，2007：1.

题,有时甚至是超出了遗产的范畴。① 旅游开发与遗产保护存在三种关系,即独立、共生、对立,其本质是在全球化旅游业兴盛的时代不同参与者在利用冲突和权力博弈时造成的不同状态。② 从早期对遗产旅游的研究成果来看,最初对遗产保护与旅游开发的研究在"要么冲突、要么伙伴"③的关系中摆动,逐渐发展到文化遗产向旅游经济的商业目标妥协④,甚至认为共享遗产资源并将其进行旅游开发有利于旅游与遗产的发展,适度开发可以提高双赢互利的机会,激活民众对本土历史、民俗文化的兴趣,形成区域内经济、文化发展的助力。

与此同时,对"保护"一词的界定也在不同的时期被用于各种不同的语境,从最初"指完全不使用资源"到后来"将保护定义为有目的的保存",可见学界对遗产、民俗文化等事象态度的转变。在中国也出现过很多关于遗产、民俗保护与是否开发、开发尺度问题的探讨,刘魁立在谈中国传统村落保护中提出"活鱼放在水中看"⑤。朝戈金在讨论口头艺术的保护与传承的过程中也提到类似的看法。如今遗产地、民俗文化的保护性开发已成为几乎不再讨论的共识,更多的研究关注不同案例之间的不同保护方式以及对保护方式背后所呈现问题的探讨。有从旅游者、游客的视角来探讨古镇作为世界遗产地旅游的研究,也有从景区利益均衡方向来进行遗产地作为景区的分析,等等。但是在众多的研究成果中比较少见的是对于官方政策性的参与对遗产旅游、民俗文化游

---

① 蒂莫西,博伊德. 遗产旅游 [M]. 程尽能,主译. 北京:旅游教育出版社,2007: 34.
② JACOB G R, SCHREYER R. Conflict in outdoor recreation: a theoretical perspective [J]. Journal of Leisure Research, 1980, 12 (4): 368-380.
③ MCKERCHER B, HO P S Y, CROS H D. Relationship between tourism and cultural heritage management: evidence from Hong Kong [J]. Tourism Management, 2005, 26 (4): 539-548.
④ DANIEL Y. Tourism dance performances authenticity and creativity [J]. Annals of Tourism Research, 1996, 23 (4): 780-797.
⑤ 原载于《民俗中华》微信公众号 2016 年 6 月 6 日。

等问题的讨论。本书对冰雪大世界生成机制的分析则是在关注实践者、民众等因素的基础上,平衡其与官方的关系,肯定官方、政策等因素对大型民俗文化事件的主导作用。

在综合考量现有的学术研究基础上,本书致力于深入探讨哈尔滨地区如何通过民俗活动和冰灯手工艺展示等文化表演的形式,来塑造和展现其独特的文化身份认同。不仅聚焦于文化表演本身,更特别关注参与其中的各类社会行动者——包括政府机构、艺术团体、商业组织、地方居民以及其他利益相关者,他们如何在这个过程中运用和行使权力,以及这些行为如何塑造和影响地方认同的构建和发展。

第三节 理论框架与研究方法论

一、理论架构与基本概念

"冰雪文化"是一种在人与自然相互影响的过程中逐渐形成并传承延续下来的文化传统,而"冰雪大世界"则是近年来在较多人为因素干预下逐渐产生的"被制造的"事件。对于这类"被制造的"事件,民俗学界一度曾称之为"伪民俗"并予以猛烈抨击。但近年来,随着社会思潮的变化与民俗学本身学术取向的转型,越来越多的人开始接受"民俗主义"的概念并用它来理解和解释相关现象。"民俗主义"曾是民间文化研究领域内所讨论的重要问题之一,并直接导致了20世纪60年代民间文化学科研究范式的转型。杨利慧在《"民俗主义"概念的涵义、应用及其对当代中国民俗学建设的意义》[①]一文中针对目前国内民

---

① 杨利慧. "民俗主义"概念的涵义、应用及其对当代中国民俗学建设的意义 [J]. 民间文化论坛, 2007 (1): 56-60.

俗学界存在的问题，对"民俗主义"概念的内涵做了进一步梳理，同时对民俗主义现象的个案研究做了介绍，并阐释有关民俗主义的讨论对当代中国民俗学建设的意义。"民俗主义"的出现使研究者从"真"与"假"的教条认知中、从对遗留物的溯源研究中解放出来，摆脱向后看、从过去的传统中寻求本真性的局限，睁开眼睛认真看待身边的现实世界，从而将民俗学的研究领域大大拓宽，促使民俗学与其他社会科学更好地对话，加强民俗学与当代社会之间的联系。王杰文在《"民俗主义"及其差异化的实践》[①]中总结了国际上不同国家、不同学者在对话和交流过程中对"民俗主义"的不同理解和"主动误解"。

汉斯·莫泽（Hans Moser）第一次提出了"民俗主义"这一概念，他认为现实中将"真实与伪造文化素材相混合"的现象，可称为民俗主义，但并未引起重视。直到德国学者赫尔曼·鲍辛格（Hermann Bausinger）用更多的例子来丰富"民俗主义"，鲍辛格注意到了这不仅是民俗素材的交融，更是一种"民俗的商品化"，是"民俗文化被第二手经历的过程"（the process of a folk culture being experienced at second hand）。同时参照西奥多·阿多诺（Theodor Wiesengrund Adorno）的"文化工业"概念，把"民俗主义"转向了"文化商品化"的路途上去。不过在当时，民俗主义也招致了相当一部分学者的诟病，认为这种混淆真伪的行径违背了"本真性"（authenticity），而这种对"本真性"的追求实际上是浪漫主义幻象的遗留。

直到20世纪80年代，"公共民俗学"的介入使"民俗主义"越加丰富，美国民俗学家也走到社会的各个层面，包括小型的博物馆展览、公共节日、民俗在大众媒介中的呈现。田兆元在《经济民俗学：探索认同性经济的轨迹》一文中指出，"民俗主义"传入中国后多被用来辩护民俗资源利用的合法性，但"在民俗资源应用已经天经地义的时代，

---

① 王杰文. "民俗主义"及其差异化的实践[J]. 民俗研究, 2014（2）: 15-28.

再也没有必要为民俗资源开发寻求合法性了,而应该直接以经济民俗学的思路来讨论经济民俗现象与民俗经济发展问题"①。他认为"中国描述性的经济民俗学研究,西方思辨式的习俗与市场研究,以及'民俗主义'的讨论,可助力经济民俗学的发展"。王霄冰在《民俗主义论与德国民俗学》中也总结了"与其总是站在外部去批评旅游业和商业界对于民俗元素的滥用,还不如以专家的身份真正介入其中,从经济民俗学的视角出发,对民俗与经济的关系展开研究,为现实中的民俗经济或民俗旅游提供必要的理论指导"②。通过"民俗主义"理论研究民俗事象的先例给予本书很大启发,在对"民俗主义"讨论的过程中,民俗文化的"本真性"与"制造"成为关键词,透过人造景观确认对自我主体性的认同也成为研究重点。

本书将研究对象哈尔滨冰雪节庆界定为一场"文化表演"(Culture Performance)③。关于"文化表演",如理查德·鲍曼(Richard Bauman)所说的,表演主要是指一种交流的框架、模式以及途径,考察表演者打算做什么,它是多变的、即时的,充满偶然性的。"在任何一种积极有效的交流行为中,什么构成了它的交流阐释框架?"国内对"文化表演"的理论范式研究有很多。比如,王杰文的《"表演性"与"表演研究"的范式转型》中提出"表演研究"对于"仪式表演"与"日常生活"之间的复杂关系。杨利慧的《语境、过程、表演者与朝向当下的民俗学——表演理论与中国民俗学的当代转型》对"表演理论"在中

---

① 田兆元. 经济民俗学:探索认同性经济的轨迹:兼论非遗生产性保护的本质属性[J]. 华东师范大学学报(哲学社会科学版),2014,46(2):88-96.
② 王霄冰. 民俗主义论与德国民俗学[J]. 民间文化论坛,2006(3):100-105.
③ Cultural Performance,可翻译为文化表演、表演性、文化展演。本书选择使用"文化表演"这一概念,一方面能够呈现出冰雪节庆、"冰雪大世界"的物理性的客观实体展示,另一方面也囊括了"展示"的概念,既强调了整个作为"文化表演"的"冰大"的艺术性,也没有忽视这一文化的政治、经济、社会组织等背景以及交织在一起的参与和交流。

国民俗学领域近 30 年间的传播和实践历程进行了梳理和总结，当代中国民俗学的研究取向在表演理论直接和间接的影响与推动下逐渐向注重语境、过程、表演者和当下发生转型等。关于"文化表演"的案例书对本书有更大的启发性。其中有潘峰的《民俗文化村的文化表演——以生态人类学的视角分析》，通过跨文化的角度展示了不同文化、族群是如何理解、改造环境，建构民俗文化村，又是如何诠释参与者在当下的生计活动，等等。理查德·鲍曼在其著作《作为表演的口头艺术》中阐释了两种"表演"的研究框架，一是作为"特殊的、艺术的交流方式"，二是作为"特殊的、显著的事件"，其中对"事件"即"文化表演"的论述和案例让笔者深有启发。文中提出二者实际上是可以被联系在一起的，对于"文化表演"的研究核心应该关注"表演是如何被制造的？形式如何起作用？功能具有什么样的意义？以及三者之间的相互关系是怎样的"[①]。此外，李靖的《印象"泼水节"：交织于国家、地方民间仪式中的少数民族节庆旅游》是关于文化表演旅游的案例研究，通过对云南西双版纳傣历新年泼水节的旅游项目考察，指出当地政府和宗教上层人士对节庆仪式的运作模式之多元复杂性，帮助笔者更好地理解在国家、地方、民间仪式的交织互动中，地方文化身份、民族自我形象以及传统性是如何通过一个具体的文化表演事件得到表达。吴晓、邹晓玲在《民间艺术表演文本的文化修辞》中指出，民俗村将民间艺术看作一种"表演文本"，通过符号的收集、包装的舞台化过程，艺术在消费逻辑下被不断景观化，成为"去生活化"的旅游标识物，一方面民俗文化在不断被破坏，另一方面这一族群的主体性也在不对等的交换中被剥离。[②] 在田野调查过程中，2017 年的央视春晚分会场选址

[①] 鲍曼，杨利慧. 美国民俗学和人类学领域中的"表演"观 [J]. 民族文学研究，2005（3）：139-144.

[②] 吴晓，邹晓玲. 民间艺术表演文本的文化修辞 [J]. 湖北社会科学，2007（11）：142-144.

"冰雪大世界",这使"冰雪大世界"经历了前所未有的繁杂准备,"冰雪春晚"更是被打造出一种"固定于时空中的一段文化记忆",成为国家认同的先进的民俗文化,并在后现代的包装下重新被诠释出来,这实际上也是借助商业化途径来对传统民俗进行复兴和重塑。

同时,由于对所研究对象背景的熟识,对冰雪文化和"冰雪大世界"的田野调查实际上也可以看作"家乡民俗学"的实践,中国民俗学从开始确立一直发展至今,"家乡民俗学是贯穿其中的一个重要的、具有连贯性的学术传统"。安德明在《走向自觉的家乡民俗学》中指出,"民俗并不是迥异于日常生活的奇异特殊的事象,也不是被学者从生活实际中抽象出来的玄奥对象,而就是我们生活的一个部分——我们每个人其实时时刻刻都生活在民俗当中。因此,民俗学者的主要任务并不在于寻找偏远、冷僻的奇风异俗,而是从日常的生活中发现不寻常的意义,在普通的生活中寻找并不普通的诗"[1]。在研究方法上,把视角更多地转向"本土""熟悉的地方",试图将其陌生化,发现日常生活中"习以为常"的文化特殊性。当作为民俗研究者的身份真正步入"家乡"才了解到不是应该用什么视角和态度去面对家乡,而实际上是无论田野是不是家乡,"我"都是"他者",每一次访谈首先都是对"我"的身份、目的的询问,访谈对象所认为的"我"的目的与论文的研究内容大相径庭,对"家乡"以及"家乡民俗学"的思考伴随着田野调查始终。

在研究中,"冰雪大世界"作为"文化表演"尤其不能忽视的是它的语境问题,这涉及了对"公共民俗学"的探讨。1950年,拉尔夫·毕尔斯(Ralph Beals)首次使用"应用民俗学"这一词汇,20世纪六七十年代逐渐发展起来,也称"公共民俗学"。"公众民俗学指民俗在新社会语境下,在民俗发生社区内外的实际展现和应用,它与其传统被

---

[1] 安德明,廖明君.走向自觉的家乡民俗学[J].民族艺术,2005(4):18-24.

展现的社区成员之间对话和合作中进行。"① "公共民俗学"指的更多是对民俗学者，民俗学者通过与传统艺术家及社区的合作来展现其文化形态，深度理解当地的文化，收集"活的"知识，探讨其运行方式，从而进行选择和展示。然而在公共民俗学的发展过程中，人们逐渐认识到，不论是"选择行为"还是"展示过程"，实际上都是一个阐释的过程，当民俗学者不仅仅是以作为第三方的视角来观察"地方性知识"，更多的是有意识地"介入"（intervention）当地文化之中，系统的文化干预使民俗学者与文化拥有者之间处于权力不对等的关系之中。在对"冰雪大世界"的田野调查中也着重考察了当地的民俗学者是如何参与到这项"民俗事件"之中的，他们的作用、他们的出发点和文化干预结果是如何呈现的，为了实现他们心中民俗最理想的展示、传承方式，他们是如何自我表述的？这也是笔者在田野考察过程中所考虑的重要问题。

二、研究策略与分析方法

本书旨在从民俗学的视角深入探讨冰雪文化等鲜少为研究者所关注之领域，旨在提供相关领域的宝贵民族志资料及基础性讨论。为了实现此目标，本书将采用一系列研究方法进行深入分析和讨论。

首先，文献分析法。文献研究是一种通过收集和分析现存的以文字、数字、符号、画面等信息形式出现的文献资料，来探讨和分析各种社会行为、社会关系及其他社会现象的研究方式。本书通过挖掘黑龙江地区松花江流域的冰雪文化，通过广泛查阅历代文献、详尽的地方志记录、丰富的口头民间故事传说等资料，对这一地区冰雪文化的起源和发展进行了系统的梳理。我们探讨了冰灯、冰雕等冰雪艺术形式如何与当

---

① 巴龙, 黄龙光. 美国公众民俗学：历史、问题和挑战 [J]. 文化遗产, 2010 (1): 86-96.

地的民间信仰、宗教信仰以及岁时节日等传统习俗相融合，揭示了这些艺术形式如何从民众的日常生活经验中汲取灵感，进而升华成为一种独特的文化表达，并再次渗透到民众的日常生活中。在文献和地方志的记载中，我们可以追溯"冰雪大世界"的历史脉络，于20世纪60年代在经济腾飞的哈尔滨诞生，到后来因各种原因的中断，再到其复兴和今天的辉煌，每一个阶段都映射着社会变迁和文化发展的深刻印记。"冰雪大世界"不仅是一个文化现象，它还承载着哈尔滨乃至整个黑龙江地区的历史记忆和文化身份。通过对"冰雪大世界"前世今生的考察，我们发现这一文化现象与城市的发展紧密相连，反映了社会经济结构的变迁以及人们对于文化传统的认同和传承。在每一个寒冷的冬日，当"冰雪大世界"以全新的面貌重新出现在公众视野中时，它不仅为人们带来了视觉上的震撼和心灵上的慰藉，更成为连接过去与现在、传统与现代的文化桥梁。

其次，本书采用了参与式观察法作为研究的主要手段。在这一过程中，笔者深入田野，与当地冰雪从业者们深度交流，参与其日常生活，捕捉到节庆气氛的微妙变化和节日场景的动态演进，以及这些变化带给个人参与者的影响。我们不仅参与了各种庆祝活动，还与不同背景的游客进行了深入的交流和互动，获得了对冰雪节庆活动的感性认知和深刻理解。由于冰和雪的独特物理属性，每年12月5日左右的"开冰节"成了"冰雪节"的标志性起点，这一节日持续50天，为人们带来了无尽的欢乐和艺术享受。然而，我们的田野调查并不仅限于2016年和2017年的冬季，而是涵盖了更广泛的时间范围和相关活动。例如，在2016年的冰雪节落幕之后，室外园区便开始为"啤酒节"做准备，同时也记录了2017年"冰雪节"的策划、设计和招商工作。此外，室内的冰灯和冰雕展览也从未停止过，它们在休整、展出和修正的循环中不断演变和完善。本书之所以关注"冰雪节"活动之外的相关事象，是因为这些活动与本书的主要研究目的密切相关，即从大型民间民俗文化表演的视角来探讨冰灯、冰雕作为民俗事象背后的发展逻辑。我们旨在分析民俗表演的行为本身,以及社会不同阶层、不同团体、不同角色之间的不同诉求、权力的冲突、协商与妥协。此外,民俗表演作为一个"事件"的结构问题以及冰雪文化发展的困境与未来也是本书关注的问题之一。

再次,研究采用了访谈法作为收集数据的关键手段。访谈对象包括"冰雪大世界"的主办公司及其相关合作公司的实际负责人、申遗部门的负责人、技艺精湛的冰雕手工艺者、参与"冰雪大世界"建设的各个子项目的工作人员、负责和参与采冰仪式的各方人士,以及哈尔滨的本地居民和来自不同地区的游客。这些对象代表了与冰雪节庆活动相关的不同利益相关者和社会群体。通过与这些对象进行深入的访谈,旨在从多个角度和层面获取冰雪节庆文化建设的全面信息。一方面,通过访谈主办公司和申遗部门的负责人,可以获得关于冰雪节庆文化建设的政策性资料和官方规划,这些信息为理解冰雪节庆活动背后的政策导向和战略布局提供了宝贵的视角。另一方面,与冰雕手工艺者、建设参与者、采冰仪式的负责人和参与者等一线实践者的交流,有助于深入了解他们对冰雪节庆文化的理解、表达和实践方式,揭示冰雪节庆文化的内在逻辑和实践智慧。此外,调查过程中特别关注哈尔滨本地居民和外地游客,与他们的对话不仅能够了解他们对冰雪节庆活动的感受和评价,还能够洞察冰雪节庆文化在不同社会群体中的传播和接受情况。这些来自不同背景的声音,提供了一个多维度、立体化的研究视角,有助于全面把握冰雪节庆文化的多样性和社会影响力。访谈法的应用,使得研究能够获得丰富的定性数据,来自不同群体的声音和故事,为研究提供了独特的洞见和深刻的启示,有助于更全面、更深入地理解冰雪节庆文化在当代社会中的角色和意义。

从次,文本分析法在本书中扮演了核心角色。在传播学与符号学的学术领域内,话语被视作社会化、历史化及制度化形构的产物,它不仅体现了复杂的权力关系，还在这些权力关系中生成意义。本书旨在通过分析来自不同角色的话语来揭示这一现象，如政府、主办公司、参与机构、冰雕艺术家、本地居民、外地游客、记者以及新媒体等，他们对冰雪节这一盛大事件的言说与表述。通过细致的文本分析，本书观察了每个角色如何在特定语境中建构自己的话语体系，并探讨了这些话语是如何影响他人以及整个景观的再生产过程。文本分析不仅关注直接的言语表达，也包括图像、符号和行为等非言语元素，这些都是话语构建的一部分。本书的文本分析着重于以下几方面：其一，话语的建构与权力关系。分析不同角色如何通过话语来表达权力，以及这些权力关系如何在话语中得以体现和再生产。其二，语境中的言说与表述。探讨在特定的社会、文化和历史语境中，话语是如何被塑造和传播的。其三，话语对景观再生产的影响。研究话语如何影响冰雪节庆文化景观的形成和变迁，以及这一过程中的协商和冲突。本书力图揭示话语在文化节庆活动中的多重角色和功能，以及它们如何共同作用于冰雪文化的传播、接受和演变。

最后，限定区域的田野调查构成了本研究的核心方法。所选的田野区域，即地理意义上的"家乡"，得益于丰富的近水楼台资源和长期文化浸润，为深入体验和考察"冰雪大世界"提供了独特的视角。长时间的田野工作使得研究能够全面而细致地描绘出考察对象与当地民众之间的复杂关系。本书借助现代民族志研究方法和古文献资料，旨在概括出当代民俗"文化表演"的普遍规律。在民俗主义的视角下，对新创造的文化表演进行细致观察，探讨其背后的复杂社会关系和内在张力。通过对冰雪节庆活动的深入分析，揭示了文化表演如何在不同社会群体之间构建认同，以及如何在全球化背景下保持其独特性和活力。田野调查的实施，不仅依托于地理和文化的亲近性，还依赖于对当地社会结构和文化动态的深刻理解。研究通过参与观察、深度访谈和文献分析等手段，收集了丰富的第一手资料，为了解冰雪文化在当代社会中的角色和意义提供了坚实的基础。本书还关注了冰雪文化在不同历史时期的发展和变迁，以及它如何适应和反映社会经济的变化。通过对冰雪节庆活动的长期跟踪和系统分析，研究揭示了文化传统与现代性之间的相互作用，以及文化创新在促进地方发展和文化多样性中的重要性。

第四节　主要田野点介绍

本书基于田野调查，旨在展示和分析地方民众文化传承与文化再创造的问题。主要田野调查点涵盖哈尔滨"冰雪大世界"展区、办公场所、采冰场以及太阳岛等地。冰雪大世界作为哈尔滨冰雪节中最主要的表演活动之一，其规模之大、参与者之多以及涉及行业和团体的多样性，使其成为研究的典型案例。自20世纪60年代起，哈尔滨的冰雪"文化表演"经历了数次重要改革，并在历年中面临诸多小变化。例如，展区的占地面积、用雪量逐年调整，而展区的主题和具体规划则随着国际政策、大众文化以及民众关注点的变化而变化。因此，对田野点的历时性梳理和介绍显得尤为重要。"冰雪大世界"的原型可追溯至1963年的兆麟公园"冰灯游园会"。兆麟公园位于哈尔滨市中心，至今仍举办"冰灯游园会"展览，但其辉煌已不如往昔。自1964年起，冰灯游园会逐年扩大规模，采用电灯光源，全部使用松花江天然冰制作冰灯，并出现了镂空冰雕等创新形式。据当地人介绍，当时甚至出现了8米高的冰塔、20米高的"珠穆朗玛峰"、12米长的冰桥等杰作。然而，在1964年年末第三届冰灯游园会筹备之时，一篇关于冰灯游园会"劳民伤财"的报道引起了官方的注意和调查。随后，在1967年"文化大革命"的风暴中，"冰灯表演"的璀璨戛然而止。冰灯游园会的主要策划人因"宣扬封、资、修的大杂烩"而受到了批斗。1979年，兆麟公园继续举办第五届冰灯游园会，并自此每年一届，未曾中断。从1985

年开始，冰灯游园会又融入冰雪运动、冰雪娱乐、冰雪文艺晚会等项目，使其内容逐渐丰富起来。

1999年，迎接千禧年"千年庆典"之际，文化和旅游部选定哈尔滨市以冰雪景观表演活动为主题，与上海等城市共同代表中国，通过电视卫星直播向全世界展示21世纪的到来和全国的同庆氛围。哈尔滨市政府依托其冰雪文化的独特优势，推出了大型冰雪艺术工程——"冰雪大世界"。"冰雪大世界"坐落于哈尔滨市区内松花江段的江心沙滩，靠近哈黑公路西侧，毗邻著名的哈尔滨太阳岛旅游名胜景区，与市政府隔湖相望。根据前负责人夏千明的介绍，"冰雪大世界"的规划设计周期通常为10个月，建设期约为20天，集中在每年12月5日至25日，经营期约为60天，从每年12月末持续至次年2月末。截至2023年2月，该活动已成功举办25届，成功引领了寒地文化旅游的热潮。"冰雪大世界"逐渐成为唯一能与历史悠久的"冰灯游园会"相提并论的冰雪文化表演园区。"哈尔滨冰灯艺术开发中心"等冰灯文化研究机构依旧设立于兆麟公园，"冰灯游园会"在文化表演、园区建设和商业运营等方面为"冰雪大世界"提供了宝贵的借鉴。然而，"冰雪大世界"在占地面积、游客量、年收入及影响力等方面均已超越"冰灯游园会"，其影响力日益扩大。

1999年，第一届"冰雪大世界"在哈尔滨的江心沙滩举行，占地20万平方米，标志着一个全新的冰雪文化庆典的诞生。这个占地广阔的园区使用了约6万立方米的冰和约13万立方米的雪，吸引了5000余名游客，投资金额超过3000万元。园区规划以三座大门——"世纪门""欢乐门"和"卡通门"为中心，分为东、西、中三大部分，共五大景区，展现了"千禧年"的尝试。2000年，第二届"冰雪大世界"在松花江畔斯大林公司及江心沙滩举办，占地面积扩展至29万平方米，用冰量增至约7万立方米，用雪量约15万立方米。园区被划分为四大区域、23个主题景区，首次引入了激光等高科技手段，丰富了游客的体验。2005年，第七届"冰雪大世界"的占地面积达到40万平方米，用冰量约12万立方米，用雪量约8万立方米。这一年，园区由冬宫、红场、十月广场、风情小镇、列宁广场、欢乐城堡、彼得广场、尼古拉广场8个主题景区组成，成功申请成为哈尔滨市级非物质文化遗产，并首次引入了俄罗斯文化表演。2006年，第八届"冰雪大世界"占地近40万平方米，用冰量和用雪量均保持在约12万立方米和约10万立方米。园区以打造国际品牌为目标，由中韩友谊广场、韩国风情园、中华风情园、冒险乐园、未来世界五大主题景区组成，标志着中韩友好年，并首次引进外资。2007年，第九届"冰雪大世界"规划范围约40万平方米，主景区20万平方米，用冰量和用雪量分别为约12万立方米和约10万立方米。融合了国家政策的主题"一带一路"来规划整个园区，如"圣彼得之巅""釜山龙宫寺""楼兰遗迹""哈萨克密码""飞跃地中海"等，又迎合了当代大众文化主流——电子游戏、粉丝经济等，增加了更多的"古老"地方民俗文化表演和互动以及与高科技的结合，如全息3D、VR、全息技术的使用，将"冰雪大世界"的采冰等环节打造成一个"可参观的景观"，成为一个将地方民俗文化商业化的成功案例。2008年结合北京奥运会主题，设立了奥运圣火景区、奥运微宝景区、2009大运会景区、奥林匹圣亚山景区、欢乐天地景区、奥运情怀景区六大景区。2016年，第十八届"冰雪大世界"规划范围和主景区面积与前一届相同，用冰量和用雪量也保持一致。这一年，参与人数达到1万余人，投资金额约1亿元，收益金额约3亿元。① 园区成为央视鸡年春晚分会场之一，并与传统节日融合，展现了冰雪文化与中华文化的结合。2023年，第二十五届"冰雪大世界"园区占地面积增至81万平方米，总用冰量和用雪量达到25万立方米。园区以"龙腾冰雪、逐梦亚冬"为主题，将2025年哈尔滨亚冬会与龙江地域文化、冰雪文化

---

① 数据源于与"冰雪大世界"前负责人夏千明的访谈。

结合起来进行创作，展现了冰雪文化与体育盛事的结合。

以上梳理的历年"冰雪大世界"不仅见证了哈尔滨冰雪文化的发展历程，也反映了园区规模、参与人数、投资金额和文化内容的不断增长与丰富。每一届都有其独特的规划和转折性事件，共同构成了哈尔滨冰雪节这一独特的文化现象。在访谈中，冰雪大世界的前负责人夏千明指出，"实际上，这些年大世界的改变太多了，创新也非常多，LED 灯的使用，还有一些行业标准都是我们设定的，但是这些成就和现在的展示始终也没有让我满意过。我想要的是真正的冰雪世界，但是又不降低受众体验的空间，我也一直在努力，经常出去考察。我在加拿大的时候就觉得他们那里特别好，那个城市和哈尔滨的纬度差不多，但是他们做成了环形观赏的冰雪空间，就是说，我们在里面暖和着，同时也能看到美丽的冰雕、建筑，我觉得这样特别好"。"冰雪大世界"也涉及了冰雪表演在文化层面的挑战，没有一个属于自己的 IP 一直为游客所诟病，夏千明指出，"我觉得我们冰雪大世界，大是大，规模大、建筑大，但是缺少灵魂，不像迪士尼，它有一个故事在里面，有固定的那些动漫形象。我们虽然有时候也用这种方法，但是总是效果不好，没法把这些故事串联起来，形成一个有影响力的营销方式。所以我们就找那些文化创意公司，但效果也不好。这是我非常担心的，如果没有灵魂的话，做再大也不行"。他还强调了文化与商业的结合问题，"现在跟文化搭边儿的也就是'哈冰秀'了，表演的是俄罗斯文化、啤酒、移民、舞蹈这些。像你说的本土文化，我倒是想过做一个金元文化什么的，但是喜欢的人不多，你看那个金元博物馆都没人去……你说我是那个什么表演的成功案例吧，也对，确实挺成功的，大家都来看，我高兴；从经济方面来看，也赚了不少钱，商人赚钱，天经地义，但是少了点什么。技术上，只有你想不到，没有我们做不到，就是文化方面，确实有点匮乏了"①。

通过历年的展区和规模梳理，可以发现冰雪大世界的主题和展区风格通常随着政策的制定而策划，体现了其鲜明的政治意义。然而，以传统冰雪文化和手工艺为基础的冰雪大世界似乎正在逐渐失去其文化根基。在这样的背景下，冰雪文化表演、冰雪大世界不仅是不同角色参与的表演空间，也成为技术与传统、艺术性与商业化相互制约的文化空间。

---

① 访谈人：夏千明，52岁，哈尔滨冰雪大世界股份有限公司董事长。访谈时间：2016年12月25日。访谈地点：哈尔滨市松北区哈尔滨冰雪大世界股份有限公司。

第二章

冰雪文化的历史演变与当代重构

　　冰雪文化是人类在冰天雪地的自然环境里从事社会实践过程中所获得的物质、精神的生产能力和以冰雪为内容创造的物质财富与精神财富的总和。这里的冰雪文化不仅指物理性的客观存在的冰与雪，还指在生活行为、艺术形态中的冰雪人文景观以及冰雪自然环境中从事日常生活的人，与个体生存直接相关的衣食住行、饮食男女、闲谈杂聊、礼尚往来等。依据上述对冰雪文化的界定，其内容可谓包罗万象，可以从多个维度进行系统性的分类。本章将其划分为三个主要类别，即物质基础、社会活动以及意识形态与艺术。

　　冰雪物质基础。冰雪文化的这一维度涉及冰雪环境对人类生活方式的直接影响，包括经济交易、交通系统、建筑风格、服饰设计、饮食习惯以及传统的冬季捕鱼活动。例如，冰雪经贸反映了特定气候条件下的商业活动，如冰雕工艺品的交易；冰雪建筑展示了适应寒冷环境的工程智慧，如保温性能优越的住宅设计；冰雪服饰揭示了御寒与文化表达的结合，如传统皮草服饰；冰雪饮食包括了利用当地资源的特色菜肴和饮品。这些物质文化元素共同构成了冰雪文化的基础，并在一定程度上塑造了当地居民的生活方式。

　　冰雪社会活动。冰雪文化在社会活动方面的体现，涵盖了广泛的体育和娱乐活动，这些活动不仅增强了社区的凝聚力，也是冰雪文化传承和发展的重要途径。滑冰和滑雪等冬季运动项目，不仅促进了身体健康，也成了连接不同年龄层和社会群体的纽带。冰壶和冰球等团队运动，展现了竞技精神和团队合作的价值。冬泳和冰嬉等活动则体现了人们对极端气候的挑战和对自然的亲近。这些社会活动通过促进人与人之间的互动，加深了对冰雪文化的理解和体验。

冰雪意识形态与艺术。这一分类揭示了冰雪文化在精神和艺术创作方面的深层意义。意识形态与节日方面，如满族冰雪神话和冰雪祭祀活动，反映了人们对自然现象的崇拜和文化传承。哈尔滨天主教冰上洗礼和滚冰节等宗教和传统节日，展现了冰雪与信仰、习俗的结合。艺术形式方面，冰雕和雪雕艺术以其独特的材质和工艺，成为冰雪文化的视觉象征。冰灯节等活动不仅展示了光影艺术的魅力，也是社区文化生活的重要组成部分。诗歌、冰版画、冰雪舞蹈、音乐和曲艺等艺术形式，通过不同的艺术手法和表现形式，传达了冰雪文化的情感和美学价值，丰富了人们的精神世界。

除了前述冰雪文化的分类，民众的日常生活亦深受极端寒冷气候的影响。历史文献揭示，自然灾害如"白灾"（白灾是降雪过多，掩埋了牧草，使牲畜无法放牧就食而引起的灾害）和"黑灾"（无积雪或少积雪的年份，因牲畜吃不上雪，在这里放牧就会遇到灾害）[1]，对人类的生存与生活构成了严峻的挑战。这些极端天气事件不仅威胁着农业产出和食物供应，也给交通、住房和社区的连通性带来了诸多不便。因此民间的冰雪禳灾仪式和祭祀活动构成了冰雪文化的重要组成部分。这些仪式和活动不仅是对自然灾害的文化回应，也是社区凝聚力和文化认同的体现。它们通过代代相传的习俗和信仰，展现了人们对自然环境的尊重和对和谐共存的追求。冰雪成为构建"地方性知识"的关键要素，这种知识体系对当地社会的认知和适应策略产生了深远的影响，它帮助居

---

[1] 张家诚，张宝元，周魁一，等. 中国气象洪涝海洋灾害［M］. 长沙：湖南人民出版社，1998：145.

民开发出一系列应对极端气候的技术和社会实践，从而在恶劣的自然条件下维持生计和社会发展。

第一节 冰雪文化的历史根源与演进

北方诸民族的先民，自古以来便在夏日短暂、冬季漫长的风雪交加之地生存与繁衍。在这样恶劣的自然环境中，北方少数民族对冰、雪的崇拜源远流长，形成了一套完整的冰神、雪神等神祇体系和祭祀仪式。例如，鄂伦春族尊崇太阳神，将对温暖和光明的渴望转化为对太阳的崇拜；而在中国东北地区，独特的冰、雪祭祀是满族萨满教原始祝祭大典的一部分。满族的雪祭最初主要流传于白山黑水间的女真部落，黑龙江沿岸至库页岛一带的原始部落均行雪祭大典。直至民国初年，满族中的富、吴等姓氏仍沿袭雪祭大典，而关于雪祭起源的《雪祭神谕》《报祭》等神话，反映了女真部落对"雪"这一自然现象的认识，以及他们对雪的恐惧、崇敬、热爱和感恩等复杂情感。在满族等少数民族信仰的原始萨满教中，冰雪神话、冰雪神祇、冰雪祭祀和冰雪禳灾等构成了东北冰雪文化中最神秘和古老的部分。在萨满教的原始神话中，冰神常被描绘为凶恶的恶魔，形象多变，或为巨齿黑鲸，或为白虎、白熊、白鲨等。而雪神尼莫妈妈则以活泼调皮的形象出现，一年中有九个月驾驭鹿雪橇，背负桦皮兜，向尘世撒雪、驱邪、逐瘟魔，使大地在白雪覆盖下得到安息。在雪枯季节，雪祭成为先民祈求人畜兴旺、渔猎丰收的重要活动，向雪神祈求、感谢、还愿等是部落的重要事务。老萨满用江心雪、树根雪净身，然后击鼓请神。据满族精奇哩哈喇家族萨满1939年传授的《雪祭神谕》记载，该古老部落沿袭这种祭礼的起源可追溯至遥远年代，先民居住于黑龙江北宁涉里山，山西有仇家大部落，人称"巴柱"魔怪。先民受其伤害，被迫逃遁，猎物、皮裘、火种尽失，尸横遍野。巴柱部落追踪而至，先民藏于雪中，满天飘雪如毛裘，如天鹅之翼。行人藏于翎毛下，得以脱险。祖先感激天赐神雪，代代祭祀雪神。至今，文献中仍有记载的"滚冰"活动，亦源于最初的冰雪祭祀。

目前，人们所谈论的"雪祭"多指日本札幌雪祭，这与中国东北的民间信仰有所不同。日本的"雪祭"实际上是以冰雪作品展览和冰雪娱乐活动为主轴的城市庆典，与哈尔滨的"冰雪节"在性质上更为相似。这些现代的冰雪庆典活动，虽然与传统的冰雪祭祀在形式和内容上有所差异，但它们共同体现了人类对冰雪这一自然现象的深刻认识和文化诠释。通过对这些传统和现代冰雪文化的比较研究，可以更全面地理解冰雪文化在不同历史时期和社会背景下的演变和发展。在众多历史文献、文人诗文笔记以及民间流传的神话传说中，关于中国东北松花江流域严冬时节的冰雪文化有着丰富的描述与记载。《黑龙江述略》记载了该地区"地处极寒，八九月间江即结冰，历日既壮，厚过等身"，而《黑龙江乡土志》亦描述"八月见霜，九月积雪，冬令冰坚如铁"[①]等现象。这些文献资料反映了当地漫长冬季和极端冰雪环境的自然特征。在这样的自然环境下，中国北方各民族逐渐形成了适应其气候特点的日常生活模式、民俗文化和民族习性。为了生存与繁衍，北方民众不断地学习、适应、驾驭自然，积累并传承了丰富的识雪、御雪知识，以及能够为自身所用的冰雪常识和生活智慧。这些知识和智慧随着时间的推移，逐渐转化为可鉴赏、可享受的冰雪艺术形式。

松花江流域的冰雪覆盖环境对沿岸居民的生存和生活方式产生了深远的影响。历史上，满族及其他北方民族的祖先生活在一个广阔的区域内，这个区域北至鄂霍次克海（古时称北海），涵盖享滚河、库页岛等地，东至乌苏里江以东，穿越锡霍特山脉直至鲸海的西海岸。然而，到

---

① 富育光. 富育光民俗文化论集[M]. 长春：吉林大学出版社，2005：415.

了清朝中后期,这些地区中的大部分已归入俄国版图。① 为了抵御严寒,北方祖先巧妙地利用当地自然资源,创造了多种适应冰雪环境的居住结构。例如,覆盖着乌拉草或海豹皮的雪屋、兽皮制成的毡篷以及半地穴式的居室。这种适应冰雪环境的居住选择与原始氏族部落长期形成的生活习惯、地域条件以及社会生产活动密切相关。② 在冬季日常生活中,滑雪板、爬犁、雪橇以及"快马子"等成为重要的交通工具。《黑龙江志稿》中描述了爬犁(满语称为语法喇),它类似于没有铁条的冰床,由弯曲的木材制成,形似露车,低矮的座位两侧配有高轮,前部设有辄,以牛或马牵引,在冰雪上行驶迅速。此外,这些交通工具还可以配备帷幔和衾绸以抵御寒冷。③ 至今,这些传统的交通工具已演变为现代的冰雪运动和娱乐项目。《辽史·营卫志》记载了古代契丹人的冬季狩猎活动:"天鹅未到,卓帐冰上,凿冰取鱼。冰泮,仍纵鹰鹘捕鹅雁。晨出暮归,从事弋猎……"④ 而流放至宁古塔(宁安)的文人张贲在其作品《白云集》中,通过诗句"射猎冲寒雪,冬狩极北溟。驰镳昏日月,鸣镝乱流星。鹿尾连车载,雕翎带血腥。今年膺上赏,生获海东青"⑤,生动地描绘了清朝时期的冬猎场景。

女真人在会宁府(今哈尔滨市阿城区)建立金国,标志着女真冰雪文化与汉民族文化的首次融合。17世纪,随着清政府组织的"京旗移垦"黑龙江以及1860年关内大批汉族流民"闯关东"抵达哈尔滨,北京满族及山海关以内汉民族的文化随之传入,进一步丰富了黑龙江地区的冰雪文化。这些文化交融不仅涉及汉族、满族,也包括其他少数民族和不同地域的文化,共同塑造了当地独特的冰雪文化风貌。1903年7

---

① 富育光.富育光民俗文化论集[M].长春:吉林大学出版社,2005:415.
② 富育光,北方冰雪文化述考[J].民间文化,2001(2):72-78.
③ 王清海.冰城夏都历史旧事[M].哈尔滨:黑龙江人民出版社,2014:119.
④ 穆鸿利.松漠集·辽金史论[M].北京:中国国际出版社,2005:43.
⑤ 龙吟诗社.黑龙江历代诗词选[M].哈尔滨:黑龙江人民出版社,1990:82.

月，随着中东铁路的正式运营，哈尔滨作为铁路枢纽城市迎来了外国移民潮，尤其是俄国人。俄侨引入了滑冰、滑雪、冰帆等现代冰雪运动，以及高寒地区特有的御寒服饰——"淑巴"（皮大衣），这种服饰成为俄国人冬季不可或缺的装备。在哈尔滨，这种服饰与当地少数民族的传统冬季服装相融合，形成了独特的中俄冰雪服饰文化。至今，貂皮大衣在东北冬季服饰中仍占有重要地位，其象征的身份和地位意义已超越了取暖的原始功能。20世纪80年代，松花江流域的冰雪文化达到顶峰，每年持续一个月的冰雪节成为其显著标志。主要节日活动包括冰灯游园会、冰雪大世界、雪博会等，涵盖了冰雪文化表演、冰雪民俗、冰雪运动、竞技和冰雪饮食等多方面内容。在这些活动中，冰雪大世界以庞大的规模、高知名度和广泛的商业宣传，成为最具影响力的冰雪文化展示平台。尽管冰雪节看似是一场短暂的"冰雪狂欢梦幻祭"，但其背后凝聚了冰雪行业匠人200多天的精心设计和雕琢，体现了对冰雪文化的深刻理解和高度尊重。

随着当代大众文化的发展，冰雪文化元素的融合与创新成了文化产品吸引力的重要来源。这种趋势不仅体现了冰雪文化在历史与现代社会中的连续性，也揭示了文化产品在全球化背景下的多样性与包容性。迪士尼的动画片《冰雪奇缘》便是一个典型例证，该作品中的冰雪元素不仅构建了一个奇幻的叙事空间，而且通过这些元素传递了关于情感、身份和自我发现的主题。在《冰雪奇缘》中，冰雪不仅是故事发生的背景，还是情感状态的象征。影片中的冰雪世界由女主角艾莎的力量创造，呈现她内心的恐惧和孤独。随着故事的发展，真爱的力量使得冰雪消融，象征着内心障碍的克服和情感的解放。这种深层次的象征意义使得冰雪文化在影片中得到了丰富和扩展，从而与观众产生了共鸣。此外，冰雪文化在当代社会中的吸引力和影响力还体现在其对现代生活方式的渗透。随着冰雪运动的普及和冰雪旅游的兴起，冰雪文化已经成为人们生活中不可或缺的一部分。从冬季奥运会到地方性的冰雪节庆活动,冰雪文化不仅促进了体育产业和旅游业的发展,也加强了人们对自然环境的认识和尊重。在学术研究领域,冰雪文化作为一个跨学科的研究对象,涉及历史学、民俗学、社会学、地理学等多个学科。研究者通过对冰雪文化的深入分析,可以探讨人类与自然环境的关系、文化认同的形成、社会变迁的影响以及全球化背景下的文化交流等问题。这些研究不仅丰富了我们对冰雪文化的理解,也为文化保护和可持续发展提供了理论支持和实践指导。

第二节 冰灯艺术简史及其与节日合流

冰灯盛行于中国东北,古代的冰灯是作为实用工具而出现在农耕、渔猎时代,由于其审美性强,逐渐发展成为兼实用与可观赏性的民间艺术品,是带有地域性和时令特点的民间工艺形式。如今冰灯的内涵不断丰富,狭义的冰灯是指内部含有灯或蜡烛等照明设备的冰雕制品;广义的冰灯是冰雕作品和声、光、电灯效果融合后的艺术形态。最原始的冰灯有两个部分——冰、火。由于"冰"材质晶莹剔透,它总是出现在美好的形容词之中,冰清玉洁、一片冰心、冰雪聪明等。而灯除作照明工具以外,在文学作品中则是重要的意象。宋良曦、宋岸雷的《中国灯文化》将中国人对"灯"意象的崇拜归结为"对火的图腾崇拜,遂成为灯文化肇始与发轫的诱因与内驱力"[①]。灯给人类带来光明、带来温暖,为原始人类的定居生活、夜间劳作提供了可能。极冷之冰与极热之火相结合,由于光的照射,冰罩上会浮现出不同结晶的"冰花",这使冰灯被笼罩上神秘而美好的希冀。随着时日的推移,冰不再受限于天气和温度;灯不再是天赐的、异在的、不可把捉的神秘物,因此冰灯的

---

① 宋良曦,宋岸雷.中国灯文化[M].成都:四川人民出版社,1996:2.

文化内涵也减弱乃至被遮蔽，逐渐深隐进岁月的厚土之中。尽管当下的冰灯表演已经失去人类对其的原始情感，但是其审美属性、可参观性经过政府和开发商的包装重新获得了往日民众的高涨激情。

　　在进行学术性研究的过程中，笔者搜集到的一则关于冰灯起源的传说故事，提供了对这一民间艺术形式的文化与历史背景的深刻洞察。故事如下："在远古时候，有一只九头鸟飞临松花江畔，从此以后昼不见日，夜不见月，黑暗笼罩着大地，疾病四起，六料不收，人们纷纷携家带口，离开这个世代生息的地方。有一位勇敢无畏的青年叫巴图鲁，下定决心要去寻找九头鸟，为民除害。另有几个青年被他的勇敢精神感召，自愿同往。在途中同伴们都被九头鸟吸到洞中去了，只有巴图鲁幸免于难。他遇见了一条八尺长的巨蟒，是蟒救了他。这条蟒在地上打一个滚儿，忽地变成了一个美丽娇艳的姑娘，姑娘告诉他到星星山顶上取回天落石，用一百个人的热血把它染红，就能像天上的星星那样明亮。原来九头鸟最怕明亮的天落石，见了就会死去。巴图鲁历尽千辛万苦，取回了天落石。他爬进了九头鸟居住的山洞，有一百个乡亲被囚在洞底，巴图鲁把石头拿出来，挨个传递刺血染石。在第一百个人手中时，天落石突然变得如火一样红，像太阳那样亮。九头鸟居住在洞中之洞，沿口处被冰霜掩盖着。巴图鲁爬上去，把天落石放在那冰凌之间，顿时，那块块冰凌犹如万盏明灯发出晶莹、明亮的光，那光给善良的人们带来温暖和欢心，但对罪恶的九头鸟，则是死亡的信号。果然，那九头鸟被照得难以忍受，口吐污血，逃出洞外。日月高悬，光明复旧。但巴图鲁却因沾上了九头鸟的污血而死去了。人们决定每年旧历三十的晚上制作冰灯来纪念巴图鲁。"[1] 这则传说故事揭示了冰灯与民族英雄形象、岁时节日庆典以及民间信仰之间错综复杂的关联，而且在一定程度上印

---

① 富育光．七彩神火：满族民间传说故事［M］．长春：吉林人民出版社，1984：156-160．

<<< 第二章　冰雪文化的历史演变与当代重构

证了冰灯作为一种北方民间艺术形式和民间娱乐活动源远流长的历史。然而，在对20世纪50年代参与政府组织的大规模冰雕活动、被誉为"当代第一批手工从业者"①的冰雕艺术家群体进行田野调查时，发现了很有趣的现象，其中一位资深从业者孙万杰对这则故事提出了疑问。在采访中，孙万杰现实认为"这些故事就是杜撰的，我从业50多年都没听过，不知道谁讲的，这个故事明明讲的是后羿射日啊"。多数资深冰雪艺术家或当地人均表示对这一传说闻所未闻。普遍观点认为，该传说可能是商业化进程中的一个策略，是政府或特定利益团体为了赋予冰灯以神秘而引人入胜的神话背景，进而吸引更多游客的一种营销手法，尽管这则传说的传播力相当有限。这体现出在民间艺术传承与商业化运作之间的张力。一方面，民间艺术的传承需要依赖于文化记忆与历史叙事的连续性；另一方面，商业化的推进往往倾向于创造或重塑故事，以迎合市场需求和吸引消费者。在这一过程中，民间艺术的原始文化内涵可能被重新解读或部分曲解，从而引发对文化遗产真实性和纯粹性的学术讨论。

　　冰灯作为一种具有深厚文化底蕴的民间艺术形式，其起源与当地居民的生产劳动和生活方式紧密相连。在探讨冰灯的起源时，存在几种较为可信的假设。一种观点认为冰灯最初是作为指引方向的实用工具而出现。在冬季，晚归的人们常常在黑暗中迷失方向，因此，那些有家人外出的家庭会用冰罩覆盖油灯，并将其放置在自家院落的门口，以此作为指引方向的标识。另一种说法与松花江畔渔民的夜间捕鱼活动有关。在寒冷的冬夜，渔民们需要凿冰捕鱼，而冰灯则提供了必要的照明，使得夜间捕鱼成为可能。还有观点指出，冰灯是为了满足农民在冬季夜间饮牛饮马的需要而发明的，它不仅提供了光源，还有助于牲畜在严寒中找

---

① "当代第一批手工从业者"是指在20世纪50年代，参与过由政府组织的大型冰雕活动的一批"冰雕艺术家"。

到水源。此外，有关冰灯起源的讨论亦不可忽视生活在极地的因纽特人。为了抵御野兽的侵袭和严寒，因纽特人利用冰块这种易于获取且易于加工的材料，建造了冰灯和冰屋，这可能是最早关于冰灯和冰雕建筑的实例。无论是出于捕鱼、牲畜饮水还是居住的需要，最初的冰灯都是作为生产劳动中的实用工具而产生的。随着时间的推移，冰灯逐渐演化为精致的冰雕艺术和宏伟的冰建筑群，从实用性走向娱乐性和观赏性，成了民间艺术的重要组成部分。这一转变不仅反映了人类适应自然环境的智慧，也展现了民间艺术从实用到审美的发展轨迹。因此，冰灯的历史和演变为我们提供了一个研究民间艺术与生活方式相互作用、相互影响的宝贵案例。

此外，冰建筑也是一种独特的冰雪艺术形式，其历史文献记载可追溯至公元前2世纪的《三辅黄图》，其中记载了"汉建章宫北积冰为楼"[①]的事例。汉武帝在长安城外修建章宫时，便曾利用冰块构建楼阁。在公元前3世纪，曹操为抵御马超的攻击，在潼关指挥士兵利用寒夜垒沙浇冻，一夜之间筑起了冰城。至公元前10世纪，北宋名将杨延昭亦曾在遂城和霸城两次利用严寒时节汲水浇城冻冰，以抵御契丹的侵袭。这些冰建筑的实际用途虽有多种说法，比如，惊兽、联络、徽号、照明或抵御外族袭击等，但它们的共同点在于实用性，且制作冰灯的方法基本一致。

自唐朝起，人们开始在新春佳节或上元之夜制作冰灯以供娱乐观赏。最早文字记载中的冰雕形象出现在《开元天宝遗事》中，书中记载了唐明皇宠妃杨玉环的堂兄杨国忠，身为右相，权倾朝野，生活奢侈。他为了笼络人心，命匠人用坚冰雕刻出凤凰、瑞兽等美丽造型，并系以彩带，置于精致的雕花盘中赠予王公大臣，以美化环境并降低室温。夏日，匠人将大冰雕成山形，置于宴会厅四周，这可被视为我国最

---

① 彭大翼. 山堂肆考：卷二十三地理［M］. 清文渊阁四库全书本.

早的宴会冰雕。当前，宴会冰雕在我国呈现出复兴之势，在东北地区的许多婚礼上，冰雕已成为象征爱情的重要元素。常见的做法是将钻戒置于冰雕中，在婚礼仪式中由新郎手持利刃劈开冰雕，完成"冰中取钻戒"的环节，以此象征爱情的坚贞与纯洁。

那么"冰灯"一词始于何时？明朝的曹学佺（1574—1646）在《石仓诗稿》中有《咏冰灯》一文，"去岁天寒甚闽人，始识冰飘零空满树，镂刻可成灯，薄处光弥见，消时气欲蒸，想无嫌爑火，秪畏太阳升"①，是目前所知最早涉及"冰灯"的文献，描述冰薄可透光镂刻成灯，但这里并没有提到完整形式的"冰灯"。明代对冰灯的描述虽不多，但已涉及冰灯的制作过程、形制外观等。郭子章在《豫章诗话》中写道："铁笔向空题，写出塔影景象，宛在目前。太原复有冰灯，用大冰雕刻，似一磁缸凿其中，而实以灯，宛然如红玉，莹洁可爱。"②其中提到在大冰中置灯，可像红玉一样晶莹夺目。

自清代以来，从京师到黑龙江、吉林等处，元宵节的燃冰灯之举，已有数百年流传历史了。冰灯进入元宵灯会的具体时间很难考定，但可以肯定的是至晚在明朝晚期冰灯便与春节、元宵节结合在一起，唐顺之在其《元夕咏冰灯》一诗中写道："正怜火树斗春妍，忽见清辉逼夜阑。出海鲛珠犹带水，满堂罗袖欲生寒。烛花不碍空中影，晕气疑从月里看。为语东风暂相惜，来宵犹得尽余欢。"③ 其描述了元宵之夜的冰灯盛况。徐熥的《元夕冰灯》描述了夜晚置身荧荧冰灯中的恍惚神情，"灯烛荧荧照夜阑，分明影里见琅玕。双双罗袜凌波湿，朵朵金莲出水寒。新制恍疑来贝阙，高悬只合在瑶坛。为言火树休相逼，只恐清辉一夕残"④。此时也出现了对北方冰灯制作方法进行描述的文章，清嘉庆

---

① 曹学佺. 石仓诗稿：卷三十三 [M]. 清乾隆十九年曹岱华刻本.
② 郭子章. 豫章诗话：卷六 [M]. 清刻本.
③ 李攀龙. 古今诗删：卷二十九 [M]. 清文渊阁四库全书.
④ 徐熥. 幔亭诗集：卷七 [M]. 清文渊阁四库全书.

年间，齐齐哈尔地方有"镂五、六尺冰为寿星灯者，中燃双炬，望之如晶人"①，又载宁古塔等地"士大夫家，于冬日喜作冰灯，以矾水凝雪成冰，镂成仙人、观音等像"②。清朝讲述冰灯、咏冰灯的文章、诗歌比较多，大多出自被贬重臣之手。嘉庆十一年（1806），流寓齐齐哈尔的满族学者西清在其成书于嘉庆十五年（1810）的《黑龙江外纪》中写道："上元，城中张灯五夜。村落妇女来观剧者，车声彻夜不绝。有镂五尺冰为寿星灯者，中燃双炬，望之如水晶人，此为难得。"③ 嘉庆十四年（1809）流放齐齐哈尔的前礼部侍郎刘凤诰，在其《龙江杂诗》中有"冰镂春灯彻四围"④ 之句。最早通篇咏诵冰灯的是朱履中（浙江海盐人），嘉庆二十二年（1817）流放于齐齐哈尔，其组诗《龙江百五钞》内有"元夜观灯走不停，村车磊磊也来经。娈童姹女哗声脆，争看玻璃老寿星"⑤。同治九年（1870）被流放齐齐哈尔的天津知府张光藻亦有一首绝句："元宵佳节兴堪乘，吹到江风冷不胜。明月渐高人未散，街前争看寿星灯。"⑥ 清朝嘉定年间永定知县金德荣被贬谪新疆巴里坤，作《巴里坤冰灯歌》："雪山高与天山接，上有万古不化雪。朔风一夜结作冰，裁雪妙手搏为冰。以矾入冰冰不化，以烛照冰光四射。五里之内尽通明，半月能教天不夜。元夕月轮照碧空，大千人入水晶宫。"⑦

辛亥革命以后，政权更迭、天下大变，然而冰灯与元宵节的黏合却从未中止。据《中华全国风俗志》中的《热河风俗记》载，民国初期的热河元宵灯会上，"又有一种冰灯，于腊月最寒之日，预先制就木

---

① 莫福山. 中国民间节日文化辞典 [M]. 北京：职工教育出版社，1990：30.
② 于建青. 志说吉林风物 [M]. 长春：吉林文史出版社，2015：87.
③ 西清. 黑龙江外记：卷六 [M]. 清光绪广雅书局刻本.
④ 张伯英. 黑龙江志稿：卷六十二艺文志 [M]. 民国二十一年本.
⑤ 张伯英. 黑龙江志稿：卷六十二艺文志 [M]. 民国二十一年本.
⑥ 李兴盛. 中国流人史：下 [M]. 哈尔滨：黑龙江人民出版社，2012：1955.
⑦ 黑龙江省文史研究馆. 黑水十三篇 [M]. 北京：中华书局，2005：101.

架,或六角式,或四角式,取水淋之,随结成冰,然后悬于地窖内。至灯节,乃取出挂于檐际,中燃以烛,颇觉新颖有致"①。不仅有冰灯,技艺精湛的冰雕也出现在民国年间的元宵节中,《燕京岁时记》云,北平正月"最奇巧者为冰灯,以冰琢成,人物花鸟虫鱼等像,冰以药固之,日久不消,雕刻玲珑,观者嘉赏"②。

20世纪初期到中叶,冰雕不仅在元宵节等中国传统节日中展示,更与哈尔滨地区侨民的宗教信仰密切相关,甚至很多当代冰雕艺术家认为哈尔滨的当代冰雕正是承接于此。在采访中,77岁的李向平说:"要是冰雕追溯起来,应该是在沙俄时候,在松花江上的天主教洗礼,到新中国成立以后还有呢,教堂这么多,沙俄好多人在江北,各种教堂,他们经常来往,经过松花江,最早的哈尔滨冰雕应该就是那个冰上十字架……"③ 1903年中东铁路开通,许多俄罗斯、波兰、犹太等人移居于此,慢慢聚集了30多个国家和民族的移民。其中俄罗斯人最多。当时俄民大多信仰东正教,1913年他们在哈尔滨松花江的江心沙滩上设了俄国东正教的传教点,每年圣诞节那里会有人带着鸽子和耶稣像的十字架、2米高的圣诞老人、牧羊人冰雕,以及三四米高的教堂冰建筑等,直到1928年圣尼古拉教堂建成,传教点活动才停止。根据文献记载,1922年1月19日,哈尔滨各东正教堂都响起悠扬的钟声,侨居于哈尔滨的俄国东正教教徒第一次在松花江冰窟中洗礼,旁边的冰面上就是用冰雕刻的4米高的十字架,其上还有根据圣经中有关从挪亚方舟里放飞两只白鸽的记录雕了两只鸽子和一个耶稣像。当主教将圣像浸入井中时,从井中涌出的水便是圣水,人们跳入池中洗礼、净化灵魂。主显节当日(耶稣受洗礼的前几天),教堂会安排当地的民工,取冰搭置一

---

① 胡朴安. 中华全国风俗志:下册 [M]. 上海:上海科学文献出版社, 2008:671.
② 王碧滢. 燕京岁时记:外六种 [M]. 张勃,标点. 北京:北京出版社, 2018:198.
③ 访谈人:李向平, 77岁,"第一代冰雕手工艺者"。访谈时间:2017年7月2日。访谈地点:哈尔滨市埃德蒙顿路李向平先生家中。

个冰十字架和冰布道台，信徒们举着十字架、圣像、神幡，浩浩荡荡，从教堂出发去松花江上，举行古老的"约旦"（洗礼）活动。有的信徒还会去马家沟的"慈善之家"教堂，瞻仰神灵显圣——用冰制成的教堂模型和神器。这样的冰上洗礼一直持续到20世纪60年代初，大批侨民离开哈尔滨，这之后，"冰灯游园会"便开展起来。

    冰灯的发展历程，从最初的照明工具演变为北方元宵佳节的标志性象征，实质上映射了一项民间技艺向官方文化靠拢，随后又回归民间的过程。冰灯的起源可追溯至远古时代，而其在当代社会中作为商品的形态，虽然因政治因素而经历了短暂的断裂——这一断裂仅持续了9年，但在20世纪60年代，冰灯被官方重新"发现"，并由此开启了其发展的新纪元。在这一新阶段，冰灯不仅被官方主导和推广，而且融合了官方、民众、商业以及信仰等多重因素，形成了一个多元化的狂欢舞台。当地的冰雪文化由此从日常生活的隐秘潜流中被推向前台，以一种被精心包装的"文化表演"形式，以及精致而复杂的商业化面貌呈现在公众视野，成为"传统再发明"的典范。这一转变不仅标志着冰灯艺术的复兴与创新，而且反映了文化传统在现代社会中的适应与转化。冰灯作为一种文化符号，其意义与价值随着时代的变迁而不断丰富和扩展，它不仅承载着历史的记忆，也映照着当下的社会现实。通过官方与民间的共同努力，冰灯已成为连接过去与现在、传统与现代的桥梁，展现了文化传承与创新的无限可能。

第三节　冰雪传统的当代重构：全球旅游消费与地方文化复兴

    自1962年起，冰灯艺术的发展可划分为两个显著时期。第一是素朴时期的冰灯文化，即1999年以前作为小众民间艺术的哈尔滨冰灯文化，由政府主导的参与人数少、成本低、影响较小的小型娱乐活动；第二是商业化时期的冰灯表演，即2000年直至当代有完善的冰灯产业链和丰富的商业化活动，由主办公司主导的参与团体和个体众多、高成本、高收入、影响巨大的商业活动。无论是小众娱乐活动还是大众消费文化，"地方性"无疑是这项冰雪活动的主要因素，差别只在于决策者的初衷不同，"地方性知识"（local knowledge）是阐释人类学家格尔茨提出的一个学术用词，"是一种新型的知识观念，是认知世界的一种角度"①。"地方性"是相对"全球化"而言的，在全球化的进程中，地方是边缘的、陌生的、容易被湮灭的，同时也是保留和保存最丰富的民间传统文化的土壤。当然"地方性"并不局限于某一地理范围，而是更强调"人群共同体、空间、知识体系——某一地方的人群共同体共同拥有的知识体系和价值取向"②，是某种知识在特定的情境中生成，在特定的群体中流传和认同。

作为"地方性知识"的哈尔滨冰灯在如火如荼的现代旅游活动中声名远扬，与类似的厦门鼓浪屿、云南丽江古城等一样，都是在旅游政策的制定者、旅游行政部门以及其他利益机构的不断建构中发展起来的，同时也反映了多元文化在各方面的多维度交流，通过文化空间完整地表现出其曲折的发展进程和生动的风格变化，哈尔滨冰灯文化的演变记录了不同国家、不同文化、不同时代在哈尔滨地区的交汇和传播。这一文化现象记录了不同国家、不同文化、不同时代在哈尔滨地区的交汇融合与传播，为研究全球化与地方性文化相互作用提供了宝贵的案例。

---

① 彭兆荣，吴兴帜. 作为认知图式的"地方"[J]. 北方民族大学学报（哲学社会科学版），2009（2）：71-75.
② 彭兆荣，吴兴帜. 作为认知图式的"地方"[J]. 北方民族大学学报（哲学社会科学版），2009（2）：71-75.

一、全球旅游消费趋势与地方文化复兴

据哈尔滨地方志记载，冰灯文化展的思路最初来源于20世纪50年代哈尔滨地区的领导，"三年困难时期，有的人开始精神苦闷、萎靡不振。任仲夷对此十分关注，他在抓工业、促经济的同时，十分注重人民精神生活的动态，想方设法地利用新闻舆论宣传群众、教育群众、组织群众"①。参与过第一届冰灯展的冰灯艺术家艾辉老先生回忆，1963年的寒冬，市长一边在香坊区检查工作，一边在感叹哈尔滨的冬天人们只能"猫冬"。"寒季半年闲"的状况持续了许多年，当他们来到一个农贸市场时忽然发现路边民居门前有一丝微弱的闪耀的光，原来是一个老太太在门前用小水桶制成的空心冰坨，中间插了根点燃的蜡烛，竟然制成了一盏冰灯。在调查中，李向平先生这样描述当时"冰灯游园会"的盛况，"1963年的正月十四晚，有近5万人走进兆麟公园观看冰灯，票价为成人五分钱，未成年人三分钱。后来几天，潮水般的人群险些把兆麟公园的大门挤破，守门人员根本无法收门票，只好打开大门，任人涌入"②。1964年，第三届冰灯游园会热火朝天之时，一篇"劳民伤财"的文章迫使冰灯游园中断10年左右，这在当时也成了任仲夷、吕其恩"宣扬封、资、修大杂烩"的一大罪状，直到1979年冰灯游园会才得以重建。然而20世纪80年代的旅游业，尤其是文化旅游并不发达，支持冰雪文化展览的大多是本地人和周边市民，被要求参与雕刻的艺术工作者初出茅庐，他们开始研究将传统雕刻的手工技法如何运用到冰上，以及对本地冰灯历史的挖掘工作上。艾辉回忆道："当时都是我们工艺美术研究院、雕刻厂的年轻人去，被领导召集过去，就说要冰

---

① 哈尔滨市政协文史和学习委员会. 那个冬天：哈尔滨冰雪文化50年[M]. 哈尔滨：黑龙江人民出版社, 2013: 1.
② 访谈人：李向平, 77岁, "第一代冰雕手工艺者"。访谈时间：2017年7月2日。访谈地点：哈尔滨市埃德蒙顿路李向平先生家中。

>>> 第二章 冰雪文化的历史演变与当代重构

雕,由于我们都有画画、雕塑的基础,所以就慢慢琢磨。刚开始就用做雕塑的工具,刀啊什么的去做冰灯,它们看起来差不多,但是雕起来差别可大了,于是就在这个过程中慢慢摸索出来,怎么用力、怎么用刀。这个过程中,我们自己也做了一些工具,现在都普及了,做多了(冰灯)其实也不难,艺术都是相通的……那个时候也没想过是挣钱还是怎么着,反正就是领导让做,我们也不反对,还挺好玩儿的,大家都差不多……当时也有记录,那时王景富就经常过来,后来他整理了几本书,都是关于冰灯的发展的,挺好的。后来政府还专门采访过我们,还有那些一开始就参与这个工作的领导,以及举办冰雪诗歌征集活动什么的,办得挺热闹……那时候的热闹和现在不太一样,追求的也不一样……"①

直到 1985 年才出现了真正意义上的"冰雪节"——这个"哈尔滨制造"的节日,成为"他者"认识和想象"冰城"的文化符号,并且持续至今。1999 年以后,在政府、旅游文化公司的推动下,"冰雪节"更被定性为"全世界规模最大的冰雪盛会",尤其是在融合了俄罗斯歌舞文化、哈尔滨啤酒文化、黑龙江少数民族等文化的基础上来增加地方性文化的独特魅力。每年 1 月 5 日至 2 月末,松花江畔与"冰雪大世界"便迎来了络绎不绝的游客。在零下 30 摄氏度的寒风中,中央大街上俄式建筑林立,它们见证了 20 世纪俄罗斯侨民在中国的历史。游客们在这里聆听着《莫斯科郊外的晚上》,品尝着马迭尔冰棍,每一口都蕴含着历史的深意与文化的交融。在这片银装素裹的大地上,狗拉雪橇穿梭其间,游客们与当地的"表演者"一同体验滚冰的乐趣,仿佛穿越时空回到了远古时代的女真部落,感受原始而纯粹的活动习俗。走进巨大的冰雪建筑,如同步入了《冰雪奇缘》中的童话世界。冰墙高耸,

---

① 电话访谈:艾辉,60 岁,哈尔滨冰灯冰雕制作技艺传承人。访谈时间:2017 年 12 月 20 日。

雪檐低垂，每一步都踏着梦幻与现实交织的节奏。这些由冰雪雕琢而成的宫殿和城堡，在阳光的照射下闪耀着光芒，让人不禁惊叹于大自然的鬼斧神工与人类智慧的结晶。这些多样的体验在松花江畔交织碰撞，成功地演绎了冰雪节的品牌与盛名。游客们在这里不仅能够感受到冰雪的魅力，还能体验到文化的深度和历史的厚重。

如果说20世纪80年代制造的"冰雪节"是当地政府为了娱乐当地百姓，"让百姓在漫长的冬季有事可做"，那20世纪90年代随着旅游消费主义的出现，被制造的"冰雪节"就已经转变为一个盛大的旅游项目。这在地方旅游发展过程中的转型是一种带有明确的"权力化社会活动"，"旅游在很大程度上是对稀缺资源的竞争与消费，是对寻求怎样才能使人必定成为旅游政治——政治就是权力，是谁得到什么、何处、如何与为何得到——的必要组成部分"[1]。

那么在冰雪文化旅游开发模式的语境里，在一定程度上这种"权力化活动"背后所展现的是一幅关于本地人、游客、（旅游）开发公司和政府部门等旅游利益相关者之间"协商""博弈""妥协"的生存图景。游客可以通过任何交通方式来到冰城，无论是机场、火车站，还是高速公路的尽头，一进入城市就可以看见巨大的冰城堡矗立眼前，每个路灯下都挂着"国际冰雪节，……"的旗帜，甚至出租车司机也都会给乘客讲讲冰雪大世界和冰灯的故事。在冰雪大世界园区"冰滑梯"项目的排队队伍中，来自青岛的游客周女士和她9岁的儿子说他们已经排了3个小时的队伍了，"从天亮到冰灯都亮了，顺便看了个夕阳，还没排到我们呢，好冷、人好多……出了机场就看到一座巨大的冰建筑，我也不知道是城堡还是教堂，反正超级大，孩子开心死了，一路上也都有冰灯，特别好看，有地方特色……司机一直给我们讲冰雪大世界，讲

---

[1] 杨安华. 旅游政治：国外政治学研究的新领域［J］. 福建论坛（人文社会科学版），2010（1）：151.

以前他们都逃票去游园会的事。游园会比冰雪大世界好看吗？……好像每个路灯下面都有那种条幅，以前都不知道还有这种说法，'冰天雪地也是金山银山'！我们青岛是'青山绿水也是金山银山'啊"。广东的卞先生带着全家来冰雪大世界，"冷得跺脚……我们打车，司机就知道我们要来这儿，还说在他那儿买门票可以免了打车钱，你们这儿司机都兼职黄牛吗"？显然这种景观并非哈尔滨的特例，而是全球文化工业的普遍现象。美国民俗学者 Barbara Kirshenblatt-Gimblett 认为当代节庆是一种集合了现代科技手段、戏剧性、异文化氛围等元素的"浓缩的文化物象"（encapsulated cultural object）[①]，是一个民族文化延续、传播的重要途径和载体，同时也最为大众喜闻乐见。哈尔滨地区的居民在长期的冰雪文化实践中，围绕冰雪节庆的各个环节发展出了一系列的仪式活动，并融入了地方民俗，产生了相应的祭祀祈祝礼仪，形成了独特的冰雪节庆体系。在申报国家级非物质文化遗产以及打造"中国冰雪文化之都"的过程中，也将冰雪节庆部分作为展示和保护的重点。

自20世纪80年代中期以来，中国各地涌现了众多以"旅游节"为名的庆祝活动。这些活动显著加强了旅游与节日庆典及特殊事件之间的纽带，同时也激发了国内学者对"旅游节事"和"节事旅游"概念的界定和讨论热情。随着旅游消费主义在我国的兴起，地方性节庆旅游作为一种文化表现形式，频繁地被展现并逐渐被商品化，成为旅游业发展的主要趋势。

2000年是所谓的"千禧年"，也是"冰雪大世界"元年，一个具有重大宗教和文化意义的时刻，全球范围内涌现了一股怀旧浪潮。这一时期，人们不仅在时间的向量上进行了回溯或回望，而且对地方性、传

[①] KIRSHENBLATT - GIMBLETT B. Destination culture: tourism, museums, and heritage [M]. Berkley: University of California Press, 1998. 转引自李靖. 印象"泼水节"：交织于国家、地方、民间仪式中的少数民族节庆旅游 [J]. 民俗研究, 2014 (1): 45-57.

统的回顾与"发现"表现出了浓厚的兴趣。这种怀旧并非单纯的情感表达，而是一种深层次的文化现象，更是一种对未来的展望和想象。人们试图通过对传统的再发现和再创造，来构建一个与现代性相协调的文化身份。学术界对这一文化现象的关注也揭示了怀旧与身份认同、文化记忆和地方性之间的复杂关系。研究者们认为，怀旧浪潮可以被视为一种文化抵抗的形式，它反映了个体和集体在全球化进程中寻求文化自我认同的需要。同时，这种怀旧也体现了对历史连续性的追求，人们试图在快速变化的现代社会中找到稳定的文化根基。伴随着怀旧浪潮，同时激发了对地方性传统的重新评价和创新。在这一过程中，"地方性"不仅作为一个文化和历史的概念而存在，它也深刻地包含了特定地区的文化实践、信仰体系和社会结构。它承载着一个社区共有的记忆和传统，反映出居民的生活方式、价值观和世界观。这些元素共同构成了地方性的核心，使其成为社区成员身份认同和归属感的源泉。同时"地方性"也扮演了一个锚点的角色，在全球化的大潮中为个体和集体提供了稳定性和连续性，将人们与他们的根源和历史紧密相连，即使在快速变化的社会环境中也能够保持文化的独特性和深度，帮助人们在全球化带来的多元文化冲击中找到自我定位，维持文化自信和自我认同。

在文化旅游如火如荼的语境下，哈尔滨的冰雪节与中俄边疆贸易、各类民族艺术节、中央大街游行等活动相互融合，共同营造了所谓的狂欢冰雪节的热烈氛围。地方政府在推动旅游经济和地方发展的过程中，将冰雪节整合为一种"地方仪式"，并以此作为支点开展一系列文化消费行为。正如李靖在《印象"泼水节"：交织于国家、地方、民间仪式中的少数民族节庆旅游》一文中所述，通过节庆仪式的建立，一系列社会关系得以强化，这些关系的持续互动进一步巩固了日常生活的联系。随着这些文化元素的不断积淀，它们逐渐转化为社会成员所共同接受的知识与信仰体系，从而构建起文化共同体的身份认同。在这一过程中，冰雪节不仅是一种文化庆典，更是地方政府推动地方经济发展、塑造地方形象、弘扬民族文化的重要途径。通过将冰雪节打造成一种地方仪式，地方政府不仅促进了旅游业的繁荣，也加深了居民对地方文化的认同感，加强了社区的凝聚力。这种文化与经济的互动关系，不仅丰富了冰雪节的内涵，也为地方性节庆旅游的可持续发展提供了新的视角和思考路径。

二、衰落都市的再生策略：冰雪传统与城市更新

在深入探讨哈尔滨冰雪节的迅猛发展时，关键的考量不仅在于全球旅游工业的推动和当地领导的意志，更在于挖掘其背后的深层历史动因。哈尔滨的近代史提供了一个关键视角，便于理解这一文化现象。细致梳理这座城市的历史可以揭示，冰雪文化的复兴并非一个偶然事件，而是哈尔滨历史发展中的一个必然结果。这座城市试图通过冰雪文化的演绎，来构建地区凝聚力和文化共同体。这种努力体现了一种文化自觉，旨在通过冰雪节这一平台，强化地方身份并促进社区的团结。同时，冰雪文化可以被视为一种文化战略，不仅响应了全球旅游市场的需求，也反映了地方领导和社会各界对于文化遗产保护和创新的重视。

在 19 世纪末，东北地区还是一片白山黑水的土地，曾因清政府的闭关锁国政策而人迹罕至，被视作流放之地。但随着《瑷珲条约》和《中俄北京条约》的签订，中国割让了大片土地，清政府开始重新评估并重视这片土地的潜力与价值。1903 年，沙俄修建的中东铁路的开通，标志着哈尔滨乃至整个东北地区对外开放的重要转折点。这一历史性事件不仅吸引了大量资本的注入，也带动了商贸活动的迅猛发展。随之而来的是 19 个国家在哈尔滨设立领事馆，约 20 万侨民的涌入，128 座教堂庙宇的建立，以及中国第一家啤酒厂、第一座电影院、第一批西方音乐学校和第一所芭蕾舞学校的成立。这些文化和艺术的交融，使哈尔滨迅速成了欧洲文化在中国大陆登陆的桥头堡，同时也是远东地区的国际贸易中心。在哈尔滨市"中东铁路印象馆"的资料中，有一段描述捕捉了这一时期的文化融合:"沿着中东路,华洋万物毕集融汇,俄风欧韵交相辉映。世界,相遇在哈尔滨。"这一描述不仅反映了当时社会的多元性,也揭示了哈尔滨作为文化交流平台的独特地位。依托中东铁路,以商贸为中介,哈尔滨成了一个国际枢纽,吸引了包括俄罗斯人、波兰裔铁路工程师、各国商人在内的多元文化汇聚。这些移民群体不仅带来了自己的宗教信仰和生活方式,而且积极融入并丰富了当地的文化生活。在这座具有独特寒冷气候的城市中,他们有意识地创造了20世纪初哈尔滨的第一批冰雕艺术。例如,带有鸽子和耶稣的冰十字架、冰雪圣诞老人等。这一历史机遇,不仅使此地域的原始冰灯艺术得以复兴,更让这座城市以"东方莫斯科"和"东方小巴黎"的美誉享誉世界。

在文学作品萧红的《呼兰河传》和《生死场》中,我们不难发现对民国时期东北地区寒冷、贫穷、苦难与落后的描写。然而,在老一辈人的记忆以及当时来华外国人的记录里,20世纪早期的哈尔滨常常被描绘为一个充满温情与浪漫的地方。有一篇专题文章《波兰"哈尔滨人"忆抗战:在那里我们共同经历好与坏的年代》,曾记录了当时哈尔滨的多元文化与和谐共存。据1950年出生的波兰人奥耶维奇回忆,他的父母在20世纪30年代的哈尔滨相遇并结婚,那是一个多民族共存的国际大都市,不同背景的人们相互尊重,共同庆祝节日,形成了一种超越国籍与民族的"哈尔滨人"身份认同,是哈尔滨的黄金时代。中东铁路的建成使哈尔滨迅速崛起为一个国际化都市,物质文化生活丰富多彩。冰雪文化和冰灯雕塑,虽然不是热门的民间娱乐,但也在传统节日和宗教仪式中扮演着重要角色。1931年日本占领东北后,哈尔滨的繁荣景象戛然而止。随着"中东路事件"的发生,哈尔滨与远东地区的经济联系几乎中断,中东铁路失去了其国际优势。1931年9月18日,日本对中国东北的武装侵略导致东北三省迅速沦陷,哈尔滨的经济、政治、交通等方面遭受重创,人民的安全感不复存在。尽管在1935年前后，日本与苏联签订的贸易协定使中东铁路得以赎回，哈尔滨与符拉迪沃斯托克之间的商业联系得以恢复，但哈尔滨已不再是俄国远东地区的经济中心。这一时期，哈尔滨依托粮食贸易，成为吉林、黑龙江两省的经济中心，尽管失去了往日的辉煌，却仍保持着一定的经济活力。然而，战争的阴影始终笼罩着这座城市。奥耶维奇提到，他的父母在战争期间虽未直接知晓"731"部队的存在，但能感受到周围发生的不寻常事件，如松花江的鼠疫和霍乱污染。战后，日军撤离东北，但哈尔滨的处境并未得到根本改善。社会秩序混乱，文化艺术受到冲击，艺术家失去了尊严。随着苏联红军的到来，哈尔滨人民面临的不仅是生活的困苦，还有生命的威胁。在这段艰难岁月中，冰雪文化和冰灯表演等文化形式逐渐从人们的生活中消失，民俗节庆和宗教洗礼等群体活动也在满目疮痍的东北大地上沉寂。

1949年以后，东北一度是新中国工业的摇篮。20世纪50年代后，"国家在东北等老工业地区集中投资了具有相当规模的以能源、原材料、装备制造为主的战略产业和骨干企业，为我国形成独立、完整的工业体系和国民经济体系做出重大贡献，在共和国发展史上写下了光辉灿烂的篇章"[1]。"老工业基地"在中国工业化道路上扮演过中流砥柱的角色，曾被称为"共和国的长子"。有资料显示，"直到20世纪90年代以前，东北地区还是我国经济相对发达的地区，同时也是我国最重要的工业基地。21世纪初，东北原油产量仍占全国的2/5，木材产量占全国的1/2，汽车产量占全国的1/4，造船产量占全国的1/3。但相比经济发展更快的地区，东北地区的经济发展还是相对慢了。GDP和工业增加值由改革开放初的近15%和20%下降到新世纪初期的10%以下。随着改革开放的不断深入，在市场经济大潮的冲击下，老工业基地长期积

---

[1] 傅颐，王永魁，乔君. 中国记忆：1949—2014纪事[M]. 深圳：深圳报业集团出版社，2014：317.

累的体制性、结构性矛盾日益显现,进一步发展面临着许多困难和问题:企业设备和技术老化,竞争力下降,就业矛盾突出,资源性城市主导产业衰退,经济增速缓慢,与沿海发达地区的差距不断扩大。改革开放初期,辽宁的GDP是广东的2倍,而到21世纪之初广东是辽宁的2倍;1980年,黑龙江省的GDP与东部6省市的平均值相当,到21世纪之初为其46.2%,人均GDP仅是上海的14%"①。这些数据显示东北地区整体的大衰落,哈尔滨也随着整个东北与曾经的国有工业体制一起黯淡下去。

在新中国成立以后至改革开放之前的时期,哈尔滨经历了一段短暂的复兴。这一时期,由于政治、外交、军事和政策等多重因素的推动,加之当地丰富的石油和煤炭资源的开发,国家重要的企业和大学纷纷在此地建立。"八大军工""三大动力"以及众多工厂如雨后春笋般涌现,城外的土地和林地几乎归国企所有。从事这些工作的人们自豪地自称为"国家林业工人""家农业工人"以及拥有"铁饭碗"的人。每一个工厂或行业都拥有一套固定的机制,涵盖了从教育到医疗、从住房到媒介形式等各方面,形成了一个半封闭的小社会。当地人自豪地将其称为"企业办社会",在这种体系下,他们享受着高于正常收入的高福利和高津贴。然而,随着时间的推移,"如此生活三十年,直到大厦崩塌",下岗潮的来临给当地大多数人带来了精神上的恍惚和"血肉模糊"的痛楚。正如贾行家在演讲中所说,这看似坚固的一切就如同"纸工厂",下岗潮的来临使哈尔滨所代表的东北工业城市集体"沦陷"了。尤其是近些年,环境污染、人才流失等问题日益严重,那个曾经多元包容、充满文化魅力的国际大都市,似乎只存在于国际"哈尔滨人"、老"哈尔滨人"的回忆和传说中。然而,当外来的游客带着对20世纪初

---

① 傅颐,王永魁,乔君.中国记忆:1949—2014纪事[M].深圳:深圳报业集团出版社,2014:317.

老哈尔滨的幻想来到此地,他们仍然能够感受到这座城市往昔的繁华。走在百年方石铺就的中央大街上,游客们可以欣赏到文艺复兴风格的建筑、17世纪的巴洛克风格楼房、18世纪的折中主义风格建筑以及19世纪的新艺术运动风格的建筑。索菲亚大教堂的壮丽景象更是近在咫尺,让人仿佛穿越回那个充满文艺气息的年代。在田野调查中,很多当时已经开始从事冰雪手工行业的艺术家们说,当时他们有着自己的工作,在雕刻厂或是工艺美术研究院工作的他们偶尔接到通知要去做一些小冰雕,但他们并不知道为什么,觉得好玩儿,也就认真去做了。正在百废待兴之时,一些人开始有意识地制作冰灯和冰雕,为当时寒冷漫长的冬天带来调剂。

哈尔滨在经历了多元文化撞击的繁华、沦落殖民地的苦难之后经历了相当长的一段沉寂期,日本撤离东北,哈尔滨不温不火地发展着。1962年最后一次天主教的冰上洗礼仪式结束了,次年正是第一届冰灯游园开始,第一次以娱乐的形式开展冰灯表演所引发的轰动实际上并不大,它仅仅是在哈尔滨市区里掀起了不小的浪潮,"一开始干的人少,不赚钱也不知道怎么干,都是政府让我们去干的,我们算是搞艺术的……我们常常半夜开会,研究怎么设计怎么雕刻","来的人也都是市里的人,那时候没钱,外地人也没有几个来的"。① 在许多冰雕艺术家的回忆中,改革开放以前的哈尔滨冰雪文化、艺术展实际上是以政府为主导的具有艺术性、尊重个体的、浪漫的节庆活动。李向平说:"一个活动的发展,跟市领导的关系太大了。当时最早吕先生接手的时候什么都没有,都是领导自己干的。我们还有园林局,当时很多工作都是市政府直接领导的,后来接二连三换领导,就不热衷了……那时候最好了,政府年年拨款,挣得钱可以自己支配。所以就说包括朱晓东他们这

---

① 访谈人:李向平,77岁,"第一代冰雕手工艺者",也是最早与国外进行冰雕技艺交流的冰雕艺人。访谈时间:2017年7月13日。访谈地点:哈尔滨市埃德蒙顿路李向平先生家中。

边，这些年轻人，都是在我们之后很多年的了。当时为了搞设计，全国各地确实是像旅游一样，去哪儿都行，回头报销，工资照开……上面也尊重我们，有什么问题都会跟我们沟通。"尤其是在"共和国长子"的光环下，冰灯游园会在哈尔滨的经济、文化生活中是锦上添花的一笔。20世纪80年代，哈尔滨的冰灯艺术家开始参加各种各样的国家之间的文化、技艺交流，但那时的冰雪文化仍然只是小众的艺术，甚至很多时候是国家间经济交流的附属品。

1982年开始有了"冰雪节"的尝试，"由哈尔滨市冰灯办公室副主任张永滨起草的给市建委的《哈尔滨市第八届冰灯游园会工作总结及第九届冰灯游园会初步方案》中，提出了较为具体的举办冰灯节的建议，'冰雪活动已成为新的艺术，在国内外发展起来。日本的雪节已有三十三年的历史，加拿大、意大利等国也随之发展起来。我市的冰灯活动也名扬中外，为此，提议把我市一年一度的冰灯游园会称为'冰灯节'，时间定为每年的元月1日至5日。冰灯活动规模应由原一个公园扩展到两个或多个公园，由只在公园里举行，扩大到一条街或几条街，各广场、公共场所、工厂、商店、机关、学校的门前庭院都要举行，形成全市性的冰灯艺术活动'"[①]。自此之后哈尔滨的冰雪文化才慢慢开始形成规模。在1984年第一次与苏联进行冰雪艺术交流的活动中，冰灯就是在农业交流的基础上被推出国门，开始了与苏联多年的易货贸易。当时众多的冰雕艺术家也多次前往加拿大魁北克、日本札幌等地学习、交流双方的冰雕技法和冰雪文化的活动方式，也是在此时，当地政府才提出"冰雪是哈尔滨经济增长四个支柱产业之一"，着重利用哈尔滨的地理、气候优势发展冰雪文化旅游，这也成为东北经济转型的重要发展道路，即"如何用好冷资源，为转型发展注入新活力，做大做强服务业"。千禧年之际，哈尔滨"冰雪大世界"的出现才使当地的冰雪

---

① 王景富. 世界五千年冰雪文化大观［M］. 哈尔滨：黑龙江人民出版社，2007：21.

文化第一次开始铺天盖地而来,一系列的相关节日如冰雪节、开冰节、开江节、音乐节、雾凇冰雪节、冬捕节、滑雪节、温泉节、冰灯节等；周边服务设施如住宿业、交通客运、文化娱乐、餐饮业和商品消费都变得异常热烈起来。"冰雪大世界"成为哈尔滨冰雪文化旅游的一张王牌,冰雪光芒的冬季景观将逐渐衰落的工业城市重新建构为具有地域文化浓郁的旅游城市。2016年的冬天,哈尔滨大街小巷布满着标语——"冰天雪地也是金山银山",自此林海雪原、智取威虎山、赫哲捕鱼、满族滚冰、冰灯冰雕、俄侨舞蹈等一系列象征着历史性、地方性的元素一夜间复活。

随着哈尔滨冰雪文化产业的蓬勃发展,其经济潜力和文化价值逐渐受到周边省份的重视。这些地区开始积极响应,投身冰雪文化旅游的开发,期望通过这一独特的文化资源获得显著的经济和社会效益。吉林省、辽宁省、内蒙古自治区,乃至华北地区和一些南方地区,都已经开始投资建设室内冰雪文化空间。这些地区力图将冰雪文化与当地的民俗文化相融合,创造出独特的旅游体验,以此吸引国内外游客,推动地方经济发展。具体而言,长春市举办的长春冰雪节、沈阳市的沈阳冰雪大世界、北京市延庆区的延庆冰雪节等项目,都是这一趋势的生动体现。这些活动不仅促进了当地旅游业的繁荣,也丰富了中国冬季旅游的产品线,为游客提供了多样化的选择。

这些冰雪文化活动的成功,得益于地方政府的积极引导和扶持,以及艺术家、文化工作者和当地居民的共同努力。通过创新性的文化表达和市场化的运作模式,冰雪文化逐渐成为推动地方经济发展、促进文化交流的重要力量。据调查数据显示,2015年"（辽宁）春节黄金周期间,辽宁共接待游客980.1万人次,同比增长10.5%；旅游总收入69.2亿元,同比增长11.1%。(吉林)春节黄金周期间,共接待游客889.77万人次,同比增长15.42%,其中短线游游客占42.70%；旅游总收入75.69亿元,同比增长22.44%。(黑龙江)春节黄金周期间,全省共接待游客901.14万人次，同比增长31.18%；实现旅游收入107.46亿元，同比增长13.61%"①。在哈尔滨冰雪文化旅游迅猛发展的背景下，也面临着一系列挑战。然而，正是这些困境为哈尔滨的冰灯艺术家们带来了更多的选择机会，并吸引了越来越多的参与者投身于这一领域。

随着冰雪大世界追求快速商业盈利的目标与手工艺者们对艺术性追求之间的矛盾逐渐凸显，这一领域的发展呈现出复杂多元的态势。孙万杰先生在采访中一直表现得很气愤，他说："冰雪大世界发展得这么火热，是好买卖，香饽饽，现在我们要是不求着干，就走人了……我算是最老的了，就我一家了，一个是不用他了，一个是他们去别的地方干了。实际上我们背后也说，大世界没有什么人才了，他们应该好好珍惜，把人才聚拢到一块儿，为我所用。不过我又一琢磨，人家干嘛用你啊，就像我说的那个，谁干都行，冰灯呗，60多天化了……其他像沈阳、长春、延吉什么的都有这种形式（的冰灯表演），哪儿给的钱多我们就去哪儿，选择也多了。但是冰雪大世界的优势是什么呢，就是沾着政府支持的光啊，所以现在来说哈尔滨的这方面还是比较领先的……但是他们应该感到危机感啊……"②

官方与民间、商业与文化、匠人精神与机械复制等各主体之间的不同诉求导致不断的矛盾与沟通、妥协与协商，它们充斥在共同的文化背景之下可能会导致新文化事件或文化表演事件被再创造，同时这也成为当地冰雪文化持续发展和传承的基本动力。当下的"东北"已经成为网络平台以及当代传说中复杂且具负面形象的文化符号，人们早已遗忘这里曾是少数民族与汉族的交融之地，是中国与俄、日、朝、蒙的交汇之地，也是中国最早开始大工业时代和现代化的地方，唱衰东北成为互

---

① 孙仕斌, 潘祺. 数据解读东北"冰雪经济"两会热议如何用好"冷资源" [EB/OL]. 新华网, 2016-03-09.

② 访谈人：孙万杰，69岁，哈尔滨最早一批从事冰雪雕刻的雕刻师之一。访谈时间：2017年7月3日。访谈地点：哈尔滨市中央大街肯德基餐厅。

联网舆论主流。在这样的背景下，冰雪文化、冰灯制作作为当地的传统民俗事象通过当代制造为哈尔滨寻回往昔的光辉似乎是比其成为"经济支柱"更为迫切的愿望。冰雪文化、冰灯雕刻正是在这样跌宕起伏的历史发展中开始复兴，伴随着全球旅游工业的发展试图找到一条适合其发展的道路，通过传统再发明、商业化等多种途径来对冰雪文化进行重新演绎和创新，使其从民众的日常生活走向文化表演的舞台。

第三章

冰雪文化的演进与历史脉络

17世纪和18世纪西方社会随着理性主义和批判精神的兴起，许多思想家开始更加系统地审视传统，质疑传统权威的合理性，并探索传统与现代性之间的关系。"在对这一问题的探讨上，理论界主要有两种理论取向，第一种是我们称之为启蒙主义的哲学基础，第二种是浪漫主义的民族主义思想。"① 前者强调"经验、理性的只是追求……要发现传统如何影响我们，从而把我们从传统的束缚中解放出来"②。后者则"致力于无形文化的研究，例如风俗、信仰、故事、歌谣、言语，等等……研究它们的历史，考察古老的思想方式、生活方式与交流的知识模式，以使我们把自己从这些文化现象中解放出来"③。对传统进行全面阐释和实践的是18世纪末19世纪初的民族主义德国学者约翰·哥特弗雷德·赫尔德（Johann Gottfried Herder），他认为"要从中世纪晚期寻找民族精神的起点，因为他们原来的传统早在文艺复兴时期就被介绍进来的外国传统所打破。为了恢复丢失的民族灵魂，德国人应该回到中世纪……"如何弥补德国人现在和过去之间的裂痕，如何重新发现丢

---

① 鲍曼. 作为表演的口头艺术 [M]. 杨利慧, 安德明, 译. 桂林: 广西师范大学出版社, 2008: 208-209.
② 鲍曼. 作为表演的口头艺术 [M]. 杨利慧, 安德明, 译. 桂林: 广西师范大学出版社, 2008: 208-209.
③ 鲍曼. 作为表演的口头艺术 [M]. 杨利慧, 安德明, 译. 桂林: 广西师范大学出版社, 2008: 208-209.

失的灵魂，赫尔德认为只有一条路，那就是"通过民间诗歌（folk poetry）"①。"传统"是世代相传，从历史沿传下来的思想、文化、道德、风俗、艺术、制度以及行为方式等，对人们的社会行为有无形的影响和控制作用。②

传统，这一概念源自拉丁文"traditum"，意味着从过去延传至今的事物，构成了英文中"tradition"一词的核心含义。传统不仅指已经发生的、不可更改的历史事件和社会制度，也涵盖了民族习性、地域生存方式等可被当下感知并塑造的文化遗产。它们是围绕着人类不同的自然环境、地理边界等外部因素而形成的世代传承的习性和生活方式，并对形成其传统的社会群体具有道德规范的文化力量。从操作意义上来看，一般认为"延传三代以上的、被人类赋予价值和意义的事物都可以看作传统。它们包括物质产品，关于各种事物的观念思想，对人物、事件、习俗和体制的认识。具体地说，传统包括一个社会在特定时刻所继承的建筑、纪念碑、景观、雕塑、绘画、书籍、工具、保存在人们记忆和语言中的所有象征建构"③。随着对传统认识的深入，学术界开始逐渐关注那些活生生的、仍在民间流传的非物质文化遗产。非物质文化遗产，或称"无形文化遗产"，涵盖了口头传统、表演艺术、社会实践、仪式、节庆活动、自然知识以及与之相关的技艺等，这些都是人类创造力和文化多样性的重要体现。它们与传统的物质文化一同构成了一个民族文化身份和历史记忆。

---

① 孟慧英．西方民俗学史 [M]．北京：中国社会科学出版社，2006：33-34．
② 辞海编辑委员会．辞海：第六版 [M]．上海：上海辞书出版社，2009：321．
③ 希尔斯．论传统 [M]．傅铿，吕乐，译．上海：上海人民出版社，1991：2．

第一节 "传统"到"非物质文化遗产"的转变

一、"传统"的演变与适应性变革

人类永远无法面面俱到地接触到庞杂的过去。我们习以为常的常识是社会环境发生了变化导致传统发生变迁，传统为了适应环境而改变，将自己导向一种适合生存的方向发展。在对冰雪文化进行的田野调查中，笔者意外地发现了赫哲族文化的丰富内涵和独特魅力，这成了调查过程中的一份惊喜。赫哲族渔猎工具演变的历史，这一发现为研究提供了一个全新而生动的视角，展现了传统如何适应并反映社会环境的变迁。考古发现揭示了古赫哲族最初使用的捕鱼工具是骨制的鱼叉。随着时间的推移，这些工具逐渐演化为更为精细的两骨刺鱼叉和三骨刺鱼叉。铁器时代的到来进一步推动了赫哲族捕鱼技术的发展，出现了铁制鱼叉、小型挂网、操罗子捞鱼技术，以及"蹶搭钩"钓鱼和冬季使用的"铃铛网"等多种捕鱼方式。随着大渔网和机械化渔船的引入，赫哲族的渔业生产方式经历了一次革命性的变化。新中国成立后，赫哲族聚居的抚远市因其盛产的鲟鳇鱼和大马哈鱼而闻名。然而，这些物种后来被列为濒危动物，对赫哲族的传统渔业构成了挑战。为了保护和延续这些珍贵的鱼类资源，赫哲族人建立了鲟鳇鱼网箱养殖基地和史氏鲟原种场，并研发了一系列创新技术。这些技术包括鲟鳇鱼的活体取卵、四季人工孵化、全年人工繁育以及幼鱼驯养等。这些技术的应用不仅保护了白垩纪以来就存在的古老生物鲟鳇鱼，也体现了赫哲族对传统渔业技术的适应性变革。

这种传统的改变是根据"人们所能够接触到的'硬事实'改编而

成,但不仅仅是根据无可回避的事实,而且还按照可以寻找的事实所变成的"①。传统的发展正是这样的活态过程,是由旧东西、旧观念与新技术、新思想碰撞组成,新技术、新思想改变了旧的生活关系,原先非常狭窄的社会视域被突破,新的社会结构、新的文化形式以及新的思维方式得以产生。②

然而当下我们所认为的传统并非都是以上述方式发展下来的,"现代形式的盛典事实上是19世纪末和20世纪的产物。那些表面看来或者声称是古老的传统,其起源的时间往往是相当晚近的,而且有时是被发明出来的……包括那些在某一短暂的、可确定年代的时期中以一种难以辨认的方式出现和迅速确立的传统"③。在现代人的观念中有一种认识:"真实性存在于日常现代都市生活以外的某个地方,要么在野外或大自然中,要么在淳朴的乡下生活中,或者真实性就是过去及历史中存在的一种特性,而这种特性在现代生活中已不见踪影"④,于是便可以制造"真实"、制造"传统"。霍布斯鲍姆(Eric Hobsbawn)在提出"传统的发明"这一概念的时候同时阐释了其可能的特征,它是"被公开或私下接受的规则所控制的实践活动""具有一种仪式或象征特性",通过灌输民族性和价值观来规范一个群体的行为,"暗含与过去(具有重大历史意义的过去)的连续性",这种连续性大多是人为的并且需要通过不断重复等。被发明出来的传统几乎都会借用历史(书面的或口头的)来取得合法性,并与民族性、共同体、社群等团体性概念相黏合,它们通常以一种非常隐秘的方式潜入人们的日常生活中,仿佛那些行为

---

① 希尔斯.论传统[M].傅铿,吕乐,译.上海:上海人民出版社,1991:261.
② 鲍辛格.技术世界中的民间文化[M].户晓辉,译.桂林:广西师范大学出版社,2014:4.
③ 霍布斯鲍姆,兰格.传统的发明[M].顾杭,庞冠群,译.南京:译林出版社,2004:1.
④ 尼尔森.人类学与旅游时代[M].赵红梅,等译.桂林:广西师范大学出版社,2009:343.

早已保存在大众的集体无意识之中，是人们习以为常的惯例。例如，休·特雷弗·罗珀（Hugh Trevor-Roper）在《传统的发明：苏格兰的高地传统》中提到的著名的苏格兰格子褶裙案例，在当代大众文学作品和艺术表达中，苏格兰最著名的莫过于其格子褶裙，然而罗珀指出苏格兰褶裙的发明是罗林森为方便苏格兰工人的服饰适应工业生产，专门请人重新设计出将裙子与披风相分离的"民族服饰"，它是名副其实的现代产物。在政府下禁穿令后，苏格兰贵族突然开始以此怀旧，忘记了他们的传统服饰实际是紧身裤。在禁令解除之后褶裙开始流行，但这始终不是传统的复兴，只是贵族们眼中兴起的一种时髦风尚[1]，"他们都开启了一项在他们死后在苏格兰兴旺的工业"[2]。"这些传统将不会同样长久，但是我们首要考虑的是它们的出现和确立情况，而不是它们生存的可能性。"[3] 因此，发明可以等同于"想象"与"创造"，而非"虚假"和"捏造"。当代境况下"被发明的传统"之所以大规模出现有其必要条件——需求。"民俗建构的动力是需求。需求促使人去行动……既然生活是由需求推动的，那么构成生活的活动就是由需求推动的，而作为生活的标准活动的民俗自然也是由需求推动的。因此萨姆纳说'民俗是为一时一地的所有生活需求而设'。一句话，创造民俗的动力来自生活需求。"[4] 在乡村社会中，年长者经常借助"传统"的概念来维护他们对农村生产资料的支配地位，以此抵御来自年青一代的挑战。他们通过强调传统知识和经验的价值，巩固自己在乡村社会中的权威和影响力。男性在维护父权制方面也诉诸"传统"，以确保他们的社会地

---

[1] 霍布斯鲍姆，兰格. 传统的发明 [M]. 顾杭，庞冠群，译. 南京：译林出版社，2004：18.
[2] 霍布斯鲍姆，兰格. 传统的发明 [M]. 顾杭，庞冠群，译. 南京：译林出版社，2004：52.
[3] 霍布斯鲍姆，兰格. 传统的发明 [M]. 顾杭，庞冠群，译. 南京：译林出版社，2004：52.
[4] 高丙中. 民俗文化与民俗生活 [M]. 北京：中国社会科学出版社，1994：83.

<<< 第三章 冰雪文化的演进与历史脉络

位不被女权主义日益高涨的浪潮所削弱。通过强调传统性别角色和家庭结构，他们试图保持现有的社会秩序和权力分配。当权者则利用"传统"来宣告自己的合法性，借助历史和文化遗产来巩固其统治地位。通过与传统价值观和信仰体系的联系，他们塑造了一种权威和正当性的形象。本族人通过诉诸"传统"来构建本民族"想象的共同体"，强化民族认同感和凝聚力。传统习俗、节日庆典和文化活动成为构建民族共同体意识的重要工具。商人也发现了"传统"的价值，他们利用传统文化元素和符号来吸引消费者，从而谋取经济利益。传统工艺品、特色美食和文化旅游等都成为商业化运作的对象。"传统"在不同社会群体和利益相关者中扮演着多样的角色。它既是维护社会秩序和权力结构的工具，也是构建身份认同和文化价值的载体。

　　某些被特定目的创造的"传统"，尽管可能缺乏悠久的历史，但能够长期存在并被公众误认为是古老传统，其根本原因在于它们承载了与真正古老传统相同的社会功能和意义。首先，是利益的驱动。如前文所述，当代民俗表演背后往往涉及团体或个人的多重利益，这些利益既包括经济利益，也涵盖政治、商业、名誉以及权威等方面。这些利益的驱动力促使新的"传统"被创造并得以维持，因为它们满足了特定群体的需求并为相关参与者带来益处。其次，是身份认同与社会凝聚力的构建。精心策划并富有地域性、民族性和古老传统的民俗表演或仪式，能够有效地激发当地居民的认同感和团结精神，进而建立起相应的社会联系。这种认同感和团结精神对于维护社区的和谐与稳定至关重要。此外，许多地方性的仪式和表演实际上往往是由政府机构主导，并在多个商业实体的共同参与下实践的结果。这些活动不仅满足了社会的需求，也反映了社会结构和文化价值观的变迁。这些"传统"之所以能够长期存在，是因为它们能够适应社会的变化并不断发展。它们不仅是历史的遗留物，还是活生生的文化遗产，不断地与社会互动并被重新诠释。

　　20世纪50年代，欧美大多数国家先后经历了工业革命、现代化改革，许多传统文化、民俗都在工业革命中消失。同时，在很多欠发达地区，人们的日常生活中仍然保存了大量活跃着的传统文化和民俗。以早年的人类学理论来解释，这些欠发达、落后地区的文化是愚昧而原始的，将其罩上一层神秘的面纱，它们是人类学值得研究的对象。因此，当时欧美各国所保护的对象以历史建筑、文物、名画雕塑等物质文化遗产为主，那些口头文化、仪式等并未引起过多的关注。直到1970年，一首歌曲改变了传统文化与民俗的命运。著名音乐组合保罗·西蒙（Paul Simon）和阿特·加芬克尔（Art Garfunkel）在其专辑《忧愁河上的金桥》（*Bridge Over Troubled Water*）中演唱了这首后来成为世界名曲，并被列入联合国世界文化遗产的歌曲《山鹰之歌》（*El Condor Pasa*）。最初的《山鹰之歌》是秘鲁安第斯山东麓的印第安人的曲调，最早的歌词是以安第斯山区印加人的克丘亚语写成的。后由秘鲁音乐民俗学家丹尼尔·阿洛米阿斯·罗夫莱斯（Daniel Alomias Robles，1871—1942）[1]与T. 米尔奇贝格（Milchbeg）根据秘鲁民歌编成的吉他独奏曲。[2]其原型据传出自秘鲁自由战士图帕克·阿马鲁（Túpac Amaru）的故事，他在领导一场反抗西班牙人的起义中被害，死后化作一只雄鹰，永远翱翔于祖国的安第斯山上空。歌名直译"老鹰在飞"，中文译名有"山鹰之歌""神鹰展翅""雄鹰高飞""飞逝的雄鹰"等。秘鲁人民凭歌寄意，表达对英雄的怀念以及对自由的不息追求，用宁静深邃

---

[1] 罗夫莱斯是流有印第安血统的秘鲁民歌研究专家，生于互努科，卒于利马附近乔西卡。他毕生致力于搜集秘鲁民歌，生前采集了包括《太阳颂》等印第安部族的民歌650首。《山鹰之歌》是根据民歌素材完成的小歌剧。

[2] 1956年，《山鹰之歌》首先被艾多阿德法尔以吉他独奏的方式发表；1965年，他和搭档阿特·加芬克尔在巴黎一家剧院演出时，遇上了秘鲁的"印加人（Los Incas）"乐队。西蒙被乐队的安第斯音乐风格和罗夫莱斯的作品深深吸引，于是，他在第二年邀请"印加人"乐队录制了《山鹰之歌》的器乐部分，并为它填上了英语歌词，改名为《山鹰之歌》（如果我能够），收录在他的著名专辑 *Old Friends Live On Stage* 中，于1970年风靡全球，这首曲子因此成为南美洲最具代表性的一首民谣，后来出版的南美洲民谣专辑中，这首歌几乎不曾被遗漏。

的旋律表达最深沉、沉重的民族情感。《山鹰之歌》也是同名说唱剧的结尾部分，由三段组成，分别是一段亚拉维情歌（一种悲伤的印加古曲）、一段帕萨卡耶舞曲（一种欢快的街头节日舞曲）和一段秘鲁瓜伊纽舞曲（一种优雅的集体舞）。① 保罗·西蒙和阿特·加芬克尔带着这首"世界上最美的歌曲"（1980年，它在德国多特蒙德欧洲音乐节上获得此称号）风靡全球之时，也收获了巨大的经济利益。当时很多知识分子提出保罗·西蒙和阿特·加芬克尔不应该独享这份荣誉，应该将荣誉和金钱回馈给这首民歌的故乡——秘鲁印第安部落。秘鲁国家文化研究院的学者认为这首歌曲中的安第斯民乐和奔放不羁、神秘沉重的歌词唤起了当地印第安人民的认同感，具有反抗殖民主义的政治觉醒意义，因此此曲调只属于安第斯山东麓的印第安人。这些观点引起了世界层面上关于传统文化与民俗问题的热烈讨论，《山鹰之歌》直接致使"人类非物质文化遗产代表作名录"（以下简称"名录"）的出现，后《山鹰之歌》也被列入名录中。"名录"成了全球文化多样性的象征，提醒着世界不同文化的独特价值和相互联系，以及保护非物质文化遗产的紧迫性，包括口头传统、表演艺术、社会实践、节日庆典、自然知识等，这些都是人类共同的精神财富。由此，共识逐渐形成，即必须采取积极措施来保护和传承那些代代相传的知识和实践，这些知识和实践构成了人类共同的文化遗产。

　　自20世纪70年代以来，随着全球一体化进程的加快，大规模的城市建设、现代化发明对人类生存的自然、原始环境造成冲击，在联合国教科文组织倡导下的遗产保护迅速在全球范围内传播起来，同时也把"文化遗产""自然遗产""世界遗产""申遗"等概念推向世界各国、各地。遗产保护领域所使用的"遗产"首先来自1970年美国的法案《国家环境政策法案》（National Environmental Policy Act，NEPA），该法

---

① 引自百度百科。

案中写道,"自然环境保护固然重要,但人文环境应视为生活环境的重要组成部分。每位国民都应树立保护人类共同遗产的观念,共同保护国家的历史遗产、文化遗产和民族遗产"①。在这样的社会背景下,联合国教科文组织于1972年率先通过了《保护世界文化与自然遗产公约》,并设立世界遗产委员会(World Heritage Committee)和世界遗产基金会(World Heritage Fund)对各缔约国的文化遗产保护进行监督指导。该公约对"文化和自然遗产"进行了权威性的解释,第一条在本公约中,以下各项为"文化遗产":"第一条 为实现本公约的宗旨,下列各项应列为'文化遗产'。古迹:从历史、艺术或科学角度看具有突出的普遍价值的建筑物、碑雕和碑画,具有考古性质的成分或构造物、铭文、窟洞以及景观的联合体;建筑群:从历史、艺术或科学角度看在建筑式样、分布均匀或与环境景色结合方面具有突出的普遍价值的单立或连接的建筑群;遗址:从历史、审美、人种学或人类学角度看具有突出的普遍价值的人类工程或自然与人的联合工程以及包括有考古地址的区域。"② 20世纪七八十年代的世界遗产保护运动如火如荼地进行着,1985年中国正式成为《世界遗产公约》的缔约国之一,但对于刚刚改革开放不久的中国社会,其影响极为有限。直到21世纪,世界文化遗产的"话语"表述与权威才逐渐影响我国文化遗产保护事业。近几年,"申遗"已经成为人们耳熟能详的热门词汇。

二、被发明的传统与现代性重塑

在对哈尔滨冰雪文化的田野调查中发现,几乎每一个被采访者,无论是手工艺人还是普通民众,甚至农民,他们都表示出对"非遗"的熟识,尽管可能不知道"非遗"具体指什么,但是都模糊地了解这是

---

① 引自美国环保局网站,引用时已翻译。
② 摘自法学图书馆网站,引用时已翻译。

官方赋予某种民俗事象的荣誉。每年冰雪大世界主园区外的室内"四季冰雪展"都会停止营业一个月来修整里面的冰雕。2017年3月初,室内展馆又开始它的休整期,正在做一个小型彩雕的年轻人说:"我以前学习不好,就去学画画了,后来不到20岁就做冰雕了,做了20多年,什么手工艺人啊,就是会手艺的工人,我们天南地北地跑,哪儿有活就去哪儿,甲方让做什么就做什么……我知道非遗啊,都在提倡嘛,可是你说就比如那个吹糖人吧,那些新闻都说最后的吹糖人什么的,我说我都会你信么?吹糖人可好学了,试两次就会了。其实说难听点,冰雕也是,有点画画基础就能上手。这个就是,说是非遗就是非遗,说不是那就不是,是也不是。"① 尽管在采访中会发现大多数人都会对"传统""非遗"产生一定的误解和误读,但除政府和申请非遗的商业机构外,几乎所有的被采访者都对冰灯"传统"的商业化、申遗等现代发明手段持消极态度,无可奈何又不得不随波逐流。

在全球化的浪潮中,随着"地球村"概念的兴起,"地方性"似乎面临着被同质化浪潮所掩盖的风险。然而,现实情况是,全球化进程实际上激发了对地方文化和少数民族文化的重新评估和价值重构。正是在全球化的大背景下,我们见证了对"地方性知识"的重新发现和深入挖掘,这些知识往往蕴含着独特的生态智慧和生活方式。"非物质文化遗产"(以下简称"非遗")的保护工作特别关注那些承载着历史深度、人文印记和异域特色的文化形态。随着生活水平的提高和经济的发展,旅游业迎来了繁荣,"非遗"与现代旅游的结合为旅游业的创新提供了新的方向。在这一时代背景下,遗产旅游应运而生,迅速发展成为推动地方经济发展的重要力量,同时也成为传播地方文化、实现全球文化交流与理解的重要途径。遗产旅游的兴起,不仅促进了对传统知识和

---

① 访谈人:园区外正在修整冰雕的手工艺人。访谈时间:2017年3月初多次。访谈地点:"四季冰雪展"园区外。

文化实践的保护和传承，还为地方经济的增长提供了新的动力。它通过展示和体验"非遗"，增强了人们对本土文化的认识和自豪感，同时也吸引了国内外游客，带动了相关产业的发展。从微观层面来看，对乡村、民俗文化的关注反映了人们对家乡、童年记忆和过去的怀旧情绪。这种怀旧情绪是一个时间向量上的回溯或者回望，更强调的是一个旧日视野当中的空间，一处心灵故乡，一段正在沉寂的旧日岁月，它不仅是一种情感上的回归，也是对现代化进程中失去的东西的一种反思和探索。

随着人们生活水平的提高和文化需求的多样化，对传统乡村生活和民俗文化的体验成了一种新的文化消费趋势。奥维·洛夫格伦（Orvar Löfgren）在著作《美好生活——中产阶级的生活史》中考察了在19世纪和20世纪之交，欧洲社会见证了与家庭有关的几个概念的发展及其对社会、人们思想的统治，它们分别是"恋家（hemkansla），思家（hemlangtan）和家乡（hemby）"，这里的"家乡"并不是一个物体存在的实体，而是带有一种乌托邦式的感触，它是对中产阶级虚伪生活方式的反抗，但很快它被一种怀旧情绪所取代。正如鲍辛格所指出的，比起瑞典人，德国人对"家乡"的感情源于身处一个日益广阔和漂泊的世界中，对安全感的渴求。换言之，"乡愁"实际上是全社会共同的一种情绪。"乡愁是什么？其一，有一种历史衰落和失落感，它远离故土家园的'黄金时代'；其二，一种个人整体性和伦理确定性丧失或匮乏的感觉，那种曾赋予人们关系、认识和个人经验以统一性的价值观如今无可挽回地衰落了；其三，随着本真话语社会关系的小事，出现了一种失去个人自由和自主性的感觉；其四，某种失去单纯性、个人本真性和情绪自发性的感怀。也就是说，乡愁实际上告诉我们的不是关于过去的事情，而是现在的境况和问题。……置身传统，意味着对缺失的现代性的向往；而置身现代，意味着对消隐的传统的念想。置身传统与现代之间,是一个传统社会的艰难裂变,是两种文明的碰撞纠葛……"① 实际上对家乡的怀旧书写也并不是出现在当代,在中国古代、近现代作品中也有很多,比如,《荆楚岁时记》就是一本明确地由当地人书写家乡民俗的专著。"中国古代到近代的民俗志中,大多是作者对其故乡或长期居留之地民俗文化的记录和描述,其中有不少是作者因战乱等原因与故土离散之后的一种回忆式书写……集中表达了作者浓厚的乡愁以及对故园美好生活的理想化想象。"② 而当代对家乡的怀旧情绪更加丰富,不仅是在失去之后,人们才学会真正珍惜的对于童年、家乡的怀念,更有大量的唱衰家乡的文章出现,表现出"恨铁不成钢"的感伤姿态。不过并不是只有旧的家乡才具有特别的意义,人们把目光转向那些精心"斩获"并接受了其特有财富与特点的新家乡③,而民俗旅游关注的则大多是家乡中的"异域风情",那些仿佛是记忆里的习俗、仪式、庆典以及日常规则,但又不确定它是否存在过,而如今又随着国际非遗背景而出现的现象。"异域风情就很容易突然转变为神奇的东西,这不仅因为陌生的东西总有特殊的魔力,也因为它的其他现实性完全被解除,它被置入一个充满童话的、超感觉因素的范围之内。"④ 被制造出来的传统、民俗实际上是依据当地的传统,本着奇风异俗,为了吸引游客、博取利益而形成的民俗。

---

① 苏沙丽. 思想的乡愁:百年乡土文学与知识者的精神思辨 [J]. 粤海风, 2017 (1):62-69.
② 安德明. 对象化的乡愁:中国传统民俗志中的"家乡"观念与表达策略 [J]. 民间文化论坛, 2015 (2):5-10.
③ 鲍辛格. 技术世界中的民间文化 [M]. 户晓辉, 译. 桂林:广西师范大学出版社, 2014:126-127.
④ 鲍辛格. 技术世界中的民间文化 [M]. 户晓辉, 译. 桂林:广西师范大学出版社, 2014:110.

第二节 "冰雪大世界"——作为文化表演的实践

一、"文化表演"与冰雪空间的互动

表演一词最初出现在古希腊的戏剧和史诗当中,德谟克利特(Demokritos,公元前460—公元前370)曾用 mimoi 指拟剧演员,mimos 指表演。亚里士多德(Aristotle)也经常使用 mimos 指表演,即"摹仿"人或动物的表情、动作或声音。① 亚里士多德认为经过精心组织、以表现人物行为的艺术活动即"摹仿",因此最初的表演具有"摹仿"的特征,主要用于口头艺术诗学和行为艺术的戏剧领域之中。而戏剧领域之中的舞台表演很大程度上是源自人类社会的仪式活动。根据波兰著名美学史家塔达基维奇(W. Tatarkiewicz)的考察,摹仿"很可能起源于第俄尼修时代祭典的那种仪式与神秘性活动,就其最初含义而言,摹仿所指的是巫师所表演的祭祀节目舞蹈、音乐与唱诗"②。与原始"三位一体的舞蹈"③ 密切相关。现代人类学家在描述人类社会的各种仪式时不自觉地运用了诸多戏剧术语,这无疑说明了仪式与戏剧在外在形式要素上的诸多相似与相通,而这种相似与相通的根本点在于表演。④ 维克多·特纳(Victor Turner)围绕着戏剧与仪式之间的关系认识到社会过程具有"戏剧性表演"的性质。格尔茨在《文化的解释》中描述巴厘岛的斗鸡活动所使用的就是"戏剧性文化表演"这一概念,通过对活

---

① 亚里士多德. 诗学 [M]. 陈中梅,译. 北京:商务印书馆,1996:38.
② 塔达基维奇. 西方美学概念史 [M]. 褚朔维,译. 北京:学苑出版社,1990:361.
③ 塔达基维奇. 西方美学概念史 [M]. 褚朔维,译. 北京:学苑出版社,1990:361.
④ 汪晓云. 是戏剧还是仪式:论戏剧与仪式的分界 [J]. 上海大学学报(社会科学版),2007,14(1):141-144.

动的观察和研究可以洞察社会、语言、政治、经济、信仰和人民等之间的互动关系，而巴厘岛的文化也是由这些符号形式所编织的"意义之网"，仪式活动即社会表演。1984年，美国学者约翰·麦卡隆（John MacAloon）在其《现代社会中的奥林匹克运动和景观理论》中将奥运会定位为一种文化表演（culture performance），其中包括四个类别景观（spectacle）、庆典（festival）、仪式（ritual）以及竞赛（game），阐释了此类壮观场面如何为探索集体身份的各种认识（有时是矛盾的认识）提供了依据。在麦卡隆看来文化表演是"这样一些活动，我们作为一个文化或社会在这类活动中反思自己，明确自己的本质，以戏剧化的方式表现我们的集体神话，为自己展示其他选择，最终在某些方面改变自己，而在另一些方面则保持自己的特色"[1]。这种通过文化表演来呈现社会结构的方式不仅建构了人们对自我、社会的反思，也表述着他们如何理解特定的文化形态。麦卡隆将全球性质的奥林匹克运动看成一场具有反思性、建构性的文化表演，这同唐·汉德尔曼（Dong Handelman）象征国家秩序、政治仪式的文化表演理论相似。唐·汉德尔曼对文化表演的研究主要集中于国家层面的壮观场面中政治仪式的操演方面，他强调的是秩序、权力在壮观的政治仪式表演中所扮演的角色。1990年出版的《模型与镜子》一书中，汉德尔曼写道："在现代国家里，表演犹如镜子，反映国家集权制下社会秩序的巨大幻象。这些幻象掩盖了集权制度塑造、约束和控制社会秩序所具有的巨大力量"[2]。政治仪式实际上是秩序的展示，反映集权国家中那种震撼人心的社会景象，"仪式塑造了产生仪式的那些秩序"。而政治仪式的背后实际上是由权力所主导的，"国家表演和表演盛会将这些极端方式（精确性），以相同方式呈

---

[1] 赫兹菲尔德. 什么是人类常识：社会和文化领域中的人类学理论实践［M］. 刘珩，石毅，李昌银，译. 北京：华夏出版社，2005：282.
[2] 转引自赫兹菲尔德. 什么是人类常识：社会和文化领域中的人类学理论实践［M］. 刘珩，石毅，李昌银，译. 北京：华夏出版社，2005：284.

现，背后是存在的权力支持点。这是观众所看不到的权力力量在作用"①。现代群众行为组成的壮观场面是"通过分类范畴的划分与组合而形成的，从而制作出许多按意图设计，用来反映设计者的想象。群众活动场面反映了他们的文化世界"②。大型的表演借助审美的艺术化制作，通过当代媒介来复制一个又一个狂热的、游戏的现场，蕴含着与"具有历史意义的过去"的连续③，最终成为民众约定俗成的仪式，以此来反复灌输某种价值和行为规范。

首次对"文化表演"（Cultural Performance）概念做出明确界定的是米尔顿·辛格（Milton Singer），在其著作《当一个伟大传统现代化的时候》（*When a Great Tradition Modernizes: An Anthropological Approach to Indian Civilization*）中，表演被定位为各种文化要素的展示，他指出，"……这些是'文化表演'，因为它包括了西方通常指称的对象，如戏剧、音乐会和讲座。同时也包括祈祷者、仪式阅读、朗诵、仪式庆典、节庆，以及我们划分在宗教和仪式下面而不是文化和艺术的事象。在金奈地区这一区分并非如此明确，因为戏剧通常更多地建立在神史诗上，音乐会和舞蹈中充满了赞歌。另一方面，这些宗教仪式可能会用到的乐器、歌曲、马德拉斯舞，被用在音乐会上。一份金奈地区主要的日报罗列即将到来的文化事件有以下三个标题：'讲道'——宗教阅读和讲述圣书；'娱乐'——戏，舞蹈，多半古典的音乐会；'杂项'——政治和专组的会议，关于时下话题的公共讲座和招待会。……这些表演成为文化基本构成部分和最终观察单元"④。在辛格看来，文化表演封装

---

① 赫兹菲尔德. 什么是人类常识：社会和文化领域中的人类学理论实践 [M]. 刘珩，石毅，李昌银，译. 北京：华夏出版社，2006：285.
② 汉德尔曼. 仪式：壮观场面 [J]. 国际社会科学杂志，1998 (3)：96-110.
③ 霍布斯鲍姆，兰格. 传统的发明 [M]. 顾杭，庞冠群，译. 南京：译林出版社，2004：1.
④ SINGER M. When a Great Tradition Modernizes: An Anthropological Approach to Indian Civilization [M]. New York: Praeger, 1972: 69-70.

(encapsulate) 着人们所关注的文化信息并不断重复发生,通过"那些被限定的、强化的、公共的、在象征意义上具有共鸣性的时间",人们可以认识自身文化中所蕴含的观念、内容。这样的文化表演事件被罗杰·亚伯拉罕(Roger Abrahams)称为"展演"(enactments)和"展示事件",如仪式、节日、集市、典礼及奇观等。① 不论是约翰·麦卡隆、唐·汉德尔曼的国家层面上的政治仪式还是米尔顿·辛格、罗杰·亚伯拉罕关注的包罗万象的文化表演,他们都倾向于强调具有"传统"性质的自上而下的展示、展览,是一场民族、国家有意识、有预谋的建构。"国庆庆典及其表象效果之所以可能,是因为国家的行政能力,即娴熟的计划能力、组织能力、协调能力,以及对时空利用的明晰理解,还有对可能出现的纰漏和错误的预判,并对可能出现的问题准备好适当的后备手段,以确保整个表演必须按计划进行。这些能力可能比庆典本身所代表的任何东西都更重要……"②

本书所使用的"文化表演"概念主要源自米尔顿·辛格的作为一种理解他者的手段的"文化表演"和唐·汉德尔曼的象征国家秩序、政治仪式的文化表演,以及理查德·鲍曼(Richard Bauman)的作为行动的、实践的、某种社会行为的表演。把"表演"实际运用于调查并将其理论化的是美国学者理查德·鲍曼,鲍曼关注的是民俗文化表演事件的语境及其中人的交流、参与和互动。20世纪50年代以来,在社会科学思想运动的潮流以及民俗学、人类学学科本身发生新转型的影响下,鲍曼围绕着"表演"问题做出了思考并形成了完善的表演理论体系。在鲍曼看来,文化表演往往是一个社区中最令人瞩目的表演语境,"事件、过程、行动和实践"代替文本表达某个社区的传统,这就是表演,

---

① 鲍曼. 作为表演的口头艺术 [M]. 杨利慧,安德明,译. 桂林:广西师范大学出版社,2008:160.
② 拉加,梁永佳. 营造传统:新加坡国庆庆典 [J]. 中国农业大学学报(社会科学版),2007,24(1):147-154.

也是丹·本-阿默思（Dan Ben-Amos）所说的"艺术性交流"①。鲍曼的"语境"是指与表演文本相关的情境化的语境，文本必须结合语境才能产生意义，将物理化的、客观的外在因素结合到表演过程的文本中，对文本的延续、生成和发展产生作用。②"表演是交流行为的一种方式，是交流事件的一种类型……它以某种特殊的方式被框定，并在观众面前予以显示。"③鲍曼将表演分为两种："第一种是把表演堪称一种特殊的、艺术的交流方式（performance as special, artful mode of communication）；第二种是把表演堪称一种特殊的、显著的事件（performance as special, marked kind of event）。"④ 文化表演事件同日常生活中的其他事件是通过时空的界定而被区分开的，其强调的是表演过程中民俗事件和事件发生的语境、民俗实践以及每个人的协作、参与、互动，"当人们通过仪式聚合在一起，他们采用一系列象征符号（symbol）和一系列象征性行动时，那么通过这一戏剧化的形式，人们就可能达到低社会关系的理解。所以这些事件（尤其是仪式）就变成社会力量（social forces）和象征性威力（symbolic forces）和象征性展示（symbolic representation）"⑤。

文化表演作为研究方法和手段，实际上是通往理解更广阔社会文化生活的重要途径。1990年，鲍曼指出"表演"作为理论的局限性，"一是历史问题，即如何把讲述事件关联到与之相关的历史性体系中；二是

---

① 彭牧.实践、文化政治学与美国民俗学的表演理论 [J].民间文化论坛，2005（5）：90-96.
② 安德明.表演理论对中国民间文学研究的意义 [J].民族艺术，2016（1）：111-115.
③ 鲍曼.作为表演的口头艺术 [M].杨利慧，安德明，译.桂林：广西师范大学出版社，2008：65.
④ 鲍曼.作为表演的口头艺术 [M].杨利慧，安德明，译.桂林：广西师范大学出版社，2008：197.
⑤ 鲍曼.作为表演的口头艺术 [M].杨利慧，安德明，译.桂林：广西师范大学出版社，2008：204-206.

微观与宏观的问题,即如何把语言的情境化使用关联于更大的社会结构,尤其是权力结构与价值体系;三是表演的艺术性讲述与语言使用的其他模式之间的关系"①。其中"表演"之于社会网络、权力结构等关系的讨论也是本书所主要关注的部分。笔者在对"冰雪大世界"的田野调查及文本写作中更多运用的概念实际上是"文化表演"。一方面,"表演"这一概念能够呈现出作为一个文化景观空间的"冰雪大世界"的物理、客观实体展示,作为展览它已成为一种可供人观光的地方文化资本,其变得更富有戏剧性。如:冰雪大世界的"冰灯表演"主体是人,每个人如何通过这个舞台、空间来演绎自己以及自己所代表的社会群体;如何通过形象设计来建构主体性;某些特定的政策、事件是如何影响主题设计的;等等。另一方面"表演"也囊括了"展演"概念,既强调了整体作为"文化表演"的"冰雪大世界"的艺术性,也没有忽视其作为文化表演的政治、经济、社会组织等与之密切相关的语境以及交织在其中的人的参与及其相互之间的交流与协商。

二、雪域经济:自然景观的商业潜力与文化意义

民俗事象的演变是社会文化发展进程的缩影,而社会文化的不断演进同样塑造和推动着民俗事象的变迁。20世纪80年代以来,地方性的仪式信仰、节庆典礼等不再被愚昧、野蛮、原始、落后等词汇所标签化,取而代之的是"弘扬民族传统文化,向外来旅游者展示本土形象的旅游资源""提高国家文化软实力,要努力展示中华文化独特魅力"等国家政策扶持下的民俗村、少数民族风情旅游等,来自世界各地的游客穿梭在传统的、"本真的"、"淳朴的"的民俗旅游中,通过互动和交流满足其"求新、求异、求乐、求知"的需求,因此具有浓郁地域特

---

① 王杰文."表演理论"之后的民俗学:"文化研究"或"后民俗学"[J].民俗研究,2011(1):33-46.

色民俗风情的、展示其"本真性"的，同时又富于观众参与性等特点的民俗文化主题展览成为地方政府及商业机构的规划方向。"民俗文化主题公园实际上是一个消费、娱乐、休闲的场所，在中国当下的社会文化情境中，它是社会性与工具性的产物，主题公园遵循的是消费主义的市场逻辑，它是大众欲望、权力政治与大众媒介等诸多社会关系的产物，消费主义的逻辑渗透到主题公园设计的每一个环节。"①

冰雪大世界作为民俗理论与实践的空间，它展示出各个层面的社会文化，包括政治、经济、社会及信仰等不同要素。尤其在全球化驱使下，世界各地的民俗文化园区都不断增加和建设起来，作为地域性的民俗空间，"除了建构历史叙事、保存文化遗产、展现民俗文化等因素之外，更带有文明进步的象征意义，成为一个城市或者地区提升现代化程度的一种外在标志。在当今社会中，博物馆和民俗村也更多地和旅游结合在了一起，以求提振经济，推进文化"②。在这样的时代和政策背景下，1999年哈尔滨市政府为迎接千年庆典神州世纪游活动，凭借哈尔滨的冰雪优势推出了大型冰雪艺术精品工程——冰雪大世界，其产生是顺应时代和政策的。冰雪大世界本身的主办权、负责单位也随着时代、政策的改变而多次更迭，在不断的权力更替、更迭的过程中，从侧面也展示出了冰雪大世界的复杂性。冰雪大世界最初是由马迭尔集团股份有限公司（国有股份制企业）受市政府委托所承办，而后主办权则是由哈尔滨文化旅游集团（国有私企）所有。从1999年至今，历年的冰雪大世界的设计都融入了重要的国家政策、国际事件以及地方重要事件。2015年，在国家"一带一路"倡议和"龙江丝路带"创新实践推行后，"冰雪大世界"以"冰筑丝路·雪耀龙疆"为主题建设园区，展现了古代丝绸之路上的多个国家的地标建筑。例如，雪域佛国、克里姆林

---

① 刘晓春．民俗旅游的文化政治［J］．民俗研究，2001（4）：5-12．
② 潘峰．两岸同根同源的文化展演研究：以台湾民俗村和闽台缘博物馆为例［M］．北京：九州出版社，2011：1．

<<< 第三章 冰雪文化的演进与历史脉络

宫、热舞撒哈拉、土耳其的圣索菲亚大教堂等,通过冰建筑和冰雕塑辐射了世界多元文化的交汇融合,在展示冰雕技术的同时以多层次、多角度集中展示了"一带一路"景观。2016年3月,习近平在参加黑龙江代表团的审议中提出"绿水青山是金山银山,黑龙江的冰天雪地也是金山银山"后,2016年的冬天,带有"金山银山"字样的标语便出现在冰雪大世界的每一份海报上。2017年,"一带一路"仍然是中国政治领域最重要的一项战略目标,冰雪大世界仍然以此为创作源泉,"追寻国际共商、共享、共建的足迹,以冰雪为载体,还原'一带一路'沿途绚丽的建筑和人文风采……园区设计以东北亚中心哈尔滨为核心,游览动线串联'莫斯科庆典''冰雪之冠''迷情曼谷''米兰花园''穿越昆仑''东亚之光''地中海探险''哈萨克小镇'等主题景区,打造世界共享的冰雪'百花园'"①。同年,也以在年轻人中所流行的电子竞技游戏为基准,打造年轻人的"王者荣耀"乐园。园区里大部分区域是巨大巍峨同时具有鲜明时代特征的冰建筑。例如,哈萨克景区将冰雪观景与千姿百态的哈萨克风情结合,并恰当融合娱乐元素,外围还增加了一组叙事性的雪雕建筑群,梦回盛世、西出阳关、西域风光、哈萨克小镇,按照时间轴、"一带一路"精神将现代丝绸之路展现无遗。企划部的小萍说:"这样的设计,我们是找的文化创意公司来完成的,然后我和苗苗通过CAD把他们的想法变成可行性的图表,文化创意公司考虑到的首先当然就是政策,不过这也是夏总的意思。政策第一,娱乐文化第二……"② 国家政策与流行元素是其规划的主要依据,而这样的规划引起了很多设计者与冰雕手工艺人之间的矛盾。

在当代文化景观设计领域,管理者与设计者们普遍持有一种观点,即他们的设计不仅顺应了时代潮流,满足了大众审美,而且能够带来丰

---

① 引自"冰雪大世界"宣传手册。
② 访谈人:小萍,25岁,冰雪大世界股份有限公司企划部。访谈时间:2016年11月3日。访谈地点:冰雪大世界园区企划部办公室。

厚的经济效益，并展示出具有哈尔滨特色的民俗文化。然而，这一观点并非没有争议。冰雕手工艺人对此提出了批评，他们认为设计者忽视了冰雕艺术与建筑艺术之间的根本差异，过分追求潮流而忽略了真正的审美价值。在这种批评声中，我们可以看到冰灯景观的观赏性不再仅仅是冰雕师傅内心情感的外化和审美表达，也不再是反映游客欢聚一堂的喜乐场景。作为哈尔滨民俗生活的重要组成部分，传统的冰灯和冰雕不仅是一种艺术形式，它们还体现了人与自然的互动，以及人与人之间的师徒关系和社会合作。通过这些节庆活动，哈尔滨市民得以在共同的文化背景下建立起一种文化共同体，这在一定程度上强化了社区的凝聚力和文化认同。21世纪以来，随着冰雪大世界的兴起，旅游化和商业化的趋势开始对冰灯表演的深层本质和文化内涵产生了影响。这种影响导致冰灯文化的某些方面开始逐渐消解和改变，引发了对传统文化保护和现代商业实践之间平衡的深刻思考。"权力政治、资本与地方性文化的互动所产生的民俗文化旅游的兴盛，既是'本土化的现代性'的一个表现，也是文化政治之暴力的一种表述。"[1] 冰雪大世界作为一项"文化表演"，其背后实则是政治与商业力量的角逐场。这一现象不仅在塑造独特的文化景观方面发挥作用，更赋予这些景观以深刻的政治意义。在这一过程中，政治、商业、大众文化以及冰雕艺术的实践者之间必须寻求并达成一种微妙的平衡。这种平衡的实现旨在吸引日益增长的游客数量，进而创造更大的经济效益。在这一平衡的构建中，政策制定者和商业运营者需考虑到冰雕艺术的传统价值和社会意义，同时满足大众对于文化体验的期待。这要求他们在尊重和保护传统手工艺的基础上，融入现代元素，以创新的方式呈现哈尔滨的地方性民俗文化。通过这种方式，冰雪大世界不仅成了一个展示艺术与自然美景的平台，也成了政治

---

[1] 潘峰. 两岸同根同源的文化展演研究：以台湾民俗村和闽台缘博物馆为例 [M]. 北京：九州出版社，2011：1.

与商业利益交汇、文化与经济价值共生的场所。

三、冰雪大世界的叙事框架与展示策略

作为地方性知识的典型显现,当代传统的民间手工艺及其展示已经受到消费、商业主义的深刻影响,从而也改变了这些民间文化、手工艺的表演方式和行业规则。"民间艺术表演文本除了从传统民间艺术中进行必要的延续之外,更重要的是进行符合大众审美需求的结构和风格的重构。这种重构,既是一种对源自传统民间艺术符号的转换、锻造,也是一种诉诸消费主义大众审美需要的文化修辞策略的施展。"[①] "冰雪大世界"是一场声势浩大的"文化表演",首先在于它的展示功能,"冰雪大世界"及其周边展览作为广义的"文本",其所展示的并非仅限于民间手工艺人眼中的历史、文化以及他们的故事,更是对地方民族文化、异域风情以及新型科技掌握的同时,符合当下大众审美需求的展示和表达;其次是其背后由政治、经济、文化、信仰、个人交流等因素所组成的庞大网络系统。

"民间艺术表演文本的建构和文本魅力的维护,是深谙消费社会文化逻辑之要核而对自身做出的延伸性扩张,也是传统民间艺术自我瓦解、文化祛魅和边界消解从而走向大众的裂变过程和结果。"[②] "冰雪大世界"在两个月内展现出"传统"的采冰仪式表演、冰雪节庆、少数民族风情、俄罗斯文化以及用科技创造出的童话世界,被打造成为有强烈震撼力和商业价值的文化形式,那些或真实或虚构的传统文化在此得以复兴。为了持续建构表演文本的审美性、符合大众的审美理想,以此达到政治目的和商业目的,各种因素被生产或被转化,积极吸引着游客

[①] 吴晓,邹晓玲.民间艺术表演文本的文化修辞[J].湖北社会科学,2007(11):142-144.

[②] 吴晓,邹晓玲.民间艺术表演文本的文化修辞[J].湖北社会科学,2007(11):142-144.

的注意力,"体验属于他人的生活而又与自我息息相关的不同事物,这种渴望旅游的现代观念催生了可参观性"①。因此"冰雪大世界"的策划者必须对传统的民间手工艺及其相关的历史、传说、故事等进行符号意义的转换,在传统之上打造出可参观的"震惊"景观。

第三节 "表演性真实"下的地域认同

一、"表演性真实"

在采冰仪式中不断被强调的"真实"并不是一种物理意义上的客观存在,更多的实际上是一种"心理真实",荣格将这种潜意识中所浮现的非逻辑性信息片段称为心理真实,以此来区别于物理真实,并独立于物理真实的世界自成一体。19世纪70年代,"真实性"概念延伸到旅游领域,"真实性"一词最初是"自己做的""最初的",用于描述博物馆中由专家鉴定决定其真伪本质的艺术展品,全世界的游客们都在寻求一种具有真实的民俗事象和仪式行为的远方,希望在旅行中找到一种与自己内心共鸣的真实感受,这种感受超越了物理世界的局限,触及了人类共通的情感和精神追求。20世纪60年代以来,随着后现代主义的兴起,对"真实性"的考量也有了新的认识,"事物表现为真实不是因为其本来就是真实的,而是因为它们是一项'传统的发明',或是由协商、解释和协议建构而成的"②。21世纪初,努德森(Knudsen)和瓦阿德(Waade)在对旅游、空间体验与情感之间表演性真实的文章中

---

① 迪克斯. 被展示的文化:当代"可参观性"的生产[M]. 冯悦,译. 北京:北京大学出版社,2012:8.
② 朱煜杰,邵媛媛. 表演遗产:旅游中真实性的再思考[J]. 西南民族大学学报(人文社会科学版),2015,36(6):1-9.

首次介绍了"表演性真实"(Performative Authenticity)的概念[1],文章指出表演性真实基于个体能动性和外部世界之间持续互动,并在身体化的实践中表现出对社会实践的本体感知,使得行为转变为意义的制造,实践因此具有了表演性。[2]

随着全球化旅游时代的到来,诸如采冰仪式这样的"原始仪式"逐渐进入了大众媒介的视野,包括一年一度开江节中的开江仪式在内,这些活动现被广泛视为复兴松花江畔族群古老民俗活动和日常生活的一种方式。在采冰仪式逐渐转变为商业化景观的过程中,公众对其象征意义和神圣性的讨论尤为热烈。通过微博等新媒体平台,人们得以观看到这些仪式的盛大、庄重与神秘,从而激发了他们亲自前往冰封的松花江,与采冰的工人们一同体验"集体欢腾"。浪漫主义的视角下,仪式空间被视为一剂治疗"现代性"症候的良药,神圣感与仪式感在集体的欢庆中油然而生。随着时间的推移,尽管最初的陶醉和狂欢可能会消退,但通过定期举行纪念性的仪式和庆典,共同体的感觉得以储存并重新充满,就像充电的电池一样。采冰仪式不仅创造了一种与过去相连的生命激情和神秘感,还构建了一个充满表达力的文化空间。这不仅仅是基于个人的想象和怀旧情绪,更多是依托于当地合理性的传统和族群文化。参与仪式的当地人并非简单地通过瞬间的记忆恢复来回忆过往,而是通过表演和记忆的更新,重返那些珍贵的记忆。[3] 无论是采冰仪式还是冬捕仪式,这些当代"发明的传统"对"他者"来说,标志着从城

---

[1] KNUDSEN B T, WAADE A M. Performative authenticity in tourism and spatial experience: Rethinking the relations between travel, place and emotion [M] //Re-investing authenticity: tourism, place and emotions. Leeds: Channel View Publications, 2010: 1-19.

[2] 朱煜杰,邵媛媛. 表演遗产:旅游中真实性的思考 [J]. 西南民族大学学报(人文社会科学版),2015,36(6):1-9.

[3] CROUCH D. The diverse dynamics of cultural studies and tourism [M] //JAMAL T, ROBINSON M. The SAGE handbook of tourism studies. Los Angeles and London: SAGE, 2009: 82-97.

市到乡村、从现代到原始、从忙碌的工作到无忧无虑的休闲的转变。与冰雪相关的仪式空间成为人们完成这一仪式性转换的场所,从而构建了一个由这两部分轮流交替的世界。这些仪式不仅是文化表演,更是文化身份和地方认同的现代表达,同时也是全球化背景下人们对根源和传统的探索与追寻。通过这些仪式,我们能够洞察到个体与集体如何在现代社会中寻找连接过去与现在的桥梁,以及如何在全球化的浪潮中保持文化的独特性和连续性。

采冰仪式中所体现的"心理真实",也是对受众需求的回应。它不仅是一场视觉和感官的盛宴,更是一种心灵和情感的交流。通过参与这样的仪式,游客们能够体验到一种超越时间和空间的文化真实,这种真实虽然无形,却深深地触动了心弦。每年12月5日的采冰仪式模仿的是没有文献记载,也没有口头传说,更没有出土物件来例证的无历史但很有趣的"古代传统","古代应该有,毕竟采冰是危险的"[1],于是上演了上述数十名穿貂汉子祭祀江神的仪式表演,采冰的仪式表演中有一切祭祀中应该有的物理元素,也能够表达出祭祀中所应该有的当地信仰(江神)和诉求(祭祀与祈福)。在采访中甲继海一再声称他有文献证据,创造了文学上的幻象、伪造的文本与虚构的历史来支持他所制造的"神秘而丰富"的仪式,并开启了自己伟大的民俗事业——梦想连接起过去真正的哈尔滨传统、拯救当地的民俗文化,实际上"他并非生活在国家政权之外,他的身份是在与真实世界的持续互动和协商中构建起来的"[2]。

---

[1] 访谈人:甲继海,46岁,哈尔滨市人大代表、哈尔滨旅游形象大使、中央大街形象大使、哈尔滨民俗采冰节创始人、哈尔滨松花江开江节创始人、太阳岛都市雪乡乡长、老街艺术团团长。访谈时间:2017年7月3日。访谈地点:哈尔滨市太阳岛。

[2] CROUCH D. The diverse dynamics of cultural studies and tourism [M] //JAMAL T, ROBINSON M. The SAGE handbook of tourism studies. Los Angeles and London:SAGE, 2009:82-97.

二、"传统再发明"

哈尔滨的冰雪文化表演，可被视为一部生动的"传统再发明"文本。在它演变为大型表演和民俗产业之前，这一文化形态深深植根于个体私有制经济的土壤之中。其核心价值取向以感性认识为主导，以情感联系为纽带，不仅传承着冰雪文化，也推动着冰雪活动的开展。在这一阶段，与文化传承和活动开展相关的权力和利益冲突并不显著。通过对冰雕艺人的访谈，我们可以窥见这一文化初期的自由精神和情感丰富性。许多冰雕艺术家在回忆自己最初涉足冰雕行业的经历时，都会怀念那个时代的自由与快乐，以及与之相伴的丰富情感体验。这种情感驱动的文化实践，不仅为艺术家们提供了创作的灵感，也为冰雪文化的传承和发展奠定了坚实的基础。在个体层面，冰雕艺术的创作不仅是对技艺的展示，更是对个人情感和审美理想的追求。艺术家们通过对冰雪的雕琢，将个人的情感和对美好生活的向往融入作品中，使之成为一种情感表达和文化传递的媒介。

随着时间的推移，冰雪文化逐渐从个体的情感体验扩展到了公共的文化展示和产业经营。这一转变不仅带来了更广泛的社会参与和经济效益，也引发了对传统与现代、个体与社会之间关系的新的思考。在这一过程中，如何平衡商业利益与文化价值，如何处理个体情感与公共展示之间的关系，成了冰雪文化发展中需要面对的重要课题。

70多岁的孙万杰先生在回忆"过去的"冰雕时说："我们那个时候就是跟着老师学，其实也不算老师，我本身就是学雕塑的，我经常自己雕刻一些小东西拿给老师看，我们几个同学都是这样的，老师给我们提一些建议，主要是自己琢磨，琢磨怎么雕刻，也琢磨着怎么把工具改良一下……冰和大理石的差别还是很大的……后来我可以了，我也有学徒了，好几十个，但是他们跟我们当时不太一样，偶尔我也带他们去江边，冬天的时候，去找一些透明度好、质量也好的小冰块来雕一些小东西啥的……那时候好,我们想雕刻什么就雕刻点什么,有个突发奇想弄个彩色的,领导也支持,领导都希望自己单位出去的人能出新,很支持我们……"① 与孙万杰同年代的艾辉先生在访谈中也不断地谈论"当年"尽管时间紧促,但仍然会受到"上面"的尊重,"那时候也很急啊,熬夜是经常的,刚开始雕不太好的时候,经常雕着雕着,下面就折了,你知道吧,那个下面受力太大整个就掉了,那年我雕了个什么呢?我记得是一个圆形的,下面有一个底座,类似太阳和光芒的那种,很需要功夫的,一开始还行,很顺利,后来可能中间连接的地方,我没算太明白,太阳一下就掉了,也可能是冰太脆,反正就是坏了,摔碎了,那'光芒'都是特别细、特别尖的,掉地上就坏了,也粘不上了。……不过后来啊,我又熬夜弄了其他的,当时我们所长也没说啥,大家都是在尝试阶段,错误难免……你说传统冰灯,我小时候确实知道,非常简单粗糙,不过挺好看的,实用还真不太实用,那小火苗儿多暗啊,能照个啥啊?我小时候就是在农村长大的,冬天玩儿也会弄点这个,农村的小孩儿都知道,多大的都行,放蜡烛就可以,我们叫穷棒子灯,因为穷,买不起好看的花灯。谁想到那个现在还成了职业、一个行业了,还这么火,又申请这个申请那个的……"②

随着现代化的冰雪行业在市场经济的基础上建立起来,商业化和产业化使冰雪行业有了真正意义上的生产者,以追求商品的最大利润为目标,通过多种途径来激发冰雪行业活力,促进其迅速发展的同时也一定程度上忽视了冰雕师、民众对冰雪文化的情感体验。以精神、情感为纽带的冰雪文化逐渐发展成为以物质、制度为主导的冰雪行业,类似家庭手工作坊的雕刻方式也被"机械复制"所取代,"他们(冰雪大世界)

---

① 访谈人:孙万杰,69岁,哈尔滨最早一批从事冰雪雕刻的雕刻师之一。访谈时间:2017年7月3日。访谈地点:哈尔滨市中央大街肯德基餐厅。
② 电话访谈:艾辉,60岁,哈尔滨冰灯冰雕制作技艺(哈尔滨)传承人,访谈时间:2017年12月20日。

<<< 第三章 冰雪文化的演进与历史脉络

要求速度,要快!每天给我们开会催进度……我不喜欢这样,要不是为了赚钱我才不做,我宁愿去中央大街的地下展览馆去精雕细琢一个小东西……"但孙先生的儿子和他的朋友们作为年青一代从事冰雪行业的工作者来说却并没有那么伤感,年轻的杨志①在交谈的过程中不断强调"发展和创新","我们部门的女孩子们负责策划和设计,像苗苗她们,也都是刚毕业的学生,我们谁都不像孙叔那么伤感,哈哈,本来嘛,都是在发展的。孙叔他们以前都是手画图呢,画完了还得放大,往冰上粘,现在我们就直接用CAD画图,非常精确,想放多大放多大,随时改,多方便。不仅效率高,效果也好……你看我们今年就设计了王者荣耀展区,是不是你们都爱来看……不吸引人就没人来看,没人来看就不能赚钱,那我们拿什么来发展你说的那个传统呢?……还有雪雕,你看雪雕那么白那么漂亮,那不都是用造雪机造的吗?就哈尔滨下的那点雪,你说能做雪雕吗"?由于本身的文化素养和长时间在冰雪行业中的体验和实践,杨志在很多表达和感悟中都像是一个现代民俗学者,一个社会不能够完全摈弃他的传统,只能在旧有传统的基础上对其进行发展和改造,尽可能地利用科技等现代手段为"传统"提供一种新的表演方式,传统是"一条时间链",一种生活方式、一种日常器物、一种艺术风格、一种宗教信仰、一种社会制度以及生生不息的人类生活中发生的种种变异,又"保持着某些共同的主题,共同的渊源,相近的表现方式和出发点,从而它们的各种变体之间仍有一条共同的链锁联结其间"②。

---

① 杨志,2016年"冰雪大世界"的策划部部长,是上文提到的孙先生的晚辈,由于提前的多次沟通和熟悉,采访杨志先生的时候,他并不是以冰雪大世界工作人员的身份来交流,而是作为一个年轻的冰雪行业参与者的视角来表达他自己的看法。
② 希尔斯. 论传统[M]. 傅铿,吕乐,译. 上海:上海人民出版社,1991:2.

第四章

传统与现代的交织：冰灯艺术的历史演变与当代实践

　　冰灯艺术，作为中国北方民间艺术的独特形式，其源起时期的制作工艺简约而实用。唐朝时期，冰灯作为观赏性宴会的装饰，仅限于朝廷贵族的观赏。到了清朝初期，冰灯的娱乐性开始普及至民间，成为街头巷尾的亮景。发展至当代，冰灯艺术已经融合了技术、审美和娱乐元素，形成了多样化的表现形态。冰雕艺术不仅是一个时代的文化和历史的缩影，它还承载着政治、经济和政策的深层意义。从最初的简易照明工具到如今形式丰富、行业复杂的冰灯艺术，这一发展历程映射了社会变迁和文化演进的历史轨迹。在现代化进程迅猛的当下，许多传统民间艺术形式面临消失的威胁，然而冰灯艺术却呈现出逆流而上的繁荣景象。冰灯的种类日益丰富，冰建筑的规模越发宏伟，文化元素在冰灯艺术中的体现方式也越发多元和创新。本章将依托田野调查所得资料，对冰灯艺术的现状进行详细描述和深入分析。讨论的主要内容涵盖冰灯类型的演变、雕刻技术的革新、制作工具的变革、行业生态的演进，以及这些变革背后的文化历史动因。这一分析，旨在揭示冰灯艺术如何在传统与现代的交融中焕发新的生命力，以及它是如何成为连接过去与现在、本土与全球的文化桥梁。通过对冰灯艺术的细致考察，不仅能够洞察到民间艺术在现代社会中的适应与转化，还能够认识到文化传承与创新在当代社会中的重要性和紧迫性。冰灯艺术的发展，不仅是技艺和形

<<< 第四章 传统与现代的交织：冰灯艺术的历史演变与当代实践

式上的变化，更是文化自觉和身份认同的体现，它为我们提供了一个理解和探讨文化如何在全球化背景下生存和发展的宝贵案例。

第一节 形态的演进：冰灯艺术的分类与特色

如前文所述，松花江流域的冰灯最初是以照明工具的形式出现的，其制作工艺相对原始，主要是利用圆桶模具制造出简单的冷冻形态。据老一辈居民的回忆，在冬季的节庆期间，将这些原始的冰灯悬挂于屋前和屋后，这一习俗已有着悠久的历史。在制作完成的冰灯边缘，人们会用铁条烫孔并穿上绳索，或在冰罩上彩绘花鸟图案、题写诗文，以此增添节日的气氛。特别是对于经济条件较差的家庭，在新春佳节或上元之夜，由于买不起灯笼，便会制作一些冰灯摆在门前，以此增添节日的喜庆，因此民间也亲切地称这些冰灯为"穷棒子灯"[①]。从清朝晚期至民国时期，冰雕灯作为观赏性艺术开始在社会上占据显著地位。这一时期，冰灯艺术的发展不再局限于民间的自发实践，而是日益受到官方机构的认可与推广。冰灯与节庆活动的结合、雕刻风格的选定等，均受到了官方规划与政策的显著影响，这反映了国家行政权力与官方行为对民间艺术的操纵与整合能力。在这一历史阶段，冰灯艺术不仅是文化表达的一种形式，更成了社会意识形态和政治力量的体现。官方的推广和文化整合，促使冰灯艺术在内容与形式上实现了显著的丰富与创新。冰灯艺术由此不再单一地作为民间简易的照明工具，而是演化成为一种蕴含深厚文化意蕴和社会价值的艺术形式。冰灯艺术的这一转变，不仅映射了社会结构与文化政策的历史变迁，而且展示了民间艺术与官方文化之间的动态互动与融合过程。这种由官方主导的文化现象，揭示了权力结

[①] 王景富. 冰城冰灯 [M]. 哈尔滨：哈尔滨出版社, 1988: 89.

构对艺术形式演变的影响，同时也体现了文化政策在塑造社会审美和艺术表达方面的重要作用。

20世纪后半叶至今，变革中的复杂冰灯艺术生态丰富了冰灯的类型和生产技术，而这种类型和技术的变革创造、促成了新的行业群体，冰灯也突破了原来的定义，成为各种冰雪艺术造型的总称——"以冰为材料、以水为黏结剂，运用砌筑、堆垒、雕镂、喷浇、冷冻和镶嵌等手法制作而成，根据特定的主题需要和总体布局安排在不同的园林空间，制作出不同种类的作品，并配置各种灯光，组成若干高低错落、疏密有致、开合自然的不同景区，同时辅以音响效果，增加动景动感，尽量达到形、光、声、动的和谐统一，从而形成步步有景、步移景易、璀璨生辉、扑朔迷离的冰造园林"[1]。在当代冰雪艺术的丰富谱系中，涵盖了一系列独特的艺术形式，包括但不限于冰建筑、冰雕塑、冰瀑布、冰冻花、冰版画以及雪雕塑和雪建筑等。在这些多样化的艺术实践中，冰建筑、冰雕、雪建筑和雪雕因其广泛的受众基础和较高的艺术可见度，成为最为常见的形式。

冰与雪，作为冰雪艺术创作的两种独特材料，各自遵循着不同的工艺技术与创作规则。根据哈尔滨市政协文史和学习委员会相关文献的描述，"冰雕是一种减法艺术，它通过削减与雕琢冰块来实现形态的塑造，而不允许进行任何形式的填补。与之相对，雪雕则提供了更为广阔的创作空间，它不仅包括雕刻与削减，还能通过增补来自由演绎作品，为艺术家们提供了无限的创作可能"[2]。在传统雕塑艺术的广阔领域中，冰雕艺术亦严格遵循着圆雕、浮雕和透雕的分类原则。每一类别不仅承载着独特的艺术表现力，同时也蕴含着各自的技术精粹与创作要求。

冰圆雕，亦称为立体冰雕，是一种不依赖任何背景支撑的三维雕塑

---

[1] 王景富. 哈尔滨冰雪文化发展史［M］. 哈尔滨：黑龙江人民出版社，2005：81.
[2] 哈尔滨市政协文史和学习委员会. 那个冬天：哈尔滨冰雪文化50年［M］. 哈尔滨：黑龙江人民出版社，2013：92.

<<< 第四章　传统与现代的交织：冰灯艺术的历史演变与当代实践

形式。它要求艺术家对冰块的各个面进行全面的雕刻，从而使得作品能够从多个角度进行观赏。这种冰雕形式在哈尔滨的街道、广场和公园中尤为常见，其相对较小的体积更能展示出精细入微的雕刻技艺。哈尔滨国际冰雕比赛尤其青睐圆雕作品，它们往往成为比赛的焦点。例如，在2003年的国际冰雕比赛中获得二等奖的《山鬼之魂》，便是中国代表队的杰出作品。此外，哈尔滨中央大街上历年展出的圆雕作品，以及冰雪大世界中对各地地标性建筑的冰雕再现，都是冰圆雕艺术的生动体现。

　　冰浮雕是一种独特的艺术形式，它在冰雕艺术中占据了重要的位置。这种艺术通过在一整块平整的冰面上雕刻出立体的形象，使得雕刻对象在视觉上脱离原始材料的平面，借助透视等艺术手法来表现三维空间的效果。与传统的圆雕不同，冰浮雕通常只供观众从一面或两面进行观赏，它是雕塑艺术与绘画艺术相结合的产物。艺术家们可以直接在冰面的表层上进行雕刻，创造出具有背景的立体形象，这不仅考验了艺术家对冰材质感的掌握，也展现了其对空间透视的深刻理解。在冰浮雕的创作过程中，艺术家们利用冰的透明和反射特性，通过精细的雕刻技巧，将光影效果和空间感巧妙地融合在一起，从而创造出既具有实体感又不失轻盈透明的艺术作品。此外，雪雕艺术同样可以在以雪作为背景的平板上展现出精湛的技艺，通过堆砌和雕刻，艺术家们能够在雪面上创造出具有丰富层次和立体感的雕塑作品。以哈尔滨冰雪大世界中历年展出的雪雕塑"雪域佛国"为例，这件作品不仅以其宏大的规模和精细的工艺吸引了无数观众的目光，更以其深厚的文化内涵和宗教色彩，成为冰雪艺术中的一个标志性作品。

　　冰透雕是一种高级的冰雕技艺，它在冰浮雕的基础上进一步发展，通过对背景部分进行精细的镂空处理，创造出一种局部透明的三维立体效果，从而极大地增强了作品的空间感。这种技术要求艺术家具备极高的手工技艺和对冰材质特性的深刻理解，因此冰透雕作品通常只出现在国际冰雕比赛和冰灯展览的主要展区中。冰透雕作品的展示和保存面临诸多挑战，比如，它们对环境条件极为敏感，容易受到自然因素如风和阳光的影响。因此，对于冰透雕的评价往往因人而异，不同的观众可能会因其对作品状态的不同偏好而产生不同的看法。在对2016年国际冰雕比赛的中国队进行采访时，一位正在雕刻表现水流状态作品的参赛者分享了他的观点："我们专业做冰雕的都喜欢透雕，尤其喜欢刚雕刻过的，那种才能见刀工，一些头发丝都能看得见，但是大多数人都是喜欢放一段时间的，寒风一吹，刀痕不见了，看起来就很光滑整洁嘛，确实是有美感，但是没有痕迹。"① 这位艺术家的见解揭示了冰雕艺术中一个微妙的平衡点：一方面，冰雕作品的即时状态能够展示艺术家的精湛技艺和对细节的把控；另一方面，随着时间的推移，自然环境的雕琢也会给作品带来另一种形态的美感，尽管这种美感可能以牺牲原始雕刻痕迹为代价。

冰建筑，作为冰雕艺术的一种表现形式，是在技术进步的推动下发展起来的。它主要采用冰和灯作为原材料，以水作为黏结剂，依据施工图纸的详细要求进行砌筑，以构建出各种建筑物。为了提高结构的安全性，施工过程中还可能需要使用圆钢、角钢、工字钢等金属材料。冰建筑的核心功能是为游客提供观赏和娱乐的空间。② 在早期，冰建筑的设计多采用线条平直、结构简单的现代积木式风格。随着时间的推移，为了增强艺术观赏效果，设计师们开始转向采用更复杂的砌筑构件和多变的线条，创作出仿古建筑。这些建筑往往模仿各地的地标性建筑，如中国的塔、楼、阁、殿、亭、廊等传统建筑形式，以及索菲亚教堂、天安门、凯旋门、埃菲尔铁塔等国际知名地标。当前，哈尔滨冬季的冰建筑通常位于广场、车站、机场以及冰雪大世界等主题公园内，形成了壮观的冰建筑群。这些建筑的高度可以超过40米，单体用冰量可达数万立

---

① 访谈人：国际冰雕比赛参赛成员。访谈时间：2016年1月。访谈地点：哈尔滨市冰雪大世界园区。
② 杨飚. 浅析大型冰建筑工程施工技术 [J]. 科技与企业，2013 (11)：236-236.

<<< 第四章 传统与现代的交织：冰灯艺术的历史演变与当代实践

方米。在设计、施工技术和使用功能等方面，现代冰建筑都经历了根本性的变化和创新。冰建筑与冰雕塑在本质上有所不同。冰雕塑更侧重于艺术家的手工雕刻技艺，追求的是形态和细节的精细刻画；而冰建筑则更多地依赖于建筑学的原理和知识，它涉及结构工程、材料科学和大型项目管理等多个领域。冰建筑的设计与施工要求艺术家不仅要有创造力和审美能力，还要具备相应的技术知识和工程实施能力。

在第一代冰雕手工艺人的揣摩和实践下，也出现了一些彩色雕塑、机械冰雕、冰版画等。彩色冰雕需要通过对燃料和水按一定比例调制，不断试验和改良，每个冰雕艺人调制出来的颜色都是不同的，因此许多画家跃跃欲试地参与其中。在兆麟公园冰灯办公室工作的朱晓东就是从画家转入冰雪行业的代表者，油画专业的朱晓东先生说："以前看到可以调颜色，就觉得和我的专业有关啊，想试试，就参与进了这个行业，我就发现冰上作画其实是可以的，冰跟纸不一样，我需要笔，也需要刀，试了很多次，画一幅画都要在外面站着，一天一天的，很冷，这样水也容易冻上，我就想白酒行不行，一试果然就可以了，然后再用墨水涂，宣纸印，印出来的就像山水画一样，但又不太一样，有自己的气质。冰版画就是我这样摸索出来的，每个冰版可以印出五六张画，因为冰会化，还有墨水的熏染，所以每张画都不一样……"[1]

在采访中，冰雕艺人孙万杰告诉笔者："实际上冰雕和冰建筑不一样，我是从事艺术性的冰雕和雕刻……我做象牙雕时就刻才子佳人这样的传统故事，后来换了冰也适应了一段时间……像那些比赛吧，建筑类一等奖给10万，艺术类就给1万，我说你们是不是有点太过分了，给5万也行啊，这不是钱的问题，而是根本不重视艺术类的冰雕。你看原来马迭尔的时候就说，什么冰灯，点上灯不就是冰灯吗，你看人家建筑

---

[1] 访谈人：朱晓东，冰版画的创始人、哈尔滨市美协副主席、黑龙江省画院冰版画院院长。访谈时间：2017年1月3日。访谈地点：哈尔滨市兆麟公园办公室。

的，那么高多辛苦。我说你看我刻得简单，你看不到我们以前是付出多少努力啊！刻？那么好刻呢？那齐白石点点点，就卖了好几百万，那能比吗？他不考虑。一开始做冰灯的时候，对我们还不错，对艺术类的人非常尊重，觉得我们是不一样的，修养也不同，现在可不一样了。以前我记得有一次，有个搞建筑的问我说，师傅，你这个能挣多少钱啊，我没敢多说，我说能挣一万二吧，给他们气的，说我们连你的尾数都挣不上。第二天就有10个人不干了，不平衡了。哪能那么比啊。"①

孙老先生义愤填膺的讲述实际上表达的就是传统手工与机械技术之争，不同的冰雕形式在冰雕艺人心中存在着高下之分，标准就是艺术性和审美性。正如马尔库塞在《单面人》中描述的历史过程，从"前技术文化"那种"美梦与孩童般的返璞归真"演化到"后技术文化"的那种"舒适与刺激"②，传统手工的"灵晕"开始消失，继而代之的是不带情感的巨大的、机械力量的、以市场为导向的冰作品，这使很多手工艺人开始离开冰雪行业，从事其他职业。而与孙先生同时代的手工艺人李向平先生却有着不同的观点，他说，"20世纪70年代的时候，我们都在兆麟公园做冰雕，说要展览。我们团队代表工艺美术研究院要做一个有自己单位特色的冰雕出来，我就想怎么才能有特色的，我忽然想到有一年春晚好像有一个雕塑一直在转，我就想能不能让冰雕转起来呢？我就设计了一个方案，给我们单位会轴承的人看，他们说可以是可以，但是需要电，如果白天温度稍微高一点，冰化了就没办法转起来。但是后来我们还是做出来了，当时整个公园只有我们一个冰雕能转起来，大家都高兴坏了，都来看，可惜当天晚上就坏了，不是冰化了，而是轴承冻了（哈哈大笑）。但是现在就很容易了，冰雕里面放LED灯管

---

① 访谈人：孙万杰。访谈时间：2017年12月。访谈地点：哈尔滨市冰雪大世界园区（在工作的间隙接受田野访谈）。

② 马尔库塞.单面人：发达工业社会意识形态研究[M].左晓斯，张宜生，肖滨，译.长沙：湖南人民出版社，1988：18.

第四章 传统与现代的交织：冰灯艺术的历史演变与当代实践

都不会冻坏的，更别说让它动起来了……冰雕的样式越来越多其实是好事，这样冰雕文化内容就更加丰富了"①。

图1　朱晓东先生在兆麟公园作冰版画，摄于 2016 年 12 月

随着冰灯类型的多样化，冰灯行业经历了一场深刻的生态变革。在早期的冰灯游园会时期，冰灯雕刻师主要来自当地的工艺美术雕刻厂或园林部门，他们通常拥有大学艺术专业的学术背景，专精于雕刻艺术，并擅长绘画与雕刻技艺。这些艺术家们带着强烈的"艺术情怀来做这些"。然而，随着体积庞大的冰建筑开始在冰灯表演中占据主导地位，对精细雕刻工艺的需求逐渐减少，这导致了许多非传统意义上的"业余人士"参与到冰灯的制作中来。这些新参与者包括了原本对冰灯游园会不太感兴趣的土木建筑施工队伍，以及当地高校的建筑设计专家等。他们的加入为冰灯行业带来了新的活力和可能性，同时也引入了新的挑战和矛盾。不同时代背景和文化背景下的冰雕艺人之间的相互交织和互动，使得冰灯文化的表现形式变得更加丰富多彩。这种多元化的参与和交流，不仅推动了冰灯艺术的创新和发展，也使得冰灯文化的内涵

---

① 访谈人：李向平。访谈时间：2017 年 7 月 2 日。访谈地点：哈尔滨市埃德蒙顿路李向平先生家中。

变得更加复杂和多层次。

第二节　技术的革新：冰灯制作工具与技艺的演化

民俗技术，其历史与人类社会的发展同样源远流长。民俗技术的传承与发展，并非静态的复制或简单的重复，而是一个动态的、不断适应社会变迁与环境需求的过程。技术的演进不仅反映了特定时代人们的生活方式和思维模式，也揭示了文化传统在适应新环境、吸收新元素中的灵活性与生命力。民俗技术的演进与创新在很大程度上映射了民俗传统的传承路径，成为文化连续性与变迁的直观见证。民俗技术的创新往往与社会结构、经济发展、科技进步以及文化交流等因素紧密相关。在冰灯制作的早期阶段，所采用的工具极为简陋，主要包括冰镩、冰锥、锯子、大铲、扁铲、尖刀、槽刀、月牙刀、棱锥、麻板、刨刃等木制和铁质工具，这些构成了从采冰到完成一件冰雕作品所需的全部工具。① 自20世纪60年代起，许多资深的冰雕艺术家在与冰的互动中，根据个人的手工习惯，发展出了一系列新的工具，如三角刀、冰锉刀等。从某种意义上说，冰灯不仅是雕刻师创造性劳动的艺术成果，那些为雕刻而特别设计的工具也成为具有情感价值和文化意义的艺术作品的一部分。从技术民俗学的视角分析，在造物活动中，人们不仅创造了物质形态，还培养了认知能力、判断力以及对民俗活动的感知能力和审美鉴赏力。劳动工具的生活属性与艺术特质，反映了劳动者对民俗活动的感知、审美以及价值认同。近年来，随着电力工具的快速发展和广泛应用，冰灯艺术的繁荣也得益于此。电锯、电动切割机、吊车等现代技术被大规模地应用于采冰和冰雕创作中。这些技术的应用，不仅是为了提高冰灯园区

---

① 王景富. 哈尔滨冰雪文化发展史 [M]. 哈尔滨：黑龙江人民出版社，2005：89.

<<< 第四章 传统与现代的交织：冰灯艺术的历史演变与当代实践

的经济效益，更是民间艺术家对工艺知识、手工经验、技术规范的自发传承与创新。"技术并非只是功利的理性的传导，技术知识的传与授，是一个心灵感悟的过程；长辈的示范与晚辈的仿效既是社会责任、义务，更是一种信念、情感和对生活的执着。"① 技术的进步与更新，本身也是民俗传承的一部分。在民俗的日常发展和传授过程中，工具的使用和更新虽不如节日庆典和仪式表演那样显而易见，但它们在平凡的日常中孕育着创新。民俗技术的演进，不仅是对传统工艺的延续，也是对当代审美和技术实践的不断适应与融合。

在大规模采冰兴起之初，仅有的工具是斧头和冰镩，冰镩近1米长，其下部的头是30厘米长的铁质方锥，锥的上部有圆形的铁"裤儿"，"裤儿"中有粗木柄，木柄上部安木横杆，采冰队员双手握此横杆在冰上不断提起、放下去镩冰，劳动强度很大，切割不规整，容易破坏冰的完整。"众多工人在冰冻三尺的松花江上劈开冰面，用冰镩把冰块运上卡车，开向兆麟公园"，这是30年前对兆麟公园采冰队伍的描述。田野调查中所采访的雕刻家李向平老先生详细地为笔者讲述了那时候的场面，"1963年的时候，我就在兆麟公园的园林处工作，……那时候的冰浪费了不知多少，运来一大块儿再切割成我们想要的样子……几年后才有了采集冰块儿标准化的公文。那时候都是人工采、人工运的，到了公园里就容易摞起来，省得工人进去都说这大冰块，到公园里才开始用锯子扯。你要是在江里就标准化了，中间就减少了清冰的工作，运冰的费用也减少了，要不然能用三分之一就不错了；清冰清不完，当时都还有关于清冰工作的研究项目，可想而知浪费有多严重"②。

后来在20世纪80年代末出现的割冰机一直沿用至今，是目前最便

---

① 刘爱华. 手工作坊生产与社会交换：以江西文港毛笔为个案［D］. 北京：北京师范大学, 2010: 126.
② 访谈人：李向平. 访谈时间：2017年7月3日. 访谈地点：哈尔滨市埃德蒙顿路李向平先生家中.

捷、效率最高的切冰方式，采冰过程也从简单的群体无规划操作演变成如今分六个步骤完成的工程：测绘、切冰、扎冰、拉冰、装冰、运冰。2016年12月5日凌晨，松花江江面上的一侧正锣鼓喧天地上演着"原始的"采冰仪式，另一侧的江面上已有工程队开始测量冰层的厚度，一般情况下25～30厘米之间的厚度是比较适宜采集的，同时拉线确保冰块边沿成直线，准备好就可以切割了。然后通过安在特殊装置上可以动的电动圆盘锯在冰面上按照画好的直线分别纵向、横向切开，从松花江南岸一直到松花江北岸很快就可以整齐地划开，每一块冰的表面积都是60cm×120cm，切割的时候，不能割得太深、太透，否则切透了水就会渗到冰排上将切好的缝隙再次冻住。之后进行人工"炸冰"，"炸冰"就是沿着切割机在冰面画出来的已经半透的作业线，用冰钎子撞击冰槽，直至冰块与冰面分开。此时整个松花江上漂浮着一块儿一块儿的冰板，采冰工人就在这些冰板上面作业。接着是扎冰，扎冰就是两个人合力用冰镩子扎在最边的一方冰上，以便之后更快速地把它拖到叉车上。这一步骤的用力很需要技巧，因为冰的特殊属性，冰镩子尖锐的顶端很容易把一大块冰扎成小冰块儿，这样一方冰就成了废冰，在江边雪地上堆满了破碎了的大小冰块儿，既浪费了资源又让采冰匠们赚不到钱。拖冰就是由扎冰的两个工人在前面拽，侧面一个工人用类似镰刀的工具拖住冰块底部，三个人一同用力，一边喊着劳动号子"1、2、3，嘿——"，挥钩拉绳，从封冻的江中取出晶莹剔透的冰块，把漂浮着的冰块拖上江边的冰面上准备抬上叉车，这一步骤就完成了。"一块冰大概500公斤重，他们一天要捞出1000多块"，往返于松花江和冰雪大世界之间的卡车师傅告诉笔者，"他们拽冰的早晨4点来，晚上干到将近6点……一方冰5块钱，他们合伙儿捞，8个人一伙儿，一块儿冰一人5块，一天下来能挣200多，不到300块。"最后是装冰和运冰，装冰是三个人合力把冰块安稳地放在叉车上，然后叉车再开到岸边把冰撂到卡车后面，每块冰都要大小一致、薄厚适度（20～30厘米）、晶莹剔透，不允许有

<<<　第四章　传统与现代的交织：冰灯艺术的历史演变与当代实践

杂质。经过严格的审查检验，通过后才能运送到"冰雪大世界"园区再审查，最终进行工程建设，进而打造出绝美的冰雕、冰灯建筑。整个过程只需要几分钟，冰面上配备几名安全检查员，负责实时检查冰面和保证采冰人的安全。卡车师傅一般就是工程队的工头，刘丰建先生是工头之一，他把卡车开到"冰雪大世界"园区后面的置冰场地，等工作人员来审查，有时刘先生的冰够厚，但不够晶莹剔透，如果遭到退货就得空手而归；看到自己的工程队采冰被采用，他会笑着跟工作人员开几句玩笑然后扬长而去。每一车有八九立方米的冰块，除去开支，他本人会有 200 多元的收入，"在工作日就更忙了，为了避开公路大桥上的早高峰，我们就在上班下班时段不运冰，那这样我就要在其他时间需要更多的卡车，往返次数更多，时间紧迫啊"①。

上述是采冰工作的简单描述，其中省略了很多临时性的因素和步骤，比如，如何应对无时无刻的危险，在美国国家地理频道（National Geographic Channel）的纪录片 *Inside Ice Vegas* 中也有对刘峰先生进行的采访，他对记者讲，"我负责带领刘峰采冰队的第一小组，我帮嘉年华采冰十多年了，秘诀在于安全……我掉过水里，拔凉，没注意就掉进去了"，他们时时面对着危险和困难，所以他说"极少冒险，年年雇佣同一批工人，经验丰富，都有 20 多年的经验，技巧娴熟"。而冰雪大世界的责任公司哈尔滨文化旅游集团的前总经理夏千明在介绍采冰的时候说，他正在努力把采冰的一系列活动都交由机械科技来完成，这样不仅省了人工费还能够避免危险，也让冰块更加整齐划一，"也许在不久的将来，机械工具将会完全替代采冰匠的工作吧"。整个采冰的过程是由电力工具和手动工具一起配合完成的，高密度的批量快速工作才能完成 20 天不到的园区建设。至 2023 年，园区管理者启动了一项规模宏大的

---

① 访谈人：采冰负责人刘丰建及采冰工人。访谈时间：2016 年 12 月初。访谈地点：哈尔滨市松花江采冰现场。

预存冰计划，总计储备了 10 万立方米的冰块，以应对日益增长的游客需求。

  2017 年 7 月 2 日的下午，在李向平先生家中他向笔者介绍了他年轻时做冰雕用到的工具，他从杂货间取出一个破旧而干净的藏青色布包，揭开之后里面有各类不同规格的刀、钻，他取出其中一把并不精致的三角刀给笔者看，"你看这三角刀，这个是我自己发明的，做了冰雕几年之后我们就会雕精细的东西了，我想着雕一些头发啊，衣服褶皱啊，正常普通的刀用着不好，我有个表哥，他是做木匠的，我就跟他说了我的想法，这就是他给我做出来的，你别看他做得粗糙，但非常好使，雕个头发丝什么的都不费劲儿……不过现在我退休了，已经不做冰雕了，我儿子也不干这个了，没人传下去，别人我也没舍得给……再说现在还哪有人用这个啊，都有卖专业的了，我就留着吧"①。

  至今仍然从事冰雪行业的"老手儿"孙万杰则对冰雕工具的改变表示出惊叹和赞赏，他说，"过去工具也就一把两把，现在多了，我还自己做过，以前剪头发那种推子你知道吧，那个齿儿你知道吧，用那个最后加工，有些黑白对比需要这个来修理。再比如下料，以前是橡子，现在就是带齿的那种，非常快，这些都是在实践当中演变出来的。下大料的话，现在是使用高科技，厚薄什么都可以做了，过去都不行。用电锯下大料太粗糙，但是油锯好，从什么时候开始用电锯的呢，估计能有 5 年了。电锯都淘汰了，现在用伐木的那种，很大的油锯，是烧柴油的，有劲儿，好用。现在工具尽管进化好了，但是跟人家国外还是没法比的，人家一来参加比赛那小工具可真好看，也非常顺手。好多人也不用刀，就用叉子处理，大的、小的，特别好。工具的变化真是天翻地覆，现在的工具真是能表现想象力了，以前你想到了雕也雕不出来，因

---

① 摘自纪录片 *Inside Ice Vegas*. 访谈人：李向平。访谈时间：2017 年 7 月 3 日。访谈地点：哈尔滨市埃德蒙顿路李向平先生家中。

为工具不够，只能自己想着自己做，但是自己做也是有限的，现在就好了，要什么有什么"①。

现在几乎每一个冰雕师傅都有油锯以及制作精良的三角刀、铲刀，类似这样的不断发展出来的雕刻工具不仅存在于采冰仪式、雕刻规范和言传身教中，也存在于民间艺人的具体工艺操作与日常生活之中。麦克卢汉曾言"所有陈旧过时的技术都可能变为艺术"，机械文明改变艺术创作的方式、艺术家的观念、大众的审美等。曾经的文艺工作者表现出对手工业时代"光晕"的伤感眷恋，但他对当下科技作用于冰雕建筑之中仍带有矛盾的态度，工具理性统治之下而带来的人的异化和物化，冰雕建筑并不是一种程序化的工艺，越来越高大、霓虹闪烁的钢骨架冰建筑固然震撼，然而冰雕更需要的是一种精神追求和艺术理想。冰雕艺人在冬季日复一日的工作中，对冰制雕刻、工具使用上都会逐渐改良，以适应当下快速的、商业的需求，在坚守传统的"慢功夫"与"快餐化"需求的变迁中经历人生悲喜。

第三节 生产的转型：冰灯产业的组织形态与生产模式的演替

冰灯经历了上千年的发展，作为日常工具它的生产方式、日常用途都比较稳定，直到20世纪初才发生了翻天覆地的巨大变革。从生产方式和自身功能方面来看，冰灯经历了漫长的日常工具时期，20世纪俄侨的到来赋予了它宗教属性，20世纪60年代开始了手工艺人的精雕细琢、发展创新到如今它发展成兼具审美、娱乐、商业以及背后的地域认

---

① 访谈人：李向平。访谈时间：2017年7月3日。访谈地点：哈尔滨市埃德蒙顿路李向平先生家中。

同等复杂的属性。然而，从组织方式方面来看，冰灯作为一项民俗事象，它又经历了从民间发明到官方认可再到商业化的过程。

"物质生产民俗主要反映的是人和自然的关系。"① "手工艺人在生产过程中，通过造物行为、知识和观念对物质材料进行物理形态的改造，从而使造型观念得以实现，因而，手工艺民俗的传承既是工艺知识、观念的传承，也是工艺知识、观念在造物行为中国年的外化和展示。"② 在冰灯一词出现在文献记载之前，冰灯早已出现在人们的生活中，它的出现与松花江畔地域各民族人民的生产劳动有着密切联系。容易获取的"冰"材料晶莹剔透，世界各地的人们都对能给自己带来光明、带来温暖的火，有着最原始的崇拜，火是"一种把我们带进物质世界隐秘的内在结构的活生生的东西"③，为原始人类的定居生活、夜间劳作提供了可能。

最初的冰灯生产者甚至都称不上是手工艺人，而是每一个北方民众，他们生活在苦寒的白山黑水中，在严寒的冬季夜晚需要冰灯来照明劳作，冰灯存在于人们日常的生活实践（东北的传统农业自然经济以及松花江畔的传统渔猎业）之中，因此冰灯制作传统并未如其他大多数物质民俗一样具有父传子、母传女、传男不传女或者以家庭、氏族为单位的传承方式，而是具有民间的野生、自由等特征，同时冰灯也与萨满教等信仰息息相关。冰灯经过漫长的农耕、渔猎时代，逐渐成为节日庆典的冰灯、冰雕，照明功能与审美、娱乐功能并存，甚至民间还发展出可以让冰灯延长融化时间的技术。比如，加入明矾便可以一定程度上使这种"缺憾的艺术"得以最大可能的保存。在与哈尔滨地区相仿纬

---

① 钟敬文. 民俗学概论 [M]. 上海：上海文艺出版社, 1998：40.
② 刘爱华. 手工作坊生产与社会交换：以江西文港毛笔为个案 [D]. 北京：北京师范大学, 2010：187.
③ 布洛诺夫斯基. 人之上升 [M]. 王笛, 任远, 邝惠, 译. 成都：四川人民出版社, 1988：172.

<<< 第四章 传统与现代的交织：冰灯艺术的历史演变与当代实践

度的新疆巴里坤地区也出现过关于明矾入冰的记载，清朝乾隆至嘉庆年间，南京知府、诗人金德荣因被一大案牵连遭发配谪戍巴里坤，他在那里写下了古风长诗《巴里坤冰灯歌》："雪山高与天山接，上有万古不化雪。朔风一夜结作冰，裁雪妙手搏为冰。以矾入冰冰不化，以烛照冰光四射。五里之内尽通明，半月能教天不夜。元夕月轮照碧空，大千人入水晶宫。"①《国朝金陵诗征》亦有新疆巴里坤的冰灯"广长十余丈，其内山原、楼阁、玉屏、石壁、几案、人物悉搏冰为之，照以烛"② 之说。冰灯之所以产生，最初的动因是基于生存、生产之需，随着物质生活的丰富和越加进步的文明，生存的需要与审美的情趣逐渐结合在一起，最终形成了民间艺术形态。

某种形态的民俗事象都是由某个特定的族群置身于特定的地理条件，"与生存环境长期共处与砥砺中，所构成的趋同性生存行为理念和生活模式，所凝结成的生活特征和文化内涵"③。我国北方满族尚勇，爱冰雪，更擅冰雪艺术与冰雪运动，尤其是清朝入关以后冰雪文化日盛。据传说，《满族民间故事》第二集中有一篇《冰滑子》的故事。故事讲述的是女真首领完颜阿骨打联合各部起兵反辽的故事。阿骨打攻下宁江州（扶余古城伯都纳）之后，双方就在松花江边的宾州摆开了阵势。最后阿骨打从所属的铁骊部的士兵穿的冰滑子受到了启发，命令铁骊部尽快做出3000副冰滑子。阿骨打同士兵们一道，穿上冰滑子，驰向宾州。女真人个个如虎添翼，顺着江冰，攻进宾州城，打败了辽国的军队。从此，冰滑子就从军队传到诸申（据《扈从东巡日录》载"满洲旧称诸申"），冰上运动也成为女真人最重视的一项运动。据当地老人说的故事，有一年冬天，努尔哈赤攻打巴尔虎部落，前线部队吃了大亏，无奈冰封河冻，难以派军增援，努尔哈赤只有干着急的份儿。这

---

① 梅新林．中国古代文学地理形态与演变［M］．上海：复旦大学出版社，2006：1005．
② 朱绪曾．国朝金陵诗征［M］．清光绪乙酉（1885）刊本．
③ 富育光．北方冰雪文化述考［J］．民间文化，2001（2）：72-78．

时，一位名叫弗古列的大将自愿请兵，并保证完成任务。将信将疑的努尔哈赤决定孤注一掷，派其前往，第二天果然收到了旗开得胜的捷报。原来弗古列挑选了一批擅长滑冰的士兵，连夜滑过冰面，兵临城下，最终击溃了巴尔虎部落。因此当时满族的领导者努尔哈赤开始更加重视冰上运动，直到乾隆皇帝爱新觉罗·弘历在《冰嬉赋序》中将冰嬉、满语、骑射一同定位为清朝"国俗"。清人陈康祺的《郎潜纪闻》记载皇宫内院"禁中冬月打滑挞，先汲水浇成冰山，高三四丈，莹滑无比，使勇健者着带毛猪皮履，其滑更甚，从顶上一直挺立而下，以到地不仆者为胜"①。每年冬日，清朝皇帝都在北京西苑的冰上举行盛大的冰嬉活动和表演。由于皇帝对冰雪运动的重视，京城的民间也逐渐盛行冰嬉、滑冰等竞赛和娱乐项目。《北平风俗类征》中记载京师十一月北平百姓的冰雪娱乐"是月也，滑擦聚冰，拖床为渡"②。此时冰灯、冰雕作为冰雪艺术也与冰雪运动一起自上而下地出现在京城的日常生活之中。据清人夏仁虎的《旧京琐记》记载，每年正月十五京城都会举办各种元宵灯会、游行，其中六部衙门内也张灯结彩，其名为"六部灯"，以"工部"最为技艺精湛，"有冰灯，镂冰为之，飞走百态，穷工极巧"③。而这一日供职于什刹海冰窖的工人也将采什刹海天然冰制成中空的立体椭圆冰造型，内置蜡烛，摆在什刹海附近各个胡同的街头，以供百姓欣赏游玩。辛亥革命以后，这样的元宵冰灯传统延续到了民国时期，民国年间的《北平风俗类征》中《燕都游览志》记载北平"自正月初八日起，至十八日始罢，鬻灯在市西南，有冰灯，细镂百彩，浇水成之"④，从清朝到民国黑龙江、吉林、辽宁以及同纬度的新

---

① 邓云乡. 燕京乡土记（上）[M]. 石家庄：河北教育出版社，2004：77.
② 邓之诚. 骨董琐记 [M]. 邓珂，增订点校. 北京：中国书店，1991：266.
③ 史玄，夏仁虎，阙名. 旧京遗事·旧京琐记·燕京杂记 [M] 北京：北京古籍出版社，1986：37.
④ 吴长元. 宸垣识略 [M]. 北京：北京古籍出版社，1982：96.

<<< 第四章 传统与现代的交织：冰灯艺术的历史演变与当代实践

疆等地都有关于元宵冰灯、冰雕的零星记载，然而由于清政府对冰雪艺术、冰雪运动的肯定与重视，这一时期冰灯的鼎盛发展主要集中在北京地区自上而下的相互丰富。冰灯本身照明实用功能减弱、内在于仪式中的原始情感也被遮蔽，此时冰灯的孑遗留给人们的只有元宵节的仪式、程序与规则。

将冰灯文化大规模"景观化"并作为盈利的方式始于1963年，试探性地发展在1966年戛然而止，"文化大革命"制止了一切文艺活动包括冰灯的设计、雕刻与展示，原本参与从事冰雕工作的手工艺人回到从前的生活轨迹。直到1976年，随着国家文化政策的逐渐宽松，许多民间文艺生活又获得越来越多的生存空间，裂断了10年的冰灯表演才又得以开展。在此形势下，哈尔滨从市政府到个人百姓都开始尝试参与并发展冰灯文化，也逐渐促成了整个地区冰灯文化传统的复兴。如今屹立在松花江江心沙滩上的"冰雪大世界"已申请了市级非物质文化遗产，在每年的12月、1月、2月都成功地打造出了全城冰雪狂欢的盛宴，这反映了21世纪以来充满异域风情的地域文化被展现并被日益商品化的潮流，历经53年如今已经发展成为一个常规性的旅游项目。有农村生活经历的艾辉说起他体验过的生活方式的变化："从前确实，我小时候它就只是一个冬天的活动，也算是小游戏吧，冰雪多，农村就更多了，那时候雪很白，冰质我倒没注意，反正滑冰啊、爬犁啊，还有脚滑子，就类似现在的旱冰鞋，我们小时候都玩儿，还有冰上抽尜；冬天吃的菜也都是冰窖里冻过的，土豆、白菜、冻梨、冻柿子，也就这些吧。现在都说冰雪文化，那些我们小时候吃的、玩的不都是冰雪文化嘛，都是冰雪文化带给我们的。现在超市里啥都有，不需要这些了，滑冰、滑雪还有那个冰壶，现在不都有比赛了吗，别说冰灯、冰雕这些了，我们公司就主要干这个，小时候这些也想不到啊……"

在"冰雪大世界"的申遗项目书上，它将自身定义为"文化景观"（Cultural landscape），所谓"文化景观"，即因为人类文化活动所影响

101

和创造的物质景观展示。在旅游开发中,"景观化"的具体运作,则应是将旅游地中由物质堆砌的物理环境在不破坏旅游地本身区域特色的同时,转化为能够被游客接受,属于旅游当地文化符号的景观。美国加利福尼亚大学伯克利分校教授纳尔逊·格雷本(Nelson Graburn)在其《人类学与旅游时代》中指出,实际上某些景象是旅游者所不希望看到的,旅游地本身想要呈现的也是旅游地本身能够体现当地文化、经济等优秀、美好的一面。所以在这种心理下,我们就需要将旅游地"景观化通过现场和非现场的各种处理这类旅游资源的吸引力在于,它包括经仔细去污除垢后的历史,以及精挑细选的高雅的'自然'"。另外,有时候不那么高雅地呈现民俗,是为了接近人们想象中的"真实",用创造的"粗糙和古朴"来满足人们对于"原真的"追求和想象。而异域风情更容易转化为文化景观,而冰雪艺术就是这样的异域风情,在冰雪王国、冰雪奇缘建构的框架下,雪域文化、少数民族风情、俄罗斯文化元素的参与将其赋予特殊的魔力,被置入一个仿佛童话的、浪漫的、超现实的范围之内。除这些可感可知的表象之外,它们之所以能够成为异域风情的象征,还在于它们在某些特定情境下容易得到且无法或还没有成为人们的日常之物。然而旅游时代和科技的到来让每个人都对此唾手可得,在冬季来到这里的每个人都可以看到恢宏的冰雪王国,而基于科技,甚至是3D、4D、AR、VR、影像技术等,人们可以脱离原本的特定时间段而在任何一个你想看到冰雪艺术的时候来到这里,甚至不用受冻就可以全方位地感受冰雪王国世界。

李靖在研究云南西双版纳地域"泼水节"现象的论文中,提出了地域独特性的节庆活动商业化的特征,"虽然民族节庆旅游具有全球普遍性,但其在不同地域所呈现出的具体操作和展现形态却变幻多样。而这种地域独特性正是本书的出发点,即国内民族节庆的旅游化带有强烈的行政运作色彩。在旅游化的民族节庆活动中,政府的主导和组织行为操纵着民间仪式的运作和构建，并为旅游经济的发展推波助澜"①。总体上来看，一场大型的民俗文化表演活动是由政府即官方推动而日渐繁荣，但是背后充斥着官方与商业的经济利益纠葛、各政府部门与私人企业之间的相互联结、表演主办单位与民俗文化专家的讨论、表演中的表演者与主办公司之间的交流、表演者与观众之间的对话、各个工程队之间的竞争、在建设景观的过程中每个人之间的冲突与妥协等。在实际的操作中，这样的"文化景观"构成了多方力量的角逐场，每个人也许对这些冰雪知识传统有相同的理解和感受，这些共同的体验和情感使得他们能够自然而然的通力合作，把这种传统付诸实践。② 然而在表演活动建设中个人所处的境地不同，诉求也不同，正是这些诉求带来的矛盾之间的妥协与协商构成了完整的文化景观表演。

第四节 艺术与生活的融合：手工艺人的日常生活与创作实践

每一段历史都由参与历史的人构成，冰灯文化的发展史也是如此。故对作为民俗事象的冰灯的考察，不能忽略的是冰雕手工艺人的工作时空、价值观念及其个人的生活史。他们本身承载着冰灯的历史，其存在本身就是文化的象征，也是天然的书写者。当代冰灯文化表演中的公共表达是如何定义冰雕艺人的？他们在整个表演，甚至在当代冰灯文化发展中扮演什么角色？这样的角色为他们的日常生活带来了什么？其背后的驱动力是什么？反映了何种社会期待？在新时代中是否还有最初他们

---

① 李靖. 印象"泼水节"：交织于国家、地方、民间仪式中的少数民族节庆旅游[J]. 民俗研究，2014（1）：45-57.
② 安德明. 认同与协商：街子乡春节期间的社火表演[J]. 温州大学学报（社会科学版），2012，25（6）：3-8.

所认为的"工匠精神"？在一个不断运动着的社会中，他们与冰灯互相生成的过程是怎么样？以上这些问题，都构成了我们考察冰灯手工艺人日常生活的重要部分。如今的冰雕、冰灯展览中的展览品大多是一种程序化的制作，有相应的模板和技术程序，但并非谁都能做好这项"短暂的艺术"作品，"会做与做好不仅仅是一种技术水平，更是一种精神追求和生活理想"①。

一、第一代艺术家的逆境求生

1963 年，在由官方主导的首次冰灯游园会的背景下，一批冰灯雕刻艺术家开始崭露头角。"第一代冰灯艺术家"这一称谓由孙万杰先生在一次深入的访谈中首次提出，用以指代那些在同一时期开始探索和发展冰灯艺术的专业人士。孙先生认为，这一代艺术家不仅在技艺上有所共通，更在艺术追求和文化认同上展现出了显著的一致性。这些艺术家大多源自哈尔滨地区的园林处、雕刻厂、艺术学院以及哈尔滨工艺美术研究院等工艺美术机构。他们自幼在哈尔滨市区成长，家庭背景相对优渥，并接受了系统的雕刻技艺训练。通过对这一群体的深入调查和访谈，笔者有幸接触到了已退休的李向平先生——曾任冰雕协会会长，他的个人经历不仅见证了哈尔滨现代冰灯产业的兴起、发展以及所面临的挑战，也反映了这些变迁对他个人生命历程的深远影响。在田野调查过程中，笔者通过半结构化访谈收集数据，旨在深入探讨第一代冰灯艺术家的艺术实践、社会网络以及他们对冰灯艺术传统的贡献和影响。通过对李向平先生等关键人物的访谈，旨在揭示冰灯艺术在特定历史时期的社会文化意义，以及艺术家如何在个人与集体之间找到平衡，推动这一

---

① 刘爱华. 手工作坊生产与社会交换：以江西文港毛笔为个案［D］. 北京：北京师范大学，2010：149.

<<< 第四章 传统与现代的交织：冰灯艺术的历史演变与当代实践

传统艺术形式的现代化进程。以下是对李向平老师进行访谈的一部分内容。①

佟：您是怎样接触到冰灯的？小时候是您的父亲做过冰灯吗？还是长大后开始学习这一门技术的呢？

李：我家里小时候没做过冰灯，你说那种自己家冻的冰灯一般农村做。说实在的，我接触到这个方面非常偶然，我小时候就喜欢琢磨，做一个小东西，搞点小发明什么的，大家都认为我将来应该搞理工，做个科学家，但是我也喜欢画画，不过也没想把这个作为终身职业。1958年，我高中的时候，在街上看到一个招生广告，学美术的，培养小学美术老师，勤工俭学性质的，我觉得挺好就去报名了，考完试，没想到稀里糊涂地就考上了，就干这个了。转年就成立了哈尔滨艺术学院，之后我又去试试，又考上了。第一年分到了美术系，不学雕塑，然后第二年就给我分到雕塑系，从此就学了雕塑。当时因为什么分的，我也不知道，可能就是基础比较扎实吧。毕业之后分到工艺美术研究所，这个地方跟冰雕很有关系，毕竟是雕塑性质的。从字面上来讲，雕就是一点点去，塑就是一点点加，雕塑就是一会儿加一会儿去。那雕刻呢，完全就是去，联系就在这儿。我们这一代人分到研究所也不知道干啥，挺庞大的地方，当时的所长是北京来的。……我的经历可能在我们行业内最复杂了，我这一辈子啥都干过，本身学雕塑，又搞装潢，然后又去搞冰雕，都一起搞。……那些年我每天晚上几乎不会在十点钟以前回家，一年下来顶多有四五个休息日，包括节假日、星期天。你看每年就从过年开始算吧，1月1号去弄冰雕比赛，1月5号冰雪节，1

---

① 访谈人：李向平。访谈时间：2017年7月13日。访谈地点：哈尔滨埃德蒙顿路李向平老师家中。

月6号国际比赛，然后陆陆续续的就有了各种活动，2月出国，三月回来开始城市雕塑设计，因为要得急，那些年都没有礼拜天；等到八九月，那时候也开始设计冰灯了。然后我们搞设计，评议，挺神秘的。把我们拉到江北一个晚上，市长、局长也都参加会议，评出来做哪个方案，方案还不能泄露。完了以后开始做准备，就已经进入11月了，然后召集人，12月开始整，时间很紧凑。每一年都这样，太忙了。

从事冰雕行业50多年的李向平先生沉浸在他的回忆中，尽管当下冰雪旅游、冰雕展前所未有的丰富多样，但是对艺术的尊重和对技艺的探索精神却早已今非昔比，这是大多数冰雕艺术家的感伤来源。如今的冰灯表演如日中天，但是往日的冰灯协会、冰雪文化研讨会以及作为直接领导者的冰灯办公室等政府部门都不复存在，人们不再讨论如何做好冰灯、如何改良工具、何种形象能够更好地使用冰来制作、如何更有效地举行国际比赛等，关注更多的是如何吸引人、如何盈利，等等。

佟：当时您和您的同事们会经常讨论如何做好冰灯吗？

李：那时候经常参加临时性讲座，给哈尔滨师范大学、哈尔滨工业大学的师生讲。

佟：您是讲冰雕技法还是文化意义方面的呢？

李：主要是技法方面，整个就是特别庞杂，还有就是这个影响力啊，那些还是内容很多，就是说每当讲这种设计内容的讲座时候，就是很朦胧地知道有冰雕这么一个工作。这个到底是什么性质啊？是怎么样的？完了就给他们讲。实际上到1984年，哈尔滨冰灯也就有点有国际影响了。国际上有些国家会约我们去参加相关的文化活动或比赛。最早是加拿大魁北克，他们有冰雪节。然后日本那个札幌，比我们早太多了，1957年就有了，规模可大了。是他

<<< 第四章 传统与现代的交织：冰灯艺术的历史演变与当代实践

们主动和咱们联系的，我第一次出国就是去日本札幌……

佟：是去比赛还是参观呢？

李：嗯，就是文化交流，也有比赛。一开始跟着俄罗斯，这是我第一次接触，那时苏联还没解体呢……还有美国，我们年轻时候就是各地儿都去，参观、交流，也有去雕刻展览……

您：您当时和同事在一起也会经常切磋吗？

李：那当然了，我们每天就想着怎么弄好这些雕塑，当然也包括冰灯。刚开始有一年冬天，我想在兆麟公园雕一个拱桥。因为我们搞雕刻也不太会建筑，有个工程师来看，说这是个力学问题、结构问题，我那年给他出了个难题，我想弄个拱，跨度两米七的拱，问他不用钢架行不行，他就研究，说没把握。塌了怎么办？于是在那底下搁了钢架。后来他说"向平，成了"。这个拱桥是我最早干的，那年我还干了一件事儿，那时候亚运会有一个塔，周围有一个圆的，我想在上面放一个塔，可以转动的，像奖杯一样。但是只有灯不行，里面还得转，那个道理我明白，里面和外面都有灯，转的时候电线该折了，后来师傅说放个电刷就行了，不受转的影响。我就自己搞设计，找师傅给电焊，电焊上外面一层的金属板，一转还有切光的感觉，菱形的，挺好看的，后来王力生说没把握，我也没底儿。事实上，后来亚运会开幕那天电视台都去了，成了。转了三天以后，不转了，电机低了，导致冰化进去水了，就不行了。……其实那时候我们也有过很长的困境时期，包括现在也是，冰雪大世界总把功劳往自己身上揽，其实他们都不是模仿，他们就是抄，最早谁投资谁有权，那时候马迭尔一看有利可图了，就投资。但是支撑这么一个庞大规模的活动，仅仅靠一个小部门不行，这件事应该政府出头，原来那个意思就是由市冰雪办公室来统筹，现在这个办公室也没了。一个产业的发展、一项活动的发展，跟市级的领导太有关系了。园林处当时比局还大，所有工作是市政府领导直接抓。

107

后来领导对这个就不太热衷了,管理力度就会差一些。我想这个也许符合当前的市场经济吧,有变化是肯定的,究竟什么变化再看吧。兆麟公园以前的收入能有200多万就不错了,现在就不行了。以前也有困境时期,冰灯期间这点收入也不够干啥,冷冷清清的,以前都是事业单位政府投资,每年都有预算,到了啥程度呢,我在那儿的时候,待遇可好了,年年拨款,挣钱了之后是自由支配的,所以就是说包括朱晓东他们都是在我们之后学习到的,为了搞冰灯设计,全国各地上哪儿都行,像旅游似的,报销还给补助,现在就不行了。我现在也关注（冰雪大世界）,现在这个模式啊就这样,以利益为主。我那时候在政协的时候,去视察才去过两回……后来大家都看到了,等发展起来这块蛋糕有利可图的时候,有的人就开始琢磨了,搞点什么呢,后来是原来的工艺美术研究所的所长,活跃冰雪战线上的人又搞了一个冰雪协会,就说让我挑头儿。……但是任何一个协会都得有经费支撑,原来还行;有一些支持,弄来弄去就没人管了,现在是名存实亡了……那时候我管事儿,怎么也能弄点钱交流交流,现在是没了,一头扎进经济圈里,谁也不管那些了……

作为典型的第一代冰雕艺术家,李向平老师在经历了整个当代冰灯行业从尊重艺术发展到完全商业化的转变之后感到异常失落,他认为高密度的批量快速生产、大众消费进入冰雕艺术领域,是对民俗文化的严重损害。机械文明改变艺术创作的方式、艺术家的商业化、大众的审美等,表现出对手工业时代"光晕"的伤感眷恋,但出于政治、经济、名望等方面的考虑这是"符合大形势的,无可奈何"。在经历了"文革"及其后十几年的修正,李向平先生并不希望自己的孩子成为自己的传承人。

<<< 第四章 传统与现代的交织：冰灯艺术的历史演变与当代实践

李："文革"之前有一年我们在开文艺座谈会，当时是一个挺有作为的干部来讲的，讲着讲着，当时那个省里的书记突然就来了，在会上说现在社会治安、风气差，都是因为我们这些搞文艺的，把我们说的跟盲流似的，后来就不让搞了，一大批同事都下乡了，我们也就停了。当时我就想啊，我绝对不让我家孩子干这个。其实我儿子小时候也参加过冰雕比赛，最火的时候各种冰雕比赛都有，国际的、青少年的、专业的、业余组的，特别多，他成绩不错，但是我不让他从事这个行业。后来他在中科院读了博士，又去了日本早稻田大学读了博士后，现在在哈尔滨工程大学上班，也在杭州那边挂职。我们这个行业太累了，而且以前我就发现了，搞文艺不好弄啊。我们被批判的时候我就想不能让他干这个。

当然，也并非所有的老艺术家们都不允许自己的后代从事这一职业，"现在的冰雪行业，艺术性弱，商业性强，有利可图，赚钱快"，这些快捷的盈利方式仍然吸引着更多的后来者主动参与其中，当更多的年轻人开始了解了游戏规则时，老一代的艺术家开始逐渐退出冰雪行业，他们或是如李向平先生一样，退休在家自得其乐做喜欢的雕塑，或是在中央大街速写人物素描。头发花白的一位速写爷爷在为我画了一幅素描之后说："年轻的时候就是经常在江边画画，几个同学带点干粮，一画画一天，多幸福啊。……做冰雕是累是苦，不过还是挺好，自由，想雕什么吧，一般领导也不会阻挠。但那是过去了，现在可不是这样了，会不会雕刻都可以去，人家让你干嘛你就干嘛，赚钱就行。我老了，不干了，在这画画挺好的，没人管。"同时也有仍然"战斗在前线"的老艺术家们，如孙万杰说："为了赚钱呗，还能干动，也可以带带我儿子，他也算是子承父业了。"

访谈揭示了艺术与商业之间紧张关系的深层维度，这种张力在艺术家的个人经历和创作实践中尤为显著，为我们提供了一个独特的视角来

109

审视冰灯艺术在现代社会中的转型过程。艺术家们生动的叙述展现了冰灯艺术作为一种文化表达形式，如何在全球化和市场经济的浪潮中保持其独有的特色和活力。面对商业化的压力，冰灯艺术依然被尊崇为一种宝贵的文化财富，其保护与推动对于传统艺术形式的持续发展具有不可替代的重要性。在这一发展过程中，艺术家们的个人选择、职业发展路径，以及他们对冰灯艺术未来发展的期望与忧虑，共同编织成了冰灯艺术发展史上不可忽视的篇章。

二、"为你们表演我自己"：比赛中的冰雕艺术家

冰雕艺术的精致与细腻并非仅存于历史之中，它在当今的国际冰雕比赛中依旧占据着核心地位。尽管政治、国际关系、经济等因素对比赛有着不可忽视的影响，但艺术家们对设计的精准度、雕刻的细致工艺以及应对突发状况的能力，仍然是评判当代冰雕比赛优胜者的关键标准。哈尔滨国际冰雕比赛是世界三大冰雕赛事之一，自1986年1月5日起随哈尔滨冰雪节的举办而持续至今。该赛事最初在兆麟公园举行，2010年后转移至冰雪大世界园区。这里汇聚了来自世界各地对冰雕艺术充满热情的参赛者，他们将进行为期两天两夜的激烈角逐。随着时间的推移，参与的国家和人数不断增加，2017年的比赛吸引了来自拉脱维亚、意大利、西班牙等13个国家32支代表队，共计64名队员参加。① 对于那些来自热带国家的参赛者，如马来西亚、印度和非洲等地，适应寒冷的气候是他们面临的最大挑战。在英国广播公司（BBC）关于"冰雪大世界"的纪录片中，一位来自吉隆坡的冰雕艺术家分享了他的经历，"大家都认为我疯了，因为天气非常冷，我穿了很多衣服，这还是我们第一次穿这么多，甚至热到起了疹子。但现在，我们已经适应了这种寒冷"。一位穿着厚重羽绒服的美国参赛者对一位似乎不畏寒冷的印度参

---

① 哈尔滨国际冰雕比赛落幕 [EB/OL]. 中国新闻网，2017-01-08.

‹‹‹ 第四章 传统与现代的交织：冰灯艺术的历史演变与当代实践

赛者阿伦感到惊讶，并好奇他是否有什么特殊的御寒秘诀。阿伦随后展示了他的"驱寒秘方"——在咖啡中加入伏特加，实际上他所使用的是玉泉方瓶的高度白酒。他描述说"这很好喝，很舒服，也很温暖"。在享用了他的秘方之后，阿伦显得非常愉快，甚至在雪地里不慎跌倒，但他很快回到工作中，继续他的冰雕创作。阿伦后来表示"我并不怀念寒冷，但这并不意味着我不想念中国。我会想念中国的美食，还有中国的伏特加"。

　　每年1月5日，来自世界各地的冰雕艺术家齐聚哈尔滨的马迭尔宾馆，准备迎接接下来的挑战。随后的1月6日与7日，艺术家们将投身为期两个昼夜的激烈创作之中。作为比赛的主办方，冰雪大世界为每个参赛队伍提供了一块尺寸约为高2米、宽1米、厚50厘米的冰块，并配备了必要的电力与水源，后者作为黏结剂使用。对于雕刻的具体形象与使用的工具，比赛规则不做限制，这为艺术家们提供了广阔的创作空间。艺术家们在创作过程中展现了多样化的雕刻技巧，有的直接在冰面上勾勒出设计图，有的则采用纸型印花技术辅助雕刻。比赛的首日往往伴随着各种不可预见的挑战。例如，在2018年年初的冰雕大赛中，由于现场提供的110伏电压不稳定，不符合加拿大参赛者艾伦和查理的设备要求，他们不得不自行寻找额外的变压器以解决电压转换问题。朱晓东先生也曾分享过他在2008年比赛中目睹的一次意外，德国选手卡瑟琳对其队伍所分配到的冰块表示不满，因为冰面上的明显裂痕可能会影响最终的雕刻效果。在工作人员的协助下，他们得以从备用库存中挑选并更换了冰块。许多参赛者为了完成作品，不惜通宵达旦地工作。在极寒的冬夜，面对零下30摄氏度的低温，他们的精神和毅力得到了极大的考验。在这种极端的工作条件下，一些参赛者甚至以水为晚餐，简餐之后便立即回到雕刻工作中。直至1月8日，经过专业评审团的细致评审，哈尔滨国际冰雕大赛的获奖结果将被揭晓并举行颁奖仪式。

　　在一年一度的哈尔滨国际冰雕比赛中，聚集了世界各地的冰雕艺术

111

图 2　哈尔滨国际冰雕比赛现场

家,在很多老艺术家看来尽管这是一场竞赛,但实际上比赛中的"精雕细琢"才是冰雕得以传承和发展的重要途径,以及比赛中各国参赛者对工具的要求和更新也是冰雕得以演进的重要因素。在众多国家中,俄罗斯代表队的能力较强,他们的工具往往也是最多的。目前哈尔滨冰雕艺人的很多工具都是在国际比赛中得以完善的,孙万杰说他的第一把三角刀就是国外传过来的,那把三角刀是哈尔滨第一把三角刀,是德国朋友送的,两个刀片并在一起,有个角,特别自如,怎么变化都可以。在2016年的颁奖典礼上,俄罗斯代表队的冰雕师们展示了他们的雕刻工具,冰雕大师们随身携带的雕刻工具近50种,包括各种型号的冰叉、平刀、角刀、圆刀,以及角磨机、油锯、热风机、直模机、熨斗等工具,部分特殊工具还要选手亲自制作而成。目前似乎除国际冰雕大赛之外,没有更好的方式能够吸引艺术家们来认真地开始完成一个冰雕。经济利益、获奖荣誉不是冰雕展示的唯一动力,比赛也包含着对各种文化身份、种族社群等的要求,这让来自众多国家和地区的雕刻家们不得

<<< 第四章 传统与现代的交织：冰灯艺术的历史演变与当代实践

对自身的本土知识和文化多元性的价值观做出公开姿态，正如安伯托·艾柯（Umberto Eco）所指出的："不管……到底做了什么，那些擅长讲述自己的国家，往往赢得威望"①。在公共领域的比赛作品展示代表了某种特定文化身份，为国家、地区以及越来越多的企业、公司等商业机构提供有价值的连接。同时在商业化的环境中精致的雕刻越来越少，只有在比赛中雕刻师们才能既思考如何利用新技术、新资源来完善、丰富这项传统的艺术形式，又能够在技艺的基础之上表达出雕刻师本土的地方性知识。他们传达给世界本土的故事，以此来调和多元化认同，不仅是一种可能，也是一种必要。在固定的场所以参与、互动和对话的方式，各个国家代表通过展示其自身文化和冰雕作品使人们获得完全鲜活的体验，这也促进了旅游业的发展。同时，这也促进了冰雕文化场地的不断扩大和丰富，一方面拯救了正在濒临全面商业化、景观化的冰雕艺术，使得哈尔滨本土的传统符号得以复活；另一方面又将哈尔滨的冰雕行业纳入全球化的交流、对话中。

---

① 科塔克. 远逝的天堂：一个巴西小社区的全球化 [M]. 张经纬, 向瑛瑛, 马丹丹, 译. 北京：北京大学出版社, 2012：35.

第五章

冰雪大世界与地域文化认同：构建地域性知识体系

在探讨冰灯艺术与地域性知识构建的相互作用时，冰雪大世界作为一个关键的文化展演空间，其重要性不容忽视。冰雪大世界不仅是一个展示冰雕艺术的场所，更是一个文化互动的平台，它让来自不同背景的参与者能够体验和分享民俗文化，从而在这一民俗事象中构建和传播地域性知识。冰雪大世界的概念界定是理解其文化意义的起点。它不仅是冰雪文化表演最重要的展示场域之一，更是一个融合了丰富民俗元素和多元角色参与的文化展演。通过各种途径，冰雪大世界塑造和传播地域性知识，加深了人们对地方文化的认识和感受。采冰仪式作为冰雪大世界的重要组成部分，其背后的制造逻辑体现了群体狂欢的文化特征。这种集体性的文化实践不仅展示了冰灯艺术的独特魅力，也加深了人们对地方文化的认识和感受，促进了地域性知识的构建。此外，民俗主义视角为分析冰雪大世界如何作为一种文化展演提供了一个框架，它帮助我们理解冰雪大世界如何形成并影响和促进了地方共同体的建构以及文化传统的传承。通过民俗主义的视角，我们可以看到冰雪大世界在塑造地域性知识体系中所发挥的关键作用。

第一节 冰雪大世界的申遗之旅与文化传承

一、"冰雪空间"的申遗之路

"冰雪大世界"的策划者深谙名正言顺的道理,因此展开对"非物质文化遗产"这一称号的坚持不懈的追求。根据联合国教科文组织的《保护非物质文化遗产公约》定义,"非物质文化遗产是指被各社区、群体,有时是个人,视为其文化遗产组成部分的各种社会实践、观念表述、表现形式、知识、技能以及相关的工具、实物、手工艺品和文化场所。这种非物质文化遗产世代相传,在各社区和群体适应周围环境以及与自然和历史的互动中,被不断地再创造,为这些社区和群体提供认同感和持续感,从而增强对文化多样性和人类创造力的尊重。在公约中,只考虑符合现有的国际人权文件,各社区、群体和个人之间相互尊重的需要和顺应可持续发展的非物质文化遗产。……'非物质文化遗产'包括以下方面:1. 口头传统和表现形式,包括作为非物质文化遗产媒介的语言;2. 表演艺术;3. 社会实践、仪式、节庆活动;4. 有关自然界和宇宙的知识和实践;5. 传统手工艺"[1]。在实践中非遗意味着两层含义:第一,物理存在的具有特定民族性、历史价值的景观空间;第二,精神的某个社群所共享的习俗和经验,它被建构为与生俱来的权利,通过特定的语言或者文化表演表达出来的。[2] "冰雪大世界"自其开展以来便开始着手申遗,冰雪大世界的前负责人夏千明讲道"当时申遗这个说法也是刚刚兴起,所有人都在摸索中前行,直到后来与哈尔

---

[1] 联合国教科文组织. 保护非物质文化遗产公约 [EB/OL]. 中国人大网, 2006-05-17.
[2] 王杰文. "民俗主义"及其差异化的实践 [J]. 民俗研究, 2014 (2): 15-28.

滨非遗办公室的学者交流才初步了解了一些"①。

2012年"冰雪大世界"正式开始了它的申遗之路，马迭尔集团作为当时的主办单位主要负责当年的申遗（市级）事项。园区的负责人孙颖为我们展示了2012年冰雪大世界准备申遗的材料，其中包括冰雪大世界的主题设计、市场分析、近期与远期规划、环境保护（生态环境、废物处理、大气环境、噪声环境、水资源、消防与安全等）以及投资估算和财务分析等多方面内容，但唯独缺少对冰雪大世界作为民俗文化景观或地方性文化表演等方面的历史价值与文化内涵的阐释。孙颖说："当时都不了解，我们雇了一个大学老师和他的研究生们来弄的，但是没有成功，可能确实是没有你说的那些文化阐释吧，谁都不了解，只知道申遗是好事儿，如果成功了一定会有好处的。"② 2013年，马迭尔集团和中山大学城乡规划设计研究院的师生一起开始重新准备申遗材料。从已成文的资料和报告中看出，申请人已经逐渐意识到冰灯作为民间手工艺的地域文化性质与冰灯目前所面临的困难处境，并且着重强调了"冰雪大世界"对民间艺术的保护及使其复兴所做的各种努力，包括需要建立各种相关"人才库""管理库"和"数据库"等。报告中指出，"冰雪文化作为哈尔滨特异于其他地区的文化特色之一，融合了金源文化、'闯关东'文化等本土文化以及外侨文化等特质，其文化底蕴深受其他文化的影响"③。冰灯作为我国北方冬季民间流传的一种艺术形式，曾一度在民间几近消逝……冰雪艺术是一种具有地域和民族特色的文化现象，哈尔滨作为中国冰雪艺术的发祥地和摇篮，继承冰灯传

---

① 访谈人：夏千明，哈尔滨冰雪大世界股份有限公司董事长。访谈时间：2017年12月22日。访谈地点：哈尔滨市松北区哈尔滨冰雪大世界股份有限公司。
② 访谈人：孙颖，哈尔滨冰雪大世界股份有限公司企划部负责人。访谈时间：2016年12月。访谈地点：冰雪大世界园区企划部办公室。
③ 引文出自冰雪大世界内部资料：中山大学城乡规划设计研究院的《2013年哈尔滨冰雪艺术申遗可行性研究报告》。阅读时间：2016年12月。阅读地点：冰雪大世界园区企划部办公室。

统习俗，创办了我国历史上第一个以冰雪活动为内容的国际性节日——哈尔滨国际冰雪节，后来还以地方立法规定……由于哈尔滨冰灯具有季节性的特点，将哈尔滨冰灯申报世界文化遗产，能够有效避免这项独具特色的艺术陷入消失的境地，有助于保护中国冰雪文化，实现系统地记录和顺利地传承、发展，使得我们的后代依然能领略到这种融合东西方风情和包含着浓厚地域文化特色的、具有非凡创造力的冰雪艺术瑰宝。因此"必须经过社会有组织、有秩序的认定……快速'申遗'，抢占先机"。与此同时，《冰雪景观建筑技术规程》（Technical specification for ice and snow landscape building）作为国家级行业标准的发布也为"冰雪空间"的申遗资料添砖加瓦。夏千明介绍的这份章程就是由他本人草拟的，"就是我硕士论文的改写，然后由专业人士来润色，我把它变成了一个行业规范，我觉得我们有责任也有义务来做出这样的一个规范，也通过这种方式吧，树立我们大世界在冰雪行业中的龙头地位"。这一规程曾被内部定义为冰雪文化历史中的"重大飞跃"，将冰灯的概念转换为冰雪景观建筑，不仅为一年一度的冰雪节提供了技术支持和安全保障，更是"对打造冰雪旅游项目的地区，拉动地方经济发展、促进社会进步和文化提高起到了无法估量的作用"[①]。

经过两年的修改和资料增添，"冰雪大世界"于2015年2月申遗（市级）成功，被哈尔滨人民政府以"民俗—文化空间"的定位列为市级非物质文化遗产名录。2016年年初，"冰雪大世界"的主要负责机构由马迭尔集团有限公司变为冰雪大世界股份有限公司（哈尔滨文化旅游集团下属的子公司），这样的变更使马迭尔集团无权受理和负责一切关于"冰雪大世界"的活动及其作为市级非遗的权益，冰雪大世界股份有限公司也不逊前任，在非遗的国内外影响日益增强的时代环境下，

[①] 引文出自冰雪大世界内部资料：中山大学城乡规划设计研究院的《2013年哈尔滨冰雪艺术申遗可行性研究报告》。

尤其致力于将自己所负责的项目编织到非遗框架之中。2016年5月，哈尔滨文化旅游集团（总公司）会议就指出"当时（2015年）申报市级非物质文化遗产，由马迭尔集团作为冰雪大世界非遗项目的保护单位，现冰雪大世界独立成立冰雪大世界股份有限公司，保护单位需要协调变更"①。为使申报省级非物质文化遗产更有冲击力，与会的"申遗专家建议：成立冰雪协会，将冰灯游园会、雪博会、冰雪大世界、冰雪节都容纳进来，再将哈尔滨冰雪文化的起源和习俗整合在一起，形成一个大型的冰雪申遗项目"②。在笔者第一次调查期间（2016年冬季），夏千明介绍他们"现在正努力申请国家级的（非物质文化遗产）"，而从前马迭尔集团的申遗合作伙伴中山大学团队由于很多不可说的原因退出了合作，所以此时正在寻找非遗专家来讨论和撰写申遗资料。当笔者质疑如何跨越省级直接考虑国家级的非遗时，他说"省级的，好说。先把资料写好就行"。而评定省级非遗的单位就是省政府。由此可见，在非物质文化遗产保护实践中，申报主体的确定需要遵循《保护非物质文化遗产公约》的指导原则。根据我国现行行政体系，省级非物质文化遗产的确立需通过省人民政府文化主管部门组织评审并报请批准。这一制度设计体现了政府主导、社会参与的保护机制，在实际运作过程中，形成了学术机构提供专业支持、市场主体参与活化传承、社区民众延续文化实践的多元共治格局。冰雪文化项目前负责人夏千明在访谈中提道："作为文化企业参与申报工作，更多是出于传承地域文化的责任感。如果能够成功列入名录，不仅有助于提升冰雪艺术的国际认知度，也将为传统技艺的创新发展创造更多可能。"③ 根据《国家级非物质文化遗产保护专项资金管理办法》，确认为非遗代表性项目的保护单位，

---

① 资料来源于哈尔滨文化旅游集团的会议记录电子版。
② 该文引自"冰雪大世界"关于申遗会议的记录。
③ 访谈人：夏千明，哈尔滨冰雪大世界股份有限公司董事长。访谈时间：2017年12月22日。访谈地点：哈尔滨市松北区哈尔滨冰雪大世界股份有限公司。

第五章　冰雪大世界与地域文化认同：构建地域性知识体系

可依法申请专项资金用于传承活动，这体现了国家对传统文化活态传承的制度保障。在田野调查中，不同群体展现出对非遗认定的差异化认知：部分资深传承人关注申报工作的规范性与文化本真性，强调申报主体应充分尊重文化持有者的核心地位；新生代从业者则更关注保护措施与当代生活的衔接性；而普通民众的日常生活实践，往往以自然传承的方式延续着文化传统。当下随着非遗保护体系的完善，专业研究机构与文旅企业之间正逐步构建起协同创新机制，通过学术论证与文化阐释，为传统技艺的现代转化提供理论支撑。

黑龙江非物质文化遗产的保护运动正如火如荼地展开，每年市级和省级非遗名单的公布，都会引起社会各界的广泛关注。对相关机构、社区、个人乃至地方政府而言，能够获得非遗代表作或传承人的称号，无疑是一种极高的荣誉和认可。在非遗保护体系构建过程中，多元主体的协同机制仍存在若干结构性张力值得探讨。首先，行政指导、学术研究与市场运作间的互动关系，本质上反映了文化治理现代化进程中不同逻辑的互动与需求。相关职能部门与研究机构通过政策咨询、项目合作等方式形成的知识—权力网络，确实在资源配置层面提升了保护效率，但其中蕴含的工具理性膨胀可能导致价值理性式微的风险。其次，学术共同体内不同研究范式的对话空间有待拓展。注重理论建构与批判反思的研究路径，因其对资本异化，尤其是文化本真性等深层问题的持续追问，往往面临着阐释话语与政策语境的适配性挑战。这类研究虽在短期内难以转化为量化指标，但其对非遗文化保护理念的范式革新具有深远意义。正如周星教授指出的，"中国尚缺乏尊重学术独立性的社会氛围和共识，在行政体系尚没有习惯倾听学者主张的当下，学问的自由和独立性经常会被权力裹挟和同化，因此，参与运动的民俗学者独立的立场和基于学术研究而提出建言的勇气，显得尤其重要"①。

在 2016 年冬天的采访中，哈尔滨师范大学的民俗学者郭崇林老师在对话中表现出了一定勇气，但是面对强大的权力和资本，他说"谈不拢，我的想法是在冰雪大世界里面建一个冰雪博物馆，不用太大，我也不要钱，我可以带着我的学生们一起整理，里面展示这么多年来黑龙江地区的冰雪文化发展脉络，从古代的渔猎到冰雪交通，饮食到经济，方方面面吧，都可以展览出来，一直到 20 世纪 60 年代冰灯游园会开始的时候，按照脉络整理出来，也整理一些书和资料给大家看……我觉得这样冰雪大世界就更充实更丰富了，文化内涵也更多了，但是他们一听又要批地又不给他们钱，就谈不拢了。他们觉得这不重要，我还是研究《伊玛堪》去了，他们太商业了"②。面对民俗学者的认真，夏千明则表示"和你们学者打交道太累了，要的太多，那一个博物馆能说建好就建好吗？我们园区的建设时间是 20 天，20 天能弄完一个博物馆吗？就算弄完了，根本没人去看，你看黑龙江博物馆、金元文化博物馆，还有那些什么满语班，哪儿有人去呢？我们负责创造效益，也看中文化内涵，但是你这文化不能没完没了啊。所以我们现在一般还是去找文化创意公司，他们比较会把文化放在创意和产品里，然后很快地实现并表达出来"③。商业资本和文化精英的一拍两散常常出现在当代的文化制作产业中，官方和商业对民间传统文化的操作在某种程度上就是"去语境化"的过程，对传统本身的发展逻辑来说具有负面的影响，它剥离了冰灯本身一切外在的基础和依靠，使其在新环境中重新生长。当冰灯作为民俗事象完全脱离了原本的语境，在新的环境中被"再语境化"，

---

① 周星. 非物质文化遗产保护运动和中国民俗学："公共民俗学"在中国的可能性与危险性［J］. 思想战线, 2012, 38（6）：1-8.

② 电话访谈：郭崇林，哈尔滨师范大学民间文学教师。访谈时间：2016 年 12 月 28 日。

③ 访谈人：夏千明，哈尔滨冰雪大世界股份有限公司董事长。访谈时间：2017 年 12 月 22 日。访谈地点：哈尔滨市松北区哈尔滨冰雪大世界股份有限公司。

冰灯的实用功能完全被消解，甚至被遗忘，取而代之的是展示功能，这与从前民众日常生活中的冰灯产生了距离，在新空间中面对新的主体，彻底从过去的传统民俗事象变为具有娱乐性表征的文化表演。

2024年年初，随着"尔滨出圈"现象的兴起，哈尔滨冰雪文化博物馆的成立标志着文化传承与创新的一个重要里程碑。博物馆总面积达5688平方米，被精心规划为五个主要功能区域，包括冰雪逐梦基本展陈区、赏冰乐雪冰雪体验区、奇幻冰雪文创区、冰雪未来文化学术区以及博物馆辅助功能区。这五个区域共同构成了一个多维度、互动性强的文化空间，为参观者提供全面的冰雪文化体验。在全球化、商业化、工业化和消费主义的大背景下，民间优秀传统文化与商业资本、权力网络的联合已成为一种不可避免的趋势。这种联合，尽管在某种程度上对传统民俗文化构成了挑战，但同时也为传统民俗文化的复兴和再发展提供了新的机遇，将民俗文化"创造性地置于更大、更新的语境之中，进行全方位的表演和表征"，可以使每个人都能欣赏、接纳、拥有这些原本属于他们的传统文化，并重新审视自己的民族传统和价值[1]；同时，使全社会每一分子能够欣赏并拥有这些传统文化精粹，使他们认真地重新评估民族传统文化的价值和地位，借此从内而外、从外而内地主动传承和保护民族文化传统。

二、"去民俗化"与文化拼贴：后现代主义下的文化生产

随着民俗、遗产旅游愈演愈烈，人们对民俗旅游的要求也越来越高，真正的、朴素的或是原来粗鄙的、血腥的日常生活展示并不能，同时也不适合满足游客的需求。在政府倡导的文化"遗产"应用性研究政策的推动下，冰雪文化的传统民俗仪式得到了新的重视，特别是在民

---

[1] 黄龙光. 美国公众民俗学对中国非遗保护的启示[J]. 云南社会科学，2015 (5): 89-94.

俗的应用性、媒介化和展演性方面。这一趋势甚至催生了冰雪民俗节庆的"去民俗化"现象。美国民俗学与民族音乐学家约翰·霍姆斯·麦克道尔（John H. McDowell）认为，"'去民俗化'（to folklorize）意味着将传统的表达性文化从生产的源点抽离出来，并且将其重新置于一种与之疏远的消费环境"①。即民俗活动经历一番净化和提炼，披上更为华丽的外衣，以一种全新姿态呈现。简而言之，民俗活动将被重新塑造和包装，使其能够在艺术的舞台上与其他古典或现代的艺术形式竞争，展现其独特的魅力。通过这一过程，民俗活动最终摆脱了边缘化的地位，在艺术的殿堂中赢得了其应有的尊重，并得到了社会各界的广泛认可。这种"去民俗化"的转变，大多是通过文化拼贴的方式实现的，传统文化拼贴、制造文化震惊成为旅游景点策划人的主要工作，在平庸的场景中展示令人震惊的画面和事件，这满足了人们了解事情真相的猎奇心理。"拼贴"是消费社会中大众文化商品最常见的一种生产手段，它是随着后现代主义理论而产生的名词，因此"拼贴"在此是一个中性词。拼贴指的是作者在文本的创作阶段所使用的一种技巧，这种技巧的特征在于从整体上审视它是全新的，但组成它的每个部分是早已存在的，作者便将这些原有的不同部分尽量巧妙（有时适得其反）地整合在一个段落、篇章或整个文本当中，使其呈现出与原有面貌大不相同的气质。在后现代主义文学作品及艺术作品中，多种元素和风格的拼贴能够创造出伟大的作品，甚至能够在一定程度上消解神圣、权力等，使受众能够以另一种视角来看待社会和世界。著名建筑评论家科林·罗（Colin Rowe）在1987年出版的《拼贴城市》（*Collage City*）中所阐释的，建筑师应当把视角从建筑物转移到整个城市，一个城市是一种历史、文化、民族等多种合力的产物，任何人对一个城市的认识或影响都是片段

---

① 麦克道尔，朱靖薇. 在厄瓜多尔反思民俗化：表达接触地带中的多义性［J］. 民间文化论坛，2019（1）：16.

<<< 第五章 冰雪大世界与地域文化认同：构建地域性知识体系

的和局部的，而城市的整体正是以局部拼凑的方式形成的，所以通过"拼贴城市"的方式，将割断的历史重新连接起来，能够使文本呈现出开放性和多声部的特质，这是传统的叙述方式无法达到的效果。然而，也有学者开始质疑拼贴技巧的普遍使用实际上就是在偷来的蛋糕上涂满自己的奶油，是各种元素的堆砌，这只能制造出粗俗不堪的作品。具有强烈盈利诉求的商业活动——"冰雪大世界"，其从管理者到冰雕手工艺人，都在强调"要快一点""再快一点"，他们并没有太多的时间和人力去思考如何利用程式化的叙事模式与传统的民俗信仰来支持这种既有有趣的画面，又能够塑造文化震惊的完美方案，因此"拼贴"成为最经济、便捷的生产方式。将不同的民俗文化、大众文化元素凑在一起，形成某种简单易懂的象征呈现在观众面前，比如，冰雪大世界历年都有30余米高的雪佛形象，当被问到冰雪大世界为何会每年都有雪佛形象时，每个人的说法都会根据自己的人生经验和思考而不相同。当地高校的民俗学者在对待雪佛问题时很认真地探讨民间手工艺和民间信仰的关系，也就是雪佛体现着民众的信仰并通过手工艺者的艺术创作表达出来，"这或许可以是一个民间信仰的研究课题"。而雕刻雪佛的手工艺人则认为雪佛本身已经成为一种传统，与其他传统一样，很难厘清它的渊源。在对雪佛众说纷纭的背景下制造意义便会更加容易，在对夏千明的采访中他提到了"最快捷的制造民间信仰的方式"就是为某个具有象征性意义的冰雕与某种信仰拼贴在一起。

通过哈尔滨的采冰仪式和松原的冬捕仪式调查中也可发现，景观具体的场景设置和流程并不完全一样，但其所象征的功能则是通过流水线式的处理来完成的。比如，每个仪式中都要摆满仪式中所需要的祭祀物品，白酒和猪头是最常见的物品；仪式的主体则是一个头目带领一个群体，一般是男性群体为主、女性群体为辅来反映古代男尊女卑、男主外女主内的社会现实以给观众某种逻辑上的说服力，体现了古代的某种现象就说明仪式是古老的。另外是简单的、一目了然的象征意义，比如，

123

最普遍的祭祀行为"祭祀谁就给谁倒酒",采冰仪式和冬捕仪式一样,祭祀的都是松花江江神;反之如果象征意义像敦煌壁画一样复杂,那么热衷于热闹和猎奇的观众也并没有兴趣来认真解读这个仪式文本,等等。拼贴的元素"能够理直气壮地贯穿于表演文本建构的始终及其每一个细节,为表演文本的新符号的创制以及文本内容起到了至关重要的作用,它直接赋予民间艺术表演文本的符号繁华和感觉陌生"[①]。

文化拼贴作为一种文化现象,它在本质上并不具有固有的价值中立性或倾向性。文化拼贴的中立性取决于多种因素,包括创作者的意图、受众的解读、社会文化背景以及展示平台的特性等。在数字化时代背景下,人类社会正经历着一场前所未有的大迁徙,从现实世界向虚拟世界的转移在文化领域尤为显著。这一转变不仅改变了人们的生活方式和生产模式,更深刻地影响了民俗活动的传承与发展。随着"数字"到"数智"再到"数治"的演进,技术进步对文化传承产生了深刻的影响。"数字"阶段代表了信息和活动的数字化记录与存储;"数智"阶段则标志着数字技术与人工智能等技术的结合,提供个性化和智能化服务;而"数治"阶段则指向了数字技术在社会治理和文化管理中的广泛应用。在这一过程中,民俗活动不再局限于传统物理空间,而是扩展到了虚拟空间,网络社群成为民俗活动的新舞台。人们通过网络平台分享民俗知识,体验民俗活动,交流民俗情感,这些线上互动和交流不仅增强了人们对民俗文化的认同感,也促进了民俗文化的传播和创新。特别值得一提的是,冰雪大世界互动环节中的一个小游戏"当当当"在网络短视频平台上的风靡,实际上是工作人员"左右哥"在与游客互动过程中的对歌小游戏,通过抖包袱引出《歌唱祖国》红歌,在"歌唱祖国"的过程中,"参与"本身成为一种特殊的、短暂的且饱含浓度

---

① 吴晓,邹晓玲. 民间艺术表演文本的文化修辞 [J]. 湖北社会科学, 2007 (11): 142–144.

的情感体验。通过短视频平台的传播，构建了一个虚拟的冰雪文化场，使得全球网友都能够跨越地域和时间的限制，共同体验这一独特的文化现象。这些新习俗与传统民俗相互融合，共同构成了一个多元、开放的"虚拟文化场"。在这个虚拟文化场中，人们可以共同参与和体验民俗活动，形成了一种新的文化共同体。

在商业性质的民间艺术表演文本中，拼贴被称为最重要的修辞方式，快速、经济的投入成本在取得巨大的声誉之后，政府部门获得了政绩，商业运营部门获得了利益。但与此同时，不能忽视的是，民间艺术本身话语系统的混乱，易导致手工艺人、社区民众的认同危机和信仰的坍塌，很多冰雕艺人和民俗学者们都表示并不会去过多地关注仪式本身，如果将这些当代的民俗仪式作为研究对象来关注，更多地也是探讨其当代意义和制造者的诉求等。

三、数字化展示：冰雪大世界的网络文化展演

与传统纸质媒体相比，网络平台和自媒体的宣传使得"冰雪大世界"不再受限于特定的传播者和接受者群体，而是能够轻松地将观众从地方性扩展到更广泛的社会群体。正如赫尔曼·鲍辛格在《技术世界中的民间文化》一书中所述："技术不仅创造了新的物世界，而且带来了新的社会现实和精神现实，它使旧的视阈变得模糊不清，而流传下来的民间文化财富在这里仍然行之有效。"[1] "冰雪大世界"通过紧跟时代主题、热点新闻和大众文化的核心，将其与自身的品牌文化相结合，成功吸引了广大观众的注意。同时，网络观众的热烈回应和积极参与也使他们成了文化建构的一分子。以2017年广受欢迎的电竞游戏《王者荣耀》为例，冰雪大世界与其联名合作，创造了全新的线下冰雪

---

[1] 鲍辛格. 技术世界中的民间文化 [M]. 户晓辉, 译. 桂林：广西师范大学出版社，2014：110.

实景作战体验。这一合作在社交媒体上引起了巨大反响,相关微博获得了极高的回复和参与度。网友在描述"王者荣耀"展区的体验时提道:"在冰雕艺术的巧夺天工下,李白仗剑邀你把酒言欢,貂蝉拂袖向你眉目传情,诸葛亮摇扇与你隆中对弈。你站在王昭君的身旁,仿佛真的感觉到她大招的冰雪刮得你双颊生痛。你站在冰雕的长城上,仿佛与铠一同化身为不苟言笑的长城守卫军。"这种网络游戏文化形态,作为互联网时代的文化产物,正在以前所未有的方式激活传统文化,将青少年群体与传统手工艺紧密相连,成为连接传统文化与现代生活的新触点。

2024年是"冰雪大世界"的一个新纪元,通过整合抖音和小红书等新媒体平台,成功拓宽了文化表演活动的影响力并吸引了全年龄段游客的目光。抖音短视频以其快节奏和高娱乐性的特点,成为展示"冰雪大世界"魅力的理想选择。"冰雪大世界"通过抖音平台发起的"#冰雪大世界挑战"不仅是一种社交媒体策略,更是一种文化共鸣的实践。用户上传的短视频,通过展示冰雕艺术的精妙绝伦和参与者的欢笑惊喜,构建了一种集体记忆和共享体验。这种现象可被视为一种现代版的"集体庆典"(collective festivity),集体庆典是现代社会中个体通过共享仪式来实现社会整合和认同感的一种方式。而大众媒介对"集体庆典"、文化表演的介入在一定程度上会加强仪式情感的激发,从而增强仪式的效力。所谓仪式的效力,功能主义的观点是仪式对群体的凝聚和整合功能。"正如法国著名社会学家埃米尔·涂尔干(Emile Durkheim)在《宗教生活的基本形式》一书中所说:'人类通过宗教仪式的强烈互动而产生的集体表征,比个体活动的表征具有更为丰富的意义。'"[1] 而仪式效力的发生有赖于仪式对参与者情绪的激发,并进而达成社会的凝结。布朗也认为,仪式能够加深人们对某种社会价值的认知,并且能够让人们产生对

---

[1] 涂尔干. 宗教生活的基本形式[M]. 渠东, 没喆, 译. 上海:上海人民出版社, 1999:303.

<<< 第五章 冰雪大世界与地域文化认同：构建地域性知识体系

社会的依赖情绪，从而实现社会的巩固。① 当然其中最为人瞩目的活动之一就是"左右哥"的"爱国主义"表演，通过引导游客互动，进行统一的动作，创造出一种"密集的人群"（dense crowd）现象——个体在集体行动中获得力量和认同感，以及富有节奏感的体验，同时通过共享的文化符号和历史记忆来构建冰天雪地中的爱国主义。② 在"冰雪大世界"的情境中，冰雕艺术和集体互动成了唤起这种情感的媒介。这种形式的视频在抖音上迅速传播，增强了"冰雪大世界"作为一个文化现象的社交影响力。

另外，小红书平台在"冰雪大世界"的宣传策略中扮演了至关重要的角色，它不仅为用户提供了一个分享深度体验和个人故事的空间，还成为一个文化体验传播的媒介。在小红书上，游客发布的详尽游玩笔记，实质上是一种个人叙事（personal narrative）的体现，它们通过叙述个人的旅游经历和情感体验，构建了一种个人与文化现象之间的联系，故事是文化的重要方面，而讲故事又促进文化传播。这些笔记中包含的"冰雪大世界"游览攻略，可以被视为一种实用性文本（utility text），它们为潜在游客提供了导航和决策的实用信息。同时，通过不自觉的文化批评对冰雕艺术进行解读，通过分享个人感受传达个人情感和主观体验，激发了社区成员之间的共鸣和情感交流，即通过个人故事和集体记忆的交织，构建了一个多层次、多维度的文化体验空间。

民俗活动如采冰仪式也正经历着一场由传统到现代媒介的转型。自2016年起，这一年度盛事开始通过网络平台招募采冰仪式体验者，打破了地理和身份的界限，而且以"穿越百年，飞跃历史"的宣传语，向公众发出了互动的邀请。这种新科技的介入，使得"每个人都可以

---

① RADCLIFFE-BROWN A R. The Andaman lslanders [M]. New York: Free Press, 1964: 257.
② 麦克莱兰. 群众与暴民：从柏拉图到卡内蒂 [M]. 何道宽, 译. 上海：复旦大学出版社, 2014: 352.

127

参与"的承诺,从一种设想转变为一种可触及的现实。通过网络平台传播的图片和视频,将"冰雪王国"的璀璨和"复兴百年传统的仪式感"的广告宣传转化为一种神奇而迷人的文化参与。它在网络平台上构建了一个充满童话色彩和超感觉元素的领域,同时保持了一种非日常性的魅力。王杰文在其论文《日常生活与媒介化的他者》中提出,现代媒介在我们理解"他者"时构建了一种距离化的表征模式,这限制了我们介入"他者"日常生活的可能性。然而,这一观点并不适用于所有民俗文化事象。以"冰雪大世界"为例,当其通过新媒体平台进行展示时,公众的参与不仅成为构建和传播地方性知识的关键途径,而且如上文所述,它成为社会关系构建和文化认同形成的重要仪式。继采冰仪式之后,"冰雪大世界"园区的建设过程通过24小时不间断的在线直播,成功吸引了全球观众的广泛关注。这种实时且互动性强的传播形式,显著加深了人们对冰雪大世界的认知,并增强了他们对这一文化盛事的情感投入。在线社区的互动活动,涵盖了摄影作品的分享和民俗生活的深入讨论,共同促成了一个以冰雪大世界和冰雪民俗为主题的动态线上社区。这个社区的成员不断变化,参与形式流动不居,从而成为社会互动和文化参与的新兴场域,为全球观众提供了一个共享、交流和体验冰雪文化的空间。

第二节 群体狂欢:采冰仪式的田野调查与文化塑造

随着工业化和商业化的不断深入,现代社会的生产与生活方式经历了显著的转变。无论是城市还是乡村,传统的生活方式已逐渐被新的社会文化形态所取代。这种基于传统民俗的新生活方式,不仅重塑了人们在社会生活和经济活动中的互动关系,也影响了他们思考问题的方式。"比如在住房装修、饮食器具和服饰上起用中式风格,在一些重要的节日上重温传统风俗,像春节挂灯笼、拜年、放爆竹等之外,对每天工作和生活在城市现代化空间里的人们来说,旅游更是他们享受和体会传统的主要方式。于是便有无数的古文化城、古文化村、古文化街或者'农家乐'旅游景点应运而生,带有地方特色的旅游商品和文娱节目也得以大批地生产,以飨游客。"① 技术性商业活动的兴起,进一步将文化消费带入了人们的视野。这种现象揭示了人们对过去的怀旧情感与对未来进步的信心是如何在现代社会中实现融合的。换言之,所谓的"文化工业"正是在这种背景下应运而生,它不仅是一种经济现象,还是一种文化现象,体现了文化生产与消费在现代社会中的新动态。

自2017年起,每年的11月下旬,哈尔滨的采冰仪式通过官方微博和微信公众号的宣传,正式宣布其即将启动,并公开招募参与仪式的"采冰汉子""冰女神"以及仪式观众。宣传中将该仪式描述为"神秘的、古老的、传统的",并将其历史渊源追溯至百年前,强调其作为一场古老的祭祀仪式的传承意义。哈尔滨,这座融合了东西方文化精髓的神奇城市,历史上曾是女真族的经济文化中心,也是东方与西方文明交汇的重要地带。勤劳、善良、智慧的多民族人民在此地生活,共同创造了独特而神秘的文化习俗,其中冬季采冰便是哈尔滨沿袭下来的一种智慧生活方式。宣传材料中将采冰仪式的还原视为对哈尔滨传统民俗的传承,这一描述在纸媒、网媒以及自媒体中被广泛传播,每个页面都将其塑造为一个历经百年的祭祀仪式,承载着当地社群的生活史、生命史和共同信仰。然而,通过深入研究历史文献、地方志、历史照片和影视资料,我们发现所谓的"非同寻常的过去"并不存在。尽管如此,采冰仪式的关注度仍不断提高,仪式内容也日益丰富,似乎已经成为整个冰雪节中最具民俗特征、最为重要的组成部分。这种对传统的重塑和再造,实际上反映了现代社会对历史和文化遗产的重新解读和利用。采冰

---

① 王霄冰. 民俗主义论与德国民俗学[J]. 民间文化论坛, 2006 (3): 100-105.

仪式的现代演绎，不仅是对过去的回顾，更是对当下文化身份的一次探索和确认。它揭示了当代社会如何通过文化活动来构建和强化群体认同，同时也体现了文化工业在现代社会中的作用和影响。

一、采冰仪式的田野调查：深入冰封的仪式现场

这一部分将聚焦于冰雪文化中的一个关键实践——采冰仪式，旨在剖析采冰仪式的文化构建及其在当代社会中的多维价值，同时借助个体叙事，深入探讨采冰人的生活状态、工作态度和对仪式文化意义的个人理解。通过为时两年的田野调查，我们不仅能够记录和保存采冰仪式的每一个细节，还能够理解这一仪式是如何在社会成员之间传递文化价值和集体记忆的。在这一过程中，采冰仪式不仅是一种对自然资源的获取活动，更是一种文化表达和社会互动的场域。这一仪式的"制造"涉及文化传承与创新的动态平衡，它既是对过去的尊重，也是对现代需求的适应。通过采冰人老甲等个体的故事，我们可以更好地理解采冰仪式在个体生活史中的地位，以及它是如何与个人的身份认同和社会角色相互交织的。

2016年12月5日的清晨，在哈尔滨市公路大桥西侧的松花江冰原上，曙光初现之际，一群身着传统粗犷服饰的人们正在进行一场充满原始气息的仪式。他们的嘹亮吆喝和虔诚庆祝，仿佛将时空拉回到远古时代。这一壮观的场面不仅吸引了众多当地媒体、摄影爱好者和民俗学者的目光，甚至连远方的游客以及美国探索频道的记者也慕名而来，共同见证了这一时刻。松花江的冰层在这一天已经凝结至30厘米厚，而在寒冷的冬季，冰层的厚度更是能达到50厘米。正是在这一天，哈尔滨市负责冰雕活动的各部门齐聚松花江，启动了一年一度的采冰活动。采冰活动是一项精心编排的工艺流程，涵盖了采冰仪式、切冰、扎冰、拉冰、装冰、运冰等六个环节。按照传统，采冰仪式是整个采冰活动的序幕，象征着仪式的神圣和有效性。然而，现实与理论之间往往存在差

异。在随后的采访中，我们有幸遇见了甲继海先生——采冰仪式的创始人。他以一种随性而富有个性的方式，决定了仪式的举行时间："仪式的日期由我定。我喜欢在天空湛蓝的时候举行仪式，因为只有在蓝天下，大家聚在一起畅饮、祭祀，仪式才显得格外有趣。"因此，尽管采冰活动实际上从12月3日便已经开始，但仪式却被特意安排在了12月5日，目的是在最佳的自然氛围中，为冰雕艺术的诞生赋予更深层次的意义。

在松花江的冰原上，采冰仪式的核心人物构成了一幅动人心魄的画面。一位主司仪和三十多位健壮的男性组成了仪式的主体，其中最引人注目的，是那位被尊称为"采冰把头"的甲继海先生。他们身着统一而厚重的装束，脚踏坚固的大皮靴，身着长及膝盖的貂皮或虎皮大衣，腰间紧束着鲜艳的红色大布带，展现出一种原始而质朴的力量。每位采冰者的头顶都戴着一顶风格各异的雷锋式貂帽、狍帽或狐狸帽，这些未经染色的动物皮毛呈现出自然的浅棕、深棕至白色调，与冰雪的纯净形成鲜明对比。然而，甲继海的装束更为独特，他坐在队伍的正中央，身披虎皮外套，颈间环绕着一条银白色的小狐狸围脖作为装饰，头戴一顶饰有鹿角和眼睛（或羚羊角）的皮毛帽子，彰显其首领的地位。他的手中紧握着一面大锣，锣面上垂挂着红色的绸带，这身装束只在采冰仪式中出现，被当地新闻誉为"复原过去"的生动写照。在仪式开始前，采冰的男子们在冰面上排成一列，每人手中都捧着一碗浓烈的白酒，准备以最虔诚的态度迎接即将到来的仪式。在他们的背后，三根高约三米的木杆耸立，中间的一根悬挂着一面黄色底、红边锯齿状的旗帜，写有"哈尔滨采冰节"几个大字，象征着这一传统活动的庄重与盛大。现场还点缀着其他色彩斑斓的旗帜，蓝色、绿色、金黄色，每面旗帜边缘都装饰着醒目的红色锯齿，为仪式增添了一抹节日的气氛。在采冰男子们的前方，祭台上摆放着仪式所需的各种物品，鞭炮、锣鼓、猪头、馒头、白酒，以及装在大盆中的粮食、水果、香，还有早年采冰时使用的木制杠杆，每个杠杆上都绑着一条红布条，以及这个冬季首个被开采的冰块，其尺寸与后续规范采冰所得的冰块一致。这些物品不仅是对传统采冰活动的致敬，也是对自然恩赐的感恩。

在哈尔滨松花江举行的取圣冰仪式中，主司仪以标准的普通话和播音员特有的庄重腔调，正式宣布仪式的开始："哈尔滨松花江取圣冰仪式现在开始，敬天、敬地、敬江神，今天我们在哈尔滨松花江面上举行盛大的采冰仪式。大自然慷慨地将这片冰天雪地赠予哈尔滨，这不仅是一片美丽的风景，也是富饶的资源。哈尔滨人因此而幸福安康。我们以传统的起冰仪式，祝愿今天的采冰活动圆满成功。"随后，采冰把头甲继海站起身来，用力敲响了手中的大锣，用他那浓重的东北口音和雄浑的嗓音，似唱歌又似呐喊地宣布："取——（长音）圣——冰——仪——式——，现——在——开——始——！嘿——"这一呼唤，如同一首古老的歌谣，引发了在场每个人的共鸣。紧接着，又是一声锣响，他号召所有人一同发出豪迈的呼喊："嘿！——吼！——嘿！——诶！——"随即鞭炮声响起，大家齐声高呼"喝酒！喝酒！"并一饮而尽手中的白酒。酒毕，众人齐声吆喝，站起身来向天空抛掷自己的帽子，随后将大盆中的金色小米撒向空中，象征着丰收与希望。最后，那块被红绸带装饰的大冰块，宛如一件精美的礼物，被运往"冰雪大世界"建筑工地，标志着整个采冰仪式的圆满结束，整个过程历时约90分钟。

一年一度的采冰仪式吸引了形形色色的观众和参与者，同时也有很多官方报道，他们无一不拍掌称赞，人民网这样评价采冰仪式"古老祭祀仪式穿越百年"[1]，网络上也可以搜到很多夸赞的报道，如"哈尔滨采冰节还原百年祈福仪式""采冰队在冰封的江面上举行祭江神仪

---

[1] 哈尔滨首届采冰节启动 古老祭祀仪式穿越百年 [EB/OL]. 人民网（黑龙江频道），2015-12-04.

第五章 冰雪大世界与地域文化认同：构建地域性知识体系

式，并拉开今冬'第一锯'"①等。所有的受众都被告知这项采冰仪式是继承了断裂的松花江流域采冰祭江神传统，是对当地"金元时期采冰文化"②的挖掘和发展，与松花江流域历史重大的过去存在着必然联系。然而通过文献梳理和对具体个人的采访会发现这种与过去的连续性却是"人为的"，采冰仪式通过与过去传统相连为其建立了合法性，通过不断重复来深化这种合法性，其本质上是一种形式化和仪式化的过程。

但实际上所谓的"过去的采冰祭祀仪式"并不存在，至少在文字文献或图像文献中从未出现过类似的采冰祭祀仪式。一方面，松花江流域制作冰灯的传统确实历史悠久，如上文所述，传统意义上的冰灯是各家各户为了劳作或娱乐而在桶中注水而自制冰，但在20世纪60年代冰灯游园会之前，当地从来没有出现过大规模用冰、采冰事件；所谓的传统采冰工具实际上是20世纪60年代第一次采冰时所使用的结合了赫哲族早期捕鱼工具的手动采冰工具，如冰锯、冰镐等。另一方面，松花江上的仪式可追溯到20世纪初在哈俄侨的天主教洗礼，天主教洗礼过程中会出现精雕冰十字架、冰飞鸽等形象，但这并非大规模采冰制作冰灯以祭祀江神，而勉强可以称其为现代冰雕的前身。尽管如此，近年来采冰仪式的盛行并非毫无根据，它在民间信仰的维系和冰灯行业的推动方面具有不可忽视的积极影响。这一传统活动不仅强化了人们对自然现象的敬畏和对传统文化的尊重，也在促进地方经济和文化发展方面起到了显著作用。通过采冰仪式，民间信仰得到了传承与弘扬，同时也为冰灯艺术的创新与发展提供了源源不断的动力和灵感。此外，这一活动还促进了相关产业链的完善，为地区经济增长贡献了力量，体现了文化与经济相互促进、共同发展的良性循环。

---

① 哈尔滨开始祭江采冰 [EB/OL]. 中国新闻网，2014-12-09.
② 访谈人夏万（化名）提到采冰仪式时认为此仪式源自金元文化传统。

在田野调查过程中，采冰工人的危险有目共睹，每个工人站在体积并不大的冰面上看起来很容易滑进冰冷的水里，寥寥几个记者和摄影爱好者以及笔者都在冰面上战战兢兢以保持平衡。在采冰现场也可以看到采冰工人的小心翼翼，但据介绍目前并没有采冰工人失足落水的先例。"采冰头"刘财说不清这是为什么，没有预防机制也没有安全措施，他看着岸边堆放的破碎的冰块说他和采冰工人们唯一担心的就是扎冰、拽冰的过程中"冰块儿突然裂了、碎了，很心疼"，"可能是打小就生活在这儿，所以就不怕了吧"；其他的采冰人也这样说，"不害怕啊，习惯了"，甚至在冰上喝着"小烧儿"吃泡面。反而从来没有体验过采冰的人（包括笔者）都认为采冰仪式的功能是非常必要的，孙万杰说："采冰之前都举行仪式（不过也没有什么文献、图片和眼见为实来佐证），这是必须的，就像伐木似的，都要有仪式，我没参加过，没时间。但我跟记者一起去过好几次，给他们讲一讲，那个BBC的纪录片你看过没有，那次我陪的，我们忙完了，就介绍了一番给他们，也讲了讲采冰是怎么回事。其实20世纪60年代应该有吧，因为确实从迷信上讲，要祈求老天爷保佑。那我们大雪佛，按理说应该烧香，我没烧香，后来我儿子烧香，香火比我还高，我儿子请香的次数很多。这个采冰仪式绝对不是现在才有的，你看打鱼之前不是都得有仪式嘛，比采冰仪式还丰富呢。"[1] 采冰仪式所给予的心理安慰和祝祷祈福"是表演给大家看的，我们采了几十年冰，采冰仪式才几年？安慰也都是给你们的"，松花江上的"采冰头"刘财说。

在2018年第四届采冰仪式的筹备过程中，组织者首次采用了网络招募的方式，公开征集"不畏严寒的东北汉子"参与采冰活动。为了深入体验并研究整个仪式的运作流程，笔者和笔者的同学通过微信公众

---

[1] 访谈人：孙万杰，69岁，哈尔滨最早一批从事冰雪雕刻的雕刻师之一。访谈时间：2017年7月3日。访谈地点：哈尔滨市中央大街肯德基餐厅。

号注册成为采冰仪式的观众和参与者。2018年12月1日，我们接到通知，告知12月2日下午2点将在松花江公路大桥东侧进行仪式的彩排。到达现场时，我们发现所有准备工作已经就绪，贡品、草屋、镶边的红旗和黄旗、供桌等仪式用品均已摆放到位，而摄影、音响和无人机操作人员正在进行设备测试。特别引人注目的是一个带有投资商名称的红色大舞台，它在冰面上搭建完成，成为仪式的中心。负责招募冰汉子的记者向我们透露，今年计划招募50名冰汉子，而大多数人选是由冰把头决定的。尽管通过网络招募的方式仅有3人报名，但这并未影响仪式的进行。冰把头随后引导一只装饰有冰美人的大木船进入现场，并与工作人员沟通了仪式的时间安排。在彩排过程中，一位电视台记者突然表达了对第二天正式仪式可能发生的混乱的担忧。他指出，关于仪式开场的顺序存在分歧：一方面，甲哥建议冰美人应该首先出场；另一方面，他们收到的通知却是让领导先进行讲话。这种组织上的不确定性和沟通不畅，为仪式的顺利进行增添了不确定性。经过一下午的彩排，冰把头在结束时表示，"其实到时候即使做错了也没有关系，这样才更像没有彩排过的，而且我们也就是要这种即兴的效果的"。因为这样的小插曲反而能增加仪式的真实感，更贴近没有经过精心编排的原始风貌。

在2018年12月3日的上午，我们再次踏足松花江的冰面，远处彩旗飘扬的景象映入眼帘。供桌上已经摆放了近百种东北特色食品，包括窝窝头、黏豆包、冻梨等，这些祭品不仅作为仪式的一部分，也象征着对未能亲临现场者的开放邀请，历年如此。冰把头对游客们表示："很多人跟我说来不及到现场，问我这些祭台和祭品能不能多摆放几天，其实这些东西我们不拿走，摆设不变，采冰工人也可以来吃饭，游客也可以体验采冰的乐趣。"参与仪式的"冰汉子""冰美人"以及表演"传统"舞蹈的人员——由××品牌时装模特表演团的中老年阿姨们扮演，她们身着融合东北少数民族与乡村风情的服装——已经穿戴整齐，准备就绪。现场聚集了"50多家电视台的记者"，他们忙碌地进行拍照和采访。空中"嗡嗡"作响,多架无人机在进行航拍,同时许多年轻人也举着手机,一边录制现场一边进行网络直播。官媒、自媒体以及新兴的传播方式都在报道着这项"盛大而隆重"的民俗活动。一位黑龙江新闻记者在采访中提道:"我们同时进行着航拍、网络直播,这也是开创了高寒地区的航拍直播先河……希望传统媒体和新媒体融合的尝试给大家带来更好的体验……"① 采冰节以"冰把头祭祀祈福"为核心,涵盖了祭祀、祈福、敬拜、撒米、滚冰、祭江、采冰等多种形式。发言者们将这项"仪式"描述为一种文化传承:"古时候,人们认为,采冰会惊动江神,破坏江中生灵,所以要奉献祭品给江神,以安抚水中生灵。祈求风调雨顺。采冰节是还原我们的冰雪文化、采冰历史文化,我们祭祀江神,也寄托我们对美好生活的期盼。采冰是我们龙江冰雪文化之一,也是民俗文化之一,我们想通过冰雪大世界平台,把龙江民俗结合在一起展现出来,希望这些民俗文化能有更广阔的发展。"② 得益于投资商的参与、多渠道的宣传以及多种媒体形式的直播报道,"哈尔滨民俗采冰仪式"呈现出了前所未有的火爆和热烈场面。

在锣鼓的喧嚣声中,主持人、投资商代表、文化公司领导以及冰把头开始了他们的讲话,他们一致强调这是对"百年、千年祭祀仪式"的再现与复兴。随着仪式的正式开启,首先呈现在观众眼前的是萨满舞的展示。在东北地区,萨满舞俗称"跳大神",是巫师在进行祭祀、治病、超度等宗教活动中的舞蹈表演。巫师们身着色彩斑斓的服装,装饰品有兽骨、兽牙,手持既是法器又是伴奏乐器的抓鼓,头戴象征性的鹿角帽、熊头帽或饰以鹰翎,动作多模拟野兽或雄鹰的姿态。二十几位阿姨身着这样的装束,开始了萨满舞表演。

外面一圈是男性表演者高举着类似清朝八旗制度中的八种纹龙旗

---

① 田野调查:2018年12月3日,哈尔滨市松花江采冰仪式现场。
② 田野调查:2018年12月3日,哈尔滨市松花江采冰仪式现场的主持人发言。

<<< 第五章　冰雪大世界与地域文化认同：构建地域性知识体系

图3　采冰仪式现场

帜，在冰面上旋转滑行，仿佛是清宫剧中宫廷"冰嬉"表演的现代再现。紧接着是"祭祀"环节，冰把头解释说，这是对过去当地人们冬季采冰时冒犯江神的祭祀复原。在雄壮的音乐声和市民的萨满舞蹈伴随下，采冰汉子们开始向江面上抛起五谷杂粮，祭台上摆放着猪头、烧鸡、烤鸭、馒头和白酒。冰把头和百余名采冰汉子依次排开，他们喝下大碗酒、吃着大碗肉，并将五谷杂粮抛向空中。在手持酒碗敬天、拜地、拜河神以及撒米滚冰等仪式后，采冰汉子们呼喊着"敬天、敬地、敬河神……祝大家采冰顺利安全"的口号。随后，他们走向已经探好、切好的冰面，准备打下"第一块圣冰"，作为冰雪大世界主塔的基石，寓意"护佑采冰顺利，保佑哈尔滨风调雨顺、百姓平安"。

冰把头不断地向采访他的记者和游客传达："一百多年前，大家就有这个习俗，就是来采冰，这是我们黑龙江自己的文化，大自然这个冰天雪地给我们得天独厚的冰场，采上的晶莹剔透的冰，它就像钻石似的，铿明瓦亮，非常漂亮，我们是按照传统民俗的方法，把冰的来源、雪的来源，给大家展示一下，让更多人了解。"现场的所有人都被邀请参与"滚冰"活动，这一活动在民间传说、民间故事、民间游戏中具有悠久的历史。"滚冰节"源于一个古老的传说，据说很久以前，松花江江神独角龙的女儿与一位捕鱼的小伙子结为夫妻，但被独角龙发现并抓回。为了躲避瘟疫，村民们遵循龙女的梦中指示，在元宵节晚上到冰面上打滚，从而躲过灾祸。如今，"滚冰节"更多地被视为一种招商引资、发展旅游业的节庆活动，人们将小蜡烛点燃，在河面上摆成各种图形，或将油拌的谷糠、锯末洒成龙形，或摆成每隔数米一堆的小堆状，将它们同时点燃。远远看去，河面灯火汇集，十分壮观。人们就在灯火围成的冰面上打滚，很是有趣。当地人们认为，滚冰能滚掉身上的病气、晦气和灾气，一年能平安健康，万事顺利。一切不洁和不吉利的事物留在冰面上，随着春天的到来随冰雪一同消融。这当然是人们崇拜自然防灾免祸的一种美好想象。滚冰节大多是群众自发的，没有人组织。在不远处，真正的采冰工人正在进行采冰作业，他们专注地使用机器切割、手动扎冰、拖拽，三三两两地喊着劳动号子，仿佛这边的热闹与他们的辛勤劳作是两个完全不同的世界。

　　在祭祀和舞蹈环节之后，采冰汉子们迈步至采冰工人附近的冰面，准备进行取"圣冰"（仪式中的第一块冰）的仪式。冰把头在此过程中扮演着节奏指挥者的角色，他用声音调控着冰汉子们的力量和节奏，以确保仪式的庄严性。如果开启得太快，可能会失去仪式的庄重感；而开启得太慢，则无法充分展现"东北大汉"的雄性力量和地域特色。在仪式现场，一位手持标有"CCTV"字样麦克风的女孩特别引人注目，她正对着摄像头介绍着仪式的各个环节。当现场的人群注意到"CCTV"的标识后，原本专注于工作的年轻叉车司机开始了他的炫技表演。他在

第五章 冰雪大世界与地域文化认同：构建地域性知识体系

图4 采冰工人采冰现场

冰面上进行720度的连续旋转，并与其他叉车进行碰撞，在光滑的冰面上进行惊险的漂移动作，这种"漫不经心"的驾车技巧成功吸引了在场大多数媒体和观众的目光。与此同时，进行仪式表演的冰汉子们为了重新吸引观众的注意，不得不提高采冰号子的音量，并以绑有红色布条的冰镩整齐划一地击打冰面，以此来彰显他们的力量和仪式的重要性。这一场景反映了当代民俗活动在媒体关注和个人表演欲之间的张力。一方面，传统的仪式和文化表演试图保持其原有的文化价值和意义；另一方面，现代媒体的介入和个人表演欲的展现，对传统文化的传播和接受产生了影响。这种互动关系揭示了民俗活动在现代社会中的生存状态和变迁过程，以及在全球化和商业化背景下，传统文化如何与现代传播方式相互作用，共同塑造了一种新的文化现象。

二、"二货老甲做傻事"

在近年来不断制造和丰富的采冰仪式背后，究竟是谁或是哪个团体在根据现实的需要进行这样的文化创造？当时冰雪大世界的负责人夏千明给出了答案："你去找甲继海吧，他是名人，专门研究民俗的，策划了很多庆典，是个传奇人物。"夏千明所提及的甲继海，正是上文中提到的采冰仪式中的核心人物——"冰把头"，也是哈尔滨地区几乎所有新兴仪式、民俗庆典的策划人和主导者。在记者采访和仪式过程中，他被亲切地称为"甲哥"，目前也可以在抖音、小红书上看到"甲哥"所拍摄的日常生活及其"表演"时刻。

甲继海在哈尔滨松花江上的太阳岛拥有一排独特的套房，他将其打造成了一个充满东北风情的"猎户人家"小型博物馆，对"甲哥"的访谈就在这里进行。馆内陈列着各式各样的展品，从传统的渔猎工具、珍贵的东北虎皮，到20世纪东北农村的火炕和婴儿摇篮，从昔日供销社、小卖部的旧貌，到农村小诊所、毛主席语录集和徽章，这些跨越时代的物件被精心布置在四个宽敞的展厅中。正门上方悬挂着"猎户人家"的匾额，后门之外则是一片生机勃勃的田园风光，鸡、鸭、鹅在园中自由漫步，果蔬在菜园里茁壮成长。2017年7月3日，在与他电话交流的次日，甲继海邀请笔者前来参观。他在"俄罗斯小镇"门前迎接笔者，身着一袭白色海军风格的服装，头戴贝雷帽，驾驶着军绿色的牧马人吉普车。他略带腼腆地告诉笔者："你先跟老王聊着，我还要接一个人。"随后便匆匆离开。他雇佣的看打更人王大爷向笔者介绍，"这里面所有的摆件、用品都是甲总自己收集来的，都是真的，千真万确啊……"，这其中包括20世纪80年代哈尔滨特有的一些品牌物件，如"太阳岛老冰棍"推车、"老鼎丰糕点"（这些都是哈尔滨老字号品牌）专柜等。王大爷的眼神中充满了震惊和敬佩，他告诉笔者："甲总喜欢收藏，他还有个更大的仓库，收藏了更多的东西，里面甚至有苏联的老飞机。"在王大爷的叙述中，笔者了解到了甲继海如何发家致富，致富后又如何对收藏老物件产生了浓厚的兴趣，以及他现在对仪式、民俗文化和庆典活动的热情。而后，甲继海也亲自向笔者讲述了他自己对于采冰仪式以及哈尔滨地区其他民俗活动（如中央大街游行）、仪式、庆典等活动的创造初衷和个人诉求。

访谈记录如下①：

佟：您是从哪年开始策划采冰节的呢？是您个人完成还是团队呢？

甲：我是三年前开始做的采冰节仪式，这个仪式是我首创的。

佟：为什么会想要做采冰仪式呢？

甲：冰雪大世界10多年了，一直也没有仪式，就是冰建筑多。好多人想看看采冰，原始采冰和现代采冰有啥区别……每年12月开始封江、第二年开江，能冻到80厘米，最多的时候有100厘米，从前都是冰凿子、冰钻拉冰，现在不像以前那样了，先进了，但是大家还是想看看说以前的是什么样的……我有一些老照片啊，都是很原始的，坐落在冰面上的，后来开始在兆麟公园有冰灯游园会了。我是想用老工具、老照片、老物件，还有些专家的书把这个（传统的）断层接上，我自己收藏了10000多个了，全是以前的老物件，有打鱼的、有采冰的（同时在展示他的收藏品）……我做的采冰节也是这么来的。20世纪80年代有新技术了，仪式也少了，我想挖掘出来以前的民俗。黑龙江这几年啊，经济一般、文化也一般，搞这些的都是商人、政府，还有那些专家学者只会纸上谈兵，理论得联系实践把历史的文脉接上啊。现在的那些东西不神秘、没文化，我想用照片、老物件把以前的仪式演绎出来。历史是有根有据的，不过这也是我突发奇想，采冰节啊，我其实也没有什么目标，我也没有文化，我才上过小学五年，不知道将来这些会怎么样，这就是我的爱好，是我喜欢做的事。还有啤酒节、中央大街老街游行，我喜欢这些东西，我还是哈尔滨形象大使呢。

---

① 访谈人：甲继海。访谈时间：2017年7月3日。访谈地点：太阳岛猎户人家。

佟：那比如"圣冰"等这些仪式中的元素您是怎么想到的呢？是您收集到的证据还是突发奇想？

甲：我自己想的，应该有的。每年采冰的时候都有第一块冰，比较难采，后来的就好采了。开锯第一块是圣冰，神圣的圣，用红绸子包上，放炮、祭祀，让冰汉子用"快马子"、大钩子拉上去，放在冰雪大世界一进门最大的主冰雕下面，能镇邪，保佑顺利、安全、如意。

佟：那些冰汉子是您雇来的吗？

甲：冰汉子有30多个，都是哈尔滨过去打鱼的人或者他们的后裔，有五六十岁的，他们都有经验，脚上有绳子，毕竟采冰危险，太滑了。他们采冰的时候得先喝酒，保平安，壮胆，还得用酒敬江神。这些老头其实就是一般的老头，他们来，有时候我就给一二百，有时候喝个酒、吃个饭就行了，来了先上个课聊聊天，告诉他们仪式上怎么喝酒、怎么吆喝，来了就干，干得还挺好。

佟：那您做仪式、请冰汉子的钱是谁出的呢？政府吗？

甲：我从来没拿政府一分钱，没有收益，给我个舞台就行。我不是要宣传个人，我这个人挺怪异的，我也不想跟别人说，我看你是博士，应该能明白我吧。我想把民俗文化传承下来，宣传出去，我不要钱，免费做，但是政府连做出来的成果也不宣传，怕我抢风头，这应该是文化局、政府做的事儿啊。我是个二货老甲做傻事呗，哈哈哈。挺有意思的，好玩儿。……现在那些人啊，为了经济，净杜撰文化，我想用实际行动扶正，演绎真正的民俗文化，不对的一定要扶正，历史一代一代，当年有特定的历史条件，移民啊，器具啊。不同年代，生活不同，民俗也不同，现在整的那些花里胡哨的，无聊。我想好好地做民俗，做一场民俗秀，让大家看看，黑龙江很有意思，很精彩。

佟：完全是因为兴趣吗？这么隆重的仪式做完也不容易。

<<< 第五章 冰雪大世界与地域文化认同：构建地域性知识体系

甲：是，这算是我宏伟的梦想吧。我每年就是给冰雪大世界添彩的，……我对于这个（现在冰雪大世界这个模式）不赞赏，他们缺少民俗文化，每年我也出些主意，一些文化创意啥的，我说老夏你也不给我钱，连个奖励的话都没有啊，可是没办法，大家都是老朋友了。

佟：那采冰仪式等这些活动都会有很多人来关注的，还有很多国内外的电视台，是您自己联系的吗？还是慕名而来？

甲：有的是我朋友，有的是听说了觉得有意思就过来找我聊一聊，拍一拍，我也可以给他们讲哈尔滨过去的文化，给他们看看我的收藏（说着他就抽起了老牌香烟"老巴夺"），他们一听好玩儿，值得记录下来，就给我拍了。这是好事儿，别人都能了解我们的文化，很有意思的。

佟：您关注过吉林的那个查干湖冬捕仪式吗？和采冰仪式对比过吗？在仪式的结构上有很多类似的地方，您关注过吗？

甲：我知道那个。打鱼也是东北的传统民俗，我们也有，但是他们先做了。我们这边其实也做过这样的仪式，但是我重点还是采冰，因为现在我们这有冰灯、冰雕什么的，所以采冰是很重要的内容。那个打鱼主要就是在吉林那段的松花江还有牡丹江那边，哈尔滨这边打鱼的倒不多。仪式嘛，一是祈祷平安，二就是大家在一块儿，狂欢一下，玩儿一下，实际上说起来都是大同小异。你像在采冰仪式之后，嗯，还有腊八、二月二什么的，我们这儿也有意识啊，二月二我就在太阳岛这儿摆上猪头、白酒很多东西，我还拿着以前咱们东北的推子，给大家免费理发，来的人多，好玩儿。正月十五闹元宵。

……

在采访之后了解到，甲继海实际上并非如他自己所说的小学五年级学历，而是在上山下乡之后继续攻读了哈尔滨工业大学的 MBA，继而做起了商人，并在从商期间创造了各种与东北民俗相关的文化节，同时他也热爱军事收藏和民俗老物件的收藏。因为有大量的资金支持，甲继海做的采冰仪式以及其他节庆活动都是"自导、自演、自费、自娱、自乐"的，他的"剧本"则是基于他长期生长在哈尔滨和"上山下乡"的生活经验，以及多年以来所收藏的民俗老物件和"老人们讲的故事"。甲继海先生致力于通过个人的理解和行动来弥合历史与文化之间的断裂。他坚信，文化传承与保护不仅是政府和文化机构的责任，也是社会各界共同的使命。尽管他以一己之力积极参与并支持政府的相关文化工作，但是时常感到个人贡献未得到充分的认可与重视。同时，在访谈中，甲继海对学术界某些仅停留在理论层面而缺乏实践参与的做法持有批评意见，他认为学术研究应更紧密地联系现实，通过具体的实践活动来赋予民俗文化新的生命力，民俗文化的传承不仅需要保持其原有的韵味，更应不断创新，使之更加贴近现代人的审美和生活，从而激发公众的兴趣和参与。在中央大街的巡游或松花江畔的仪式中，甲继海总是以他那夸张且具有鲜明个性的着装和行为，成为众人瞩目的焦点。他的每一次表演，既是对传统常识的一种模仿，也是一场充满狂欢精神和文化自信的现代演绎。

　　虽然甲继海先生拥有众多粉丝，但他的表演实际上是极具私人化的艺术表达。他的仪式和表演是基于个人对传统和本土文化的情感与想象构建的。虽然仪式表演的初衷源于个人爱好，但在民俗和遗产文化旅游日益受到重视的今天，"异文化"体验无疑成为外地游客最为重要的吸引点。特别是进入 21 世纪以来，随着"文化搭台，经济唱戏"的理念，以及"民间文化遗产的抢救与保护"和"申请非物质文化遗产"等政策的提出，甲继海制造出融合了多种民俗元素的仪式景观，在一定程度上获得了合法的存在空间。

　　"在现代社会中，越是出现快速的旅游发展趋势，就越会把人们带

第五章 冰雪大世界与地域文化认同：构建地域性知识体系

回到怀旧的古老情结之中，这种现象上的悖论恰恰是最合理和最有说明性的。"① 建立在地方传统之上的当代商业活动——"冰雪大世界"需要"怀旧"元素的参与来证明自己是传统的延续；来自远方的游客也希望在这里能看到过去的符号给予自己的文化旅行以非比寻常的体验；当地的报纸、新传媒更需要充满原始"仪式感"的报道来博取关注；当地人也需要通过一些象征、图标，甚至是神话来形成了某种集体认同感；而"不收政府一分钱"的甲继海也需要一个具有知名度的平台来"实现自己伟大的梦想"。多方角色的不谋而合诞生了年复一年的古老仪式，"有时被一些怀旧倾向和运动所理解化的天然状态并不存在，可能自人类出现在生物圈以来就从未存在过"（1992年《致各国国家元首及政府首脑的海德堡呼吁书》），那不过是各取所需的美丽谎言。这些定期的庆典日益强化着我们的家庭、地方和民族的集体认同感，而在它们之外，同样也可以借用集体记忆。② 这些集体记忆也因为不断重复而定期得到了强化。"集体记忆是家园感的支柱，它本身依赖仪式的操演、身体的实践和纪念的庆典。在这里需要强调的是，我们的过去意识并不主要来自书写文本，而是靠行动的仪式操演和仪式语言的形式……"③ 神圣感就在这些仪式的重复中得以出现，正如费瑟斯通所说的："小仪式往往要求以某种特定的方式购买一轮饮料，或者每个礼拜都在一个小客栈出现并坐在相同的座位上，这些有助于社会关系的正规化而加强人与人之间的社会纽带。当我们离开某个地方一段时间再回去时，我们会重新找到在家时的习惯，我们的身体应付自如，仿佛它进入了自然而然、令人舒适的惯例当中，如同一条小狗急切地为回家的主人表演它的小把戏。这种身体姿势与动作的协调，根本无须语言，甚至也

---

① 彭兆荣. 旅游人类学 [M]. 北京：民族出版社，2004：122.
② 彭兆荣. 旅游人类学 [M]. 北京：民族出版社，2004：150-151.
③ 费瑟斯通. 消解文化：全球化、后现代主义与认同 [M]. 杨渝东，译. 北京：北京大学出版社，2009：127-128.

谈不上是一种反射；熟悉的味道与声音；触摸和细看那些承载着象征与情感的事物能力。"① 对当地人来说其中还有一种大家可以接受的强烈的地方文化感，文化的积累也就构成了人们日常生活中的知识与信仰。

三、"东北味儿"的塑造：狂欢背后的文化意蕴

在探讨地方性"东北味儿"的文化构建时，无论是采冰仪式还是2023年年末"尔滨出圈"现象，对这一独特地域文化的强调都表现得淋漓尽致。"东北味儿"的形成是一个复杂且多维的动态过程，它深植于东北地区的自然环境、历史传统，并受到社会互动、媒体传播、商业推广及个人认同的显著影响。首先，东北地区的自然环境、历史沿革和社会习俗构成了"东北味儿"的文化基础。这些文化特征在民俗活动中得到了体现和强化，如采冰仪式中通过服饰、语言、习俗等文化元素的展示，使参与者和观众能够直观地感受到东北的地域特色，从而加深了对"东北味儿"的感知和认识。当然其中也不乏关于东北刻板印象的表达，近几年在短视频上所呈现的"土味儿"，都为人所诟病。目前作为参与者的游客、本地居民更倾向于对城市空间多国元素的建筑、音乐之城、哈利·波特魔法火车站等的"洋气"塑造。

其次，社会互动和角色扮演在"东北味儿"的塑造中发挥了关键作用。民俗活动中的参与者通过扮演"冰汉子""冰把头"等角色，不仅"再现"了传统文化，也在现代社会中重塑了地域文化身份，促进了文化传统的传承，并在参与者与观众之间建立了文化共鸣。媒体的塑造与传播对"东北味儿"的形成具有决定性影响。电视、网络等媒体平台通过有选择性地展示和强调某些文化元素，对东北地区的文化形象进行了塑造和传播。特别是国家级媒体如央视的报道，不仅提升了活动

---

① 费瑟斯通．消解文化：全球化、后现代主义与认同［M］．杨渝东，译．北京：北京大学出版社，2009：127-128．

第五章 冰雪大世界与地域文化认同：构建地域性知识体系

的知名度，也增强了"东北味儿"的文化权威性和认同感。再次，商业与旅游业的发展在"东北味儿"的塑造中起到了锦上添花的作用。在市场经济的推动下，"东北味儿"作为一种文化产品被包装和销售，成为吸引游客的旅游吸引物。通过冰雪节、采冰仪式等活动，商业机构和地方政府共同推动了"东北味儿"作为一种文化品牌的构建和发展。最后，个人认同与自我表现在塑造"东北味儿"中扮演了不可忽视的角色。个人在参与民俗活动时，通过自我认同和自我表现来塑造和体验"东北味儿"。这种认同感可能源自对东北文化的自豪，对传统价值的追求，或是对现代生活方式的反思和超越。

  在冰雪节的众多活动中，"采冰仪式"以其鲜明的民俗风格和复兴民俗文化的旗号脱颖而出，成为一场备受瞩目的盛事。近年来的"采冰仪式"依然由商人甲继海担任总策划与主办，他以其独特的商业洞察力和对民俗文化的热爱，再次引领了这一活动。与往年相似，甲继海的参与保证了活动的趣味性和互动性，从2017年以来，采冰仪式甚至开始获得资本赞助，以及策划团队和官方媒体的大力推广，这为活动带来了甲继海梦寐以求的"官方宣传和赞誉"。在与甲继海的交流中，他表达了对民俗文化活动的热爱，特别是那些能够促进群体互动和娱乐的活动。他所主导和参与这些活动不仅要"神秘、好玩、有特点"，还要能够体现"文化转向"。甲继海以他标志性的东北方言，向观众详细介绍了服饰、贡品和仪式过程，力图塑造一场充满神秘色彩的祭祀仪式，展现"东北大汉"的雄壮形象，并营造出一种全民狂欢的氛围。作为一项尝试性的文化实践，"祭祀仪式"的表演融合了萨满文化、鄂伦春族、满族文化以及冰文化等多种文化元素，体现了原始、粗犷、质朴和民风淳厚的特点。在民间信仰的基础上，它不仅承载着人们对平安幸福的祈愿，也承载着推动地方旅游经济发展、娱乐当地社群等多重期待。无论是为期两个月的冰雪节，还是仅有一天展示的祭祀仪式，从宏观角度来看，它们都是由政府、投资者、商业机构、民间手工艺者以及不同

147

角色的个体等多方力量共同塑造的当代旅游项目。这些活动往往脱离了日常生活的语境，被塑造成充满活力、原始和本土特色的民俗文化，成为旅游场景下的公众民俗活动，体现了民俗主义的具体实践。①

"……我们仪式上有祭祀舞，我有黑龙江少数民族戴的那种帽子，鹿角什么的，大狐狸围脖，我还有豹皮衣服，完了（然后），还有虎皮裙儿和毛朝外的大长靴，再缠上草绳子，大毡子，非常暖和，像一个大熊瞎子似的，拿着我的大冰叉子，我的大冰镩子，喊着'嗨呀！嗨呀'的冰雪号子，大家一块使劲，这就是我们东北大汉冬天的玩儿法。"作为仪式制造者的甲继海对每一个采访他的记者和好奇的游客都操着故意为之的浓郁的"东北味儿"如此解释着，每一个人都笑着听完，开心地离开。具有浓重东北口音的表述方式在这样的语境中逐渐成为怡然自得、粗犷豪放、生命力充沛的东北汉子以及塑造出渔猎民族民风剽悍而淳厚的形象，以此来吸引观众和游客参与其中，尽管这可能只是参与者、观众与媒体过分浪漫化的想象。从这个角度来说，与其说"采冰仪式"是一个制造出来的民俗旅游，倒不如说是一场特殊语境下的"狂欢节"，这种"狂欢节"是巴赫金所描述的不同于传统意义上的神圣仪式，它们是欢乐的、充满节日气氛的庆典仪式②，仪式本身的祈福功能逐渐消失，取而代之的是为众人提供一个狂欢的时间和恣意的理由。在仪式现场有很多慕名而来的观众，"我们是外地的，听说这里有采冰节，特意坐高铁来的，……以前不知道冰雪大世界的冰是怎么来的，今天才知道，也是今天才知道还有这样的一个采冰仪式，非常好玩儿"。也有因本地活动群而来的本地人，"看到了这个消息就来了，觉得很好玩儿，这样的民俗活动很有意思，也很震撼，我想这可能是民俗文化的力量吧"。也有一些在冰上坐雪橇的突然发现"仪式"而来观看

---

① 周星．"农家乐"与民俗主义［J］．中原文化研究，2016，4（4）：85-93．
② 巴赫金．陀思妥耶夫斯基诗学问题：复调小说理论［M］．白春仁，顾亚铃，译．北京：生活·读书·新知三联书店，1988：55．

的学生,他们表示"真是好玩,一定要发朋友圈"。在这片被萨满文化和少数民族文化风格所浸染的冰面上,人们得以释放自我,进行吆喝、跳舞、打滚、狂欢等自由表达的行为。在这一特定的社会文化空间中,传统的社会阶层划分、财产差异、家族背景、职业地位、等级制度、年龄界限以及身份标签被暂时搁置,个体的生命得以在无拘无束的状态下自由驰骋。这种集体的表达和参与,是一种文化仪式的再现,也是一种深刻的社会心理现象。它提供了一个独特的社会互动平台,让人们在日常生活中难以体验到的友善与热情得以显现。在这个平台上,每个人既是表演者也是观众,他们通过这种角色的双重性,实现了自我表达与社会认同的统一。同时,这种集体的狂欢活动还具有重要的心理宣泄功能,成为"社会安全阀"它允许个体在社会规范的框架之外,找到一种释放情感和压力的途径。通过这种宣泄,人们得到了一个暂时逃离现实生活的机会,实现了精神上的休憩和恢复。

在这场群体狂欢的活动中,我们可以看到一个持续观察的"眼睛"——作为官方代表的地方政府和地方媒体,它们像一双时刻扫描现场的监督者,记录着参与者的"狂欢""丑态"以及可能的"负面表达",一种"爱之深,恨之切"的言语。这些记录有可能通过电视、网络视频等媒介传播给更广泛的观众。例如,一位参与采冰的汉子在接受央视记者采访时表达了他的自豪感:"我常去冰雪大世界,没想到今年也能参加采冰,我骄傲。"然而,这种正面的表述可能部分是由于央视记者手中带有"中央电视台"标志的麦克风所带来的权威感。在与更多的本地人,包括出租车司机和商贩的交流中,我们得到了不同的声音:"那么贵,我才不去,冰雪满大街都是,我干嘛要去那儿看呢,又冷。"这种与仪式表演中所展现的态度截然不同的反馈,揭示了冰雪节及其节庆仪式的复杂性和多面性。

匈牙利民俗学家们倾向于将这种现象定义为"非民俗中的民俗",即民俗现象在非民俗环境中的传播,作为"干涉"的结果,民俗、传统甚至"民俗主义"本身成为大众文化的一部分,并发挥着大众文化的功能。民俗、农民的传统以及"民俗主义"仅是娱乐工业的一个分支,已经渗透进大众文化的结构中。琳达·德格(Linda Degh,1918—2014)强调,每个时代都需要对早先的定义进行重新思考,对基本的原则进行回顾和检视。通过细致观察冰雪节及其核心活动——采冰仪式,我们可以洞察到所谓的"今天的民俗"实质上是"民俗主义"概念在实践层面的具体体现。这一现象揭示了民俗作为一种动态的、流动性的整体性概念,它不断地在历史长河中演变与适应。采冰仪式作为一种文化实践,在不同的文化语境中承担着多样化的功能。在甲继海所追忆的往昔,这一仪式主要承载着祈福、祝祷等传统功能,反映出人们对自然力量的敬畏和依赖。而在当代社会,采冰仪式则通过物品的精心摆放、民众的参与行为以及一系列充满象征意义的动作,来展示其文化价值和意义,实现了一种文化表演的功能。这种从传统到现代的转变,不仅揭示了民俗活动如何适应现代社会的需求,而且也体现了民俗主义在当代社会中的实践和表现。它展示了民俗如何在保持其核心价值的同时,通过创新和适应来回应社会变迁,以及如何在全球化和现代化的背景下,重新定义和塑造自身的文化身份。

第三节 "民俗主义"视角下的共同体建构

民俗主义(Folklorism)是一个在民俗学领域内使用的概念,它指的是将传统民俗从其原初的语境中移植出去的现象。这个术语在20世纪初的艺术学及艺术实践领域首次出现,并在20世纪60年代被德国民俗学家莫泽引入民俗学研究。① 民俗主义通常涉及对民俗元素的重新包装和展示,以适应新的社会文化需求或审美偏好。民俗主义可以表现为多种形式,例如,节日服装、节日表演、音乐和艺术等,这些元素被从其原初的语境中抽取出来,并被赋予了新的用途,为了不同的,通常是更多的观众而展现。这种现象不仅是对旧的民间文化的一种变更,也反映了现代社会对民俗文化的需求和利用。民俗主义的应用可以具有不同的功能,例如,作为民族、地区或国家文化的象征进行有意识地运用。② 然而,民俗主义作为一个学术概念,其功能所能生效的范围仍有限度,它在简括现代社会的构成部分之后,无法进一步剖析现代社会之所以需要民俗文化的原因。

在当代中国民俗学建设中,民俗主义的概念也引起了关注,被视为分析框架和研究本土现象、反思现有范式的有效工具的可能性。尽管民俗主义概念本身并非理论,但它为民俗学者提供了一个大概的指示,让他们看到民俗文化的去向,并为进一步的考察和研究提供了起点。周星将"民俗主义"定义为"对民俗文化的二手性地继承与演出",指的是民俗在原本的时空脉络之外的重置,由此获得新功能或在新目的下展开的新现象。③ 这一概念不仅涉及对民俗的商业性利用,也包括民俗在当代语境中的意义和功能。鲍辛格在参照阿多诺"文化工业"概念的基础上,探讨了民俗文化在技术世界和当代日常生活中的"商品化"问题,从而丰富了民俗主义的内涵。他提出,民俗主义的表现形式多样,包括精英文学与艺术中对民俗地再语境化、怀旧的公众民俗的改编销售、口头叙事的印刷介质化等。特别是,我们关注的是鲍辛格所列举的

---

① 李向振.元理论视野下的"民俗主义"概念辨析[N].中国社会科学报,2023-08-01(6).
② 杨利慧."民俗主义"概念的涵义、应用及其对当代中国民俗学建设的意义[J].民间文化论坛,2007(1):50-54.
③ 周星."农家乐"与民俗主义[J].中原文化研究,2016,4(4):85-93.

"怀旧，文化产业中的'民间味'的传统市场"①，这反映了民俗文化在现代文化产业中的特殊地位和作用。在实际应用中，民俗文化作为地方性知识、族群或民族国家的象征符号，在商业、工业、现代化的语境中被表演并发挥作用。民俗文化之所以重要，是因为它们代表了熟悉的形象、相互信任以及归属感和幸福感。

此外，现代大众媒体产品和商品销售等行业之所以需要历史故事或民间传说来提升情感诉求，是因为这种归属感、幸福感和情感诉求正是所谓的"今天的民俗"所提供的。王杰文引用了匈牙利民俗学家威尔姆斯·威尔格特的定义，阐释了"民俗主义"与"今天的民俗"之间的区别，"'民俗主义'——确切地是指民俗现象在非民俗当中的传播——通过操纵民俗与传统的概念，通过打断直接交流的过程，通过强调'渠道'的作用与重要性，传统被转向一种情境，这种情境改变了'传统'初始的意义与功能，而整个过程被置于一个休闲与娱乐的类型当中"②。广义上，"今天的民俗"既包括任何口头的、非正式的、即兴的公共活动，也涵盖了社群所"遗存"的可追溯的传统。这些民俗文化形式和呈现方式，为了适应新的社会情境而出现，成为连接过去与现在、传统与现代的重要桥梁。

尽管理论上我们已经对"民俗主义""今天的民俗"以及"发明的传统"等概念进行了清晰的界定，这些概念通常用来描述当代商业化和功利性的大众民俗活动，但在对哈尔滨"冰雪节"中的"采冰祭祀仪式"进行实地调查时，我们发现了一个复杂的现象。该仪式中不仅包含了多样的民俗元素和民俗表演活动，还有这些元素和活动表面上看似符合"今天的民俗"特征，或可被视为原始功能已经转变的传统。

---

① WOLFORD J B. In search of authenticity: the formation of folklore studies [J]. American Anthropologist, 2010, 101 (3): 696-697.
② 王杰文."传统"研究的研究传统 [J]. 民族文学研究, 2010 (4): 64-72.

第五章 冰雪大世界与地域文化认同：构建地域性知识体系

然而，深入分析后可以发现它们实际上构成了一个经过精心建构的具有多重目的性的仪式场景。这个仪式场景不仅是传统文化的简单展示，还包含了对传统文化的重新解读和创新性转化。它既满足了现代社会对于文化消费的需求，也适应了当地旅游业发展的商业目标。此外，通过这种仪式场景的建构，参与者和观众能够体验到一种文化上的归属感和认同感，这种体验在当代社会中具有重要的意义。在这一过程中，民俗元素和表演活动虽然保留了某些传统的外在形式，但其内涵和功能已经根据现代社会的价值观和审美标准进行了调整。这种调整使得民俗活动不仅是对过去的回顾，更是对当下文化需求的一种回应。

如上文所述，"采冰仪式"对参与者有独特的要求，并且需要提前彩排以确保仪式当天能够有序进行并顺利完成。这种预先的安排在很大程度上削弱了仪式的神圣感和即兴性。该活动也并非源自社区内可追溯的传统。更准确地说，它似乎是从历史中抽取的几处细微线索组合而成的混合体，在特定的语境下展示着当地的民俗文化生活，尽管表面上看似逼真。它表面上展示了丰富多样的地方民俗文化和传统松花江畔社区的日常生活，但实际上已经变成了一种"仪式的表演"，失去了民俗生活所固有的历史感和现实关联性。在东北地区，与"采冰仪式"类似的仪式颇为常见，这些仪式共享着相似的自然条件和时空背景——冰封的江面和湖面，以及丰富的民俗素材，如萨满文化、冰雪祭祀、少数民族的渔猎生产传统、辽金文化等。通过对时空的精准把握和对这些民俗素材的拼贴与再创造，旅游商或某些有影响力的民俗爱好者制造了一系列东北冰雪仪式。

例如，与哈尔滨江上的"采冰仪式"具有相似文化背景的是吉林松原的"查干湖冬捕"仪式。每年12月中旬至春节前夕，松原地区的渔民都会聚集在查干湖上凿洞捕鱼。据记载，查干湖冬捕的历史可以追溯到辽金时代。辽帝圣达宗喜爱食用冰鱼，每年腊月，他都会带领家人来到冰封的查干湖上扎营。他命令仆人将帐篷内的冰层刮薄至几近透明,以便观赏冰下游动的鱼群,并在娱乐之余击破薄冰捕鱼。这种凿冰捕鱼的方式被称为"春捺钵",在黑龙江的镜泊湖、内蒙古的呼伦湖以及达里诺尔地区也存在着类似的大规模"春捺钵"冬捕方式。① 近年来,为了"传承这一古老的捕鱼方式"和"千年渔猎传统",开展了冰雪渔猎文化旅游节,而旅游节的主要活动就是冬捕仪式。

2017年12月25日,查干湖上举行了祭祀仪式,尽管祭祀的对象不同,仪式的起伏也有所差异,但场面所使用的物品与采冰仪式大致相似。冬捕仪式主要运用蒙古族文化元素,称主角为"渔把头",供桌、捕鱼工具("抄捞子")和冰雪敖包依次排列。诵经后,"渔把头"开始朗诵祭湖词,随后捕获开江的第一鱼——"头鱼"。

采冰仪式则主要围绕满族和赫哲族文化元素展开,"冰把头"、切冰工具、朗诵祭江词,以及打上第一块"圣冰"等环节。通过对这两场仪式的简单对比,我们可以发现,无论是冬捕仪式还是采冰仪式,它们的制造方式都大同小异。甚至在对参与者的采访中,也有许多相似之处,例如,"今年总是有不同"等具有特殊性和异质性的话语经常出现在仪式中。冬捕鱼人可能会说:"这是红网,红网就意味着丰收,这一网下去三个多小时还没有捞完,产量特别好。而往常一个多小时就捞完了……"在开冰仪式中,也常常能听到"今年尤其……"的评价。这些仪式通过将各种民俗素材拼接在一起,用最简单的象征讲述一个地方的"古老"故事,并在复杂的语境中反复使用或重新排列组合某个民俗事象,以完成一场具有地方特色的仪式制造。

"采冰仪式"等冰雪文化相关的部分当代民俗仪式,在制造过程中呈现出"后现代"文化的特征。正如刘晓春在其论文中所指出的,民俗文化旅游的特点在于"真实的实在转化为各种影像,时间碎化为一

---

① 王绵厚,朴文英. 中国东北与东北亚古代交通史[M]. 沈阳:辽宁人民出版社,2016:300.

<<< 第五章 冰雪大世界与地域文化认同：构建地域性知识体系

系列永恒的当下片段"。通过一种典型化或缩微的方式，展示某一族群或社区具有深厚历史意蕴的民俗文化，将真实的生活物化为无生气的建筑，戏剧化地想象为千篇一律的仪式。这不仅将一个族群或社区的历史与文化凝聚于当下的时空，而且使得历史与文化变得平面化、瞬间化。① 尽管如此，从当代视角来看，"采冰仪式"的存在显得异常必要，并获得了社区的广泛认可和积极参与。它在当地政府、主办机构以及表演者、观众甚至游客的生活中扮演着明确的角色，并产生了显著的影响，尽管这种影响和反响可能相当复杂，有时甚至带有负面、不满的情绪和抱怨。

古提斯·史密什（Guntis Smidchens）提出，"民俗主义是对民俗传统的清醒认识和重复……这种重复可能会带来经济上或政治上的结果，或两者兼有，但它是在回应那些想拥有民俗主义的人们的需求"②。在现代社会，人们对于历史的了解、与过去的世代在历史连接性中维系某种怀旧情感的需求更为强烈。此外，还存在对狂热而混乱的现代世界的一种怀旧需求，想象着一个更为简单的"相反的世界"。"民俗主义"恰好填补了这些需求，表述了民俗的自我连续性，将其视为过去的和前现代社会的承载者，带着永不改变的、固定的传统来到现代。③ 因此，民俗旅游或旅游活动中利用民俗文化资源的行为，都可以从"民俗主义"这一角度来理解。哈尔滨的冰雪节也不例外，它是一个由多方力量共同建构的产物，同时具有其特殊性。一方面，它是冰雪大世界所需的采冰开幕式和仪式性的开端；另一方面，它作为一场具有娱乐性质的狂欢仪式而存在。更重要的是，其特殊性体现在它最初是由个人创造的民俗活动，随着规模和受众的增长，逐渐获得了媒体和官方的共同合作，经过不断发展、创造和更多角色的参与，形成了一个动态过程。

---

① 刘晓春. 民俗旅游的文化政治［J］. 民俗研究，2001（4）：5-12
② 史密什，宋颖. 民俗主义再检省［J］. 民间文化论坛，2017（3）：87-100.
③ 史密什，宋颖. 民俗主义再检省［J］. 民间文化论坛，2017（3）：87-100.

北方松花江流域丰富多彩的少数民族民俗文化储备，成为民俗创造者可利用的宝贵资源。根据这些民俗储备所创造的"仪式"，其功能与传统民俗一样，通过对个体行为的具体规定，通过旗帜和声音、神圣的文本和想象的空间，讲述一个关于族群的历史和命运，从内部凝视族群的灵魂，赋予日常生活中的边缘人群以声音和勇气，创造社区内部所认可的"文化共同体"。

在"采冰仪式"的现场，聚集了众多观众，其中大部分是本地居民，同时也不乏远道而来的外地游客。从冰雪节的整体视角来看，外地游客大多出于娱乐目的，以及在"异文化"中寻求与日常生活不同的体验。相比之下，本地人则展现出更为复杂多样的参与方式和感受。作为观察者，我们目睹了精心装饰的表演者刻意模拟着人们想象中的过去。然而，当采冰工人们集体欢呼、热切地进行祭祀，舞者们沉醉于萨满之舞时，我们开始质疑，作为观察者的感受是否与本地人有所不同。我们思考，带着学术视角所看待的"制造的仪式"与直接参与其中的体验是否截然不同。也许，我们认为的"伪"在直接参与的体验中并非如此，甚至开始怀疑，我们眼中的世界与他们眼中的世界是否存在根本的差异。为了摒弃先入为主的视角，理性地观察研究对象，笔者与同学们采取了参与者的角色，亲身投入庆典仪式之中，包括参与"采冰仪式"、"滚冰"活动，以及在建设"冰雪大世界"过程中提供周边服务。在仪式现场，我们穿上由动物皮毛制成的粗犷服装，戴上巨大的皮毛帽子，身边摆放着祭祀用品。尽管我们没有像现场的舞者那样身着萨满装饰跳舞，但我们仍然深切地感受到了某种原始激情的流动。萨满之舞的铃铛声似乎唤醒了所有的集体记忆。当众人开始一起滚冰时，这不仅仅是一种娱乐，更多的是对平安幸福的真切期盼，以及在参与过程中与拥有共同文化渊源的人们共享的情感体验。参与这个群体的，也就是具有"传统取向"的匿名大众，在扮演仪式中的角色时，人们感受到了仿佛来自集体记忆的力量。① "采冰仪式"制造了一种真实的、群众性的情感共鸣。在迅速现代化和传统隐匿的社会中,这些仪式创造了一种对过去的欢庆激情;它们以模拟的形式出现,寻求一种神秘的认同,这些都是一直存在于过往的东西……它们借用了具有某种合理性的传统与族群文化。

在体验中,当笔者放下观察者的身份,真正地与周围人一样参与到采冰仪式中时,感受到了与周围人同样的热情。与观众、游客一起"滚冰""拉爬犁",也会像其他被采访者一样,仿佛回到了那个寒冷、欢乐、无忧无虑的童年时代。当走进建设中的冰雪大世界,也会像那些手持锯铲的手工艺人一样,将他们手中未完成的艺术品视为珍宝。当年迈的手工艺人向笔者展示他的第一件冰雕工具时,笔者仿佛也随着他回到了40多年前哈尔滨的冬天。在作为家乡"局内人"的参与过程中,真与伪不再是需要考量的问题,物件的精心设置与展示唤起了当地人的集体记忆。无论国家政策、经济力量、娱乐时代以及个人的创造如何操作、协商、沟通,"集体记忆"或者说一个社区共同的"传统"才是民俗活动得以完成的主导因素,"只要民俗旅游的研究者不固执于自己头脑里可能事先秉持的'真/伪'二元论的思维理念,那么,在田野中观察到的事实和现象,也就既不存在纯粹、真正的民俗,也不存在伪劣、捏造的民俗。它们成为日益商品化的景观并被呈现给更多的观赏者"②。尽管这种集体记忆可能源自新闻、网络以及图片、视频等各种现代媒介对"原始"文化、"传统"民俗的描述。

在民俗旅游的场景下,冰雪节庆、相关仪式可能会出现"本真性"与"商品化"之间的张力关系,民俗旅游研究者的立场,应该是要超

---

① DORSON R M. Folklore in the modern world [M]. Berlin: De Gruyter Mouton, 1978: 23.
② 费瑟斯通. 消解文化:全球化、后现代主义与认同 [M]. 杨渝东, 译. 北京:北京大学出版社, 2009: 31.

越它们之间的悖论。一方面作为家乡"局内人"的视角，另一方面作为民俗研究"观察者"的双重视角能够更深刻、更切身地体会到一项民俗活动的多重意义。"家乡并不是一个民俗学的分析单位，而是意味着民俗学的基本立场，作为分析单位，家乡是一个边界模糊的表述……"① 身处故乡我们不会产生真正的故土意识，只有当我们身居远方，家乡对于我们才是一个富有幻想和意义的对象。然而"在后现代的语境中，家乡尤其具有特殊的意义。比如，在社会飞速发展的时代，我们究竟失去了什么？我们要在这种日新月异、让人头晕目眩的变化当中寻找什么？为什么人们获得了曾经极力追求的现代化的优越生活之后，又要去寻找'故园'的宁静、田野的情趣以及种种在发达的现代生活中无法获得的东西？'故园'究竟在哪里？"② 作为研究者穿梭、徘徊在两种文化语境之中，出乎其外、入乎其内，既是本土文化的同人，又是"异文化"的他者。

对于在仪式中所生成的共同情感的探讨不得不提到的是"想象的共同体"这一概念，本尼迪克特·安德森（Benedict R. O. Anderson）在其《想象的共同体》一书中提到这一关键词，安德森在探讨"文学如何可能同政治的想象发生关联？""文学作品如何重现人类对民族共同体的想象？"的问题时，指出"想象的共同体"这个名称指涉的不是"虚假意识"的产物，也不是政客操纵人民的幻影，它是虚构故事而非虚伪故事，是一种社会心理学上的"社会事实"（le fait social），是一种与历史文化变迁相关，根植于人类深层意识的心理的建构。正如《未来简史》中所说的"虚构故事本身并没有错，而且有时还有其必要性。如果没有货币、国家或公司等人人接受的故事，复杂的人类社会就不可能正常运转。要先让大家都相信了同样的虚构规则，我们才可能一

---

① 吕微. 家乡民俗学：民俗学的纯粹发生形式 [J]. 民间文化论坛，2005 (4)：2-3.
② 安德明. 家乡民俗学 [M]. 石家庄：河北教育出版社，2021：78.

<<< 第五章 冰雪大世界与地域文化认同：构建地域性知识体系

起踢一场足球，再让大家都相信一些类似的虚构故事，才能让市场或法庭真正发挥作用，然而这些故事只是工具，不该成为目标和标准"[1]。人类对"共同体"的追寻实际上是一种先天的基因，是"人类的境况"本然的一部分。因此，"想象的共同体"中集体认同的认知面向是"想象"和"创造"而非"捏造"和"虚假"。[2]"历朝历代盛行的户籍制度和群体、个体浓厚的寻根意识，分别从不同层面促使生活在现居地的人们除了通过日常行为来建构身份认同，也通过传说等言语及其行为建构地方社会"[3]，因此，在地化认同和对共同族源的集体记忆、共同历史使得人们在非同寻常的活动之中参与、制造并认同着"想象的共同体"。在安德森的概念语境中，"想象的共同体"是针对一个民族而言的，而作为研究对象的"采冰仪式"以及冰雪节中所有的仪式而言，"共同体"的想象是建立在一个所谓的"社区"想象的基础之上的。在神圣的共同体、民族血统、语言等少数民族边界逐渐模糊、衰退之时，人们理解文化、社会的方式也发生着根本的转变。正因于此，各类仪式所给予观众的视觉展示也不再以某个民族为中心，取而代之的是以整个"社区"为中心所展开的表演与交流行为。因此，当代仪式之所以能够达成，所要考虑的主要问题是"神圣共同体怎样在视觉上被表现出来"，采冰仪式的策划者在解释他的仪式制造来源这样描述"萨满文化、渔猎文化和松花江流域的少数民族文化……"，所指的"少数民族"实质上是一个模糊的、广泛的文化状态，没人能够说清仪式中的舞蹈、歌词属于哪一个民族，而是一个民族融合后仍然保存着某些民族元素的一个状态，彩色的裙子、动物皮毛的衣衫、铃铛响的乐器以及粗犷的吆喝，这些元素都在特定的语境中有着重要的功能，包含着远远大

---

[1] 阿塔利. 未来简史 [M]. 王一平, 译. 上海: 上海社会科学院出版社, 2010: 156.
[2] 安德森. 想象的共同体 [M]. 吴叡人, 译. 上海: 上海人民出版社, 2005: 17.
[3] 岳永逸. 日常表达中的华北乡土社会 [J]. 中国农业大学学报（社会科学版），2009, 26 (4): 25-36.

于故事本身的丰富象征意义——唤起人们的历史记忆和民族性,以完成地域"共同体"的建构。

通过对这些民俗资源年复一年周期性重复地表演和创新,人们能够建立任何有关现实境遇的象征性理解。在不自觉地建构了"共同体"的同时,采冰仪式、冰雪节的逐年延续实际上也为人们提供了一种"表达自我、协商文化认同、地域认同的资源和重要途径",在公众事件的参与中人们展示、交流着自己的信仰观念、对于传统的理解、对于集体的理解、对于社会的理解以及对于欢乐的理解。[①] 20 世纪晚期以来,随着我国文化政策的逐渐宽松,非物质文化遗产运动方兴未艾,具有地方性特色的仪式及文化表演,甚至一些民间信仰活动等以传统文化为基础的当代公众活动获得了越来越多的生存空间,一些具有经济资本的民俗爱好者对打造这种日常生活中的"仪式感"活动开始展开各种各样的尝试,"并最终在各相关方面均可接受的范围或层面,达成一个真正具有混合性的文化表演形态。在这个状态下,当地居民认领其为自己家族、村落或地方性的民俗或文化传统,游客也相信他们欣赏、消费到值得为之前来的乡土文化,或他们看到的场景还是较为符合他们意象中的乡村或传统"[②]。今天哈尔滨的冰雪节和采冰仪式已经发展成为当地人心目中不可或缺的、必然的节庆形式,12 月初到 2 月末,冰雪节庆成了该地迥然不同于其他地方的重要标志。在文化表演过程中,官方、商业、冰雕行业、游客以及每一个参与者,他们首先是作为个体的人,其次才可能代表着某一个群体而发声。笔者的研究对象也不仅仅是哈尔滨城市特殊的冰雪节庆、仪式表演以及表演背后的权力操纵和经济目的等,还有隐藏在民俗事象背后的每一个访问者当下的生存状态,他们的日常生活、信仰观念以及他们之于冰雪节庆活动的关系。本书将对

[①] 安德明. 认同与协商:街子乡春节期间的社火表演 [J]. 温州大学学报(社会科学版),2012,25(6):3-8.
[②] 周星. "农家乐"与民俗主义 [J]. 中原文化研究,2016,4(4):85-93.

民俗事象的调查、关注和分析与对个体生活全貌的观察相结合，不断面对各种现实问题并将其作为整体日常生活的一部分来看待，考察民俗作为一种生存资源与现实互动与协商的问题，力图对研究对象进行"全方位"的描述。

第六章

冰雪节庆中的社区参与多元话语

在20世纪60年代，哈尔滨市见证了其首次大规模的娱乐性冰灯展览活动，这一全民参与的盛况为该地区冰雪节庆的初步形成奠定了基础。然而，随着20世纪60年代末期至20世纪70年代中期主流意识形态的冲击，当地的文艺活动遭受了长达十年的禁令，艺术工作者面临频繁的批判与下放农村的命运，导致冰灯艺术与节庆活动经历了一段沉寂时期。进入20世纪70年代后期，随着国家文化政策的逐步放宽，那些曾经被迫背井离乡的艺术工作者开始陆续返回城市，重拾他们的艺术生涯。冰灯艺术与冰雪节庆活动因此得以复苏，并逐渐繁荣发展，获得了更广阔的展示平台和生存空间。特别是随着商业时代的兴起，冰雪文化被推向了一个更为广阔的发展舞台。在这样的历史背景下，政府开始实施宏观调控策略，以确保冰雪节庆活动的健康发展。商业公司作为主要的组织者，负责策划和执行冰雪节庆的具体设置。与此同时，各个利益相关方也积极参与其中，手工艺人则将个人的童年记忆与精湛的雕刻技艺相结合，在传统的基础上创新，创造出新的艺术形式和表演方式。这些艺术实践不仅与当地的历史文化紧密相连，而且与丰富的冰雪资源相结合，共同塑造了一个享誉中外的冰雪节庆品牌，并在此基础上孕育出了独特的民俗旅游文化。

在冰雪节庆的构建与发展过程中，地方旅游业的蓬勃兴起与大众传媒及新型传播手段的普及，共同构成了这一文化现象的多维动力系统。

国家政策的引导、官方的宏观调控、商业机构的经济驱动、集体记忆与信仰观念的深层影响、个体的积极参与与创造性贡献，均在这一过程中发挥着不可或缺的作用。民俗学者、游客以及其他社会个体的多元参与，进一步丰富了这一文化现象的内涵与外延。除了本地居民的深度参与，远方游客的慕名而来也为冰雪节庆注入了新的活力。对所有参与者而言，文化表演活动不仅是一场娱乐与狂欢的盛宴，更是一个促进交流、传承知识、深化对地方历史与文化理解的重要平台。这些传统知识构成了参与者对地方历史的基本认知框架，而人们在参与冰灯表演、文化展示的同时，也通过评论与反馈，为这一文化现象的持续发展提供了宝贵的视角与思考。这一现象标志着节庆时期的特殊性，它在时间维度上形成了与日常生活的鲜明对比。大众媒介的多样化参与进一步强化了这种独特性的渲染和宣传，它们在共同的文化语境中，通过多样化的表述方式，实现了对节庆独特性的预期塑造。作为宏观调控的主体，当地政府主要着眼于民俗旅游对地方经济的推动作用，同时致力于地方文化建设的深化。旅游部门及文化、建筑公司则追求经济效益的最大化，期望达到甚至超越预期目标。安全监察等其他政府部门的参与，则确保了活动运营过程中的安全。民俗参与者和学者则更加关注传统文化和民俗价值的传承与解读，以及在非物质文化遗产申请方面的潜在贡献。冰雕手工艺人则专注于展示其技术与作品，并在现代化的平台上进行手工艺技术的探讨与交流。随着"冰雪大世界"规模的不断扩大，工人、技工、艺术家等更多角色的参与，催生了相关的新周边服务行业。在这个动态过程中，各个角色通过不断地参与、交流、沟通，实现了相互影响、冲突、融合与协商。正是这种多元互动，使得一场冰雪节庆盛典得以圆满完成。在这一过程中，当地民俗学者的积极推动，使得冰雪节庆、冰灯表演等活动以"冰雪空间"的名义，参与到非物质文化遗产的申请活动中，这不仅为节庆活动赋予了更深层次的文化意义，也为地方文化的传承与发展开辟了新的路径。

从非物质文化遗产保护的角度审视，参与冰雪节活动的每一个角色，实际上构成了一个"社区"的组成部分。尽管"社区"这一概念在学术上难以精确界定，但在本语境中，我们可以将其定义为直接或间接参与非物质文化遗产项目实施与传承的个体或集体。在广义上，社区可以是个人、团体，甚至是多个团体，它们共同承担着对某一民俗现象的传承与发展责任。

冰雪节活动本身是由多种不同力量共同协作而形成的新传统。这些力量在传统的重塑过程中各自扮演着独特的角色，并发挥着不同的作用。借鉴非物质文化遗产保护领域中的关键概念"社区"，我们可以将冰雪节活动中的所有参与方视为一个社区。从社区的视角来审视这一大型民俗表演事件，会发现"文化表演"本质上是一个不同社会角色之间不断进行"妥协与协商"的动态过程。这种视角不仅揭示了文化表演作为一种社会实践的复杂性，而且强调了社区在非物质文化遗产保护中的核心地位。社区成员的互动、协商和妥协，是非物质文化遗产得以传承和发展的关键。通过这种社区驱动的保护模式，冰雪节活动不仅能够保持其传统的活力，而且能够在现代社会中焕发新的生命力。

第一节　"社区参与"的多维视角

"社区"这一概念在2003年由联合国教科文组织通过的《保护非物质文化遗产公约》中占据着核心地位。该公约在涉及缔约国申报人类非物质文化遗产代表作的过程中，特别强调了"社区"的知情权和参与权。这些权力是决定申报项目是否能够被成功纳入"非物质文化遗产代表作"名录的关键因素。在研究哈尔滨冰雪文化作为一个文化"共同体"及非物质文化遗产案例的过程中，本书倾向于使用"社区"这一术语，而非"民族""地域"或"地区"等其他表述。这一选择基于"社区"概念的双重价值：一方面，它明确了共享冰雪文化传统的地理范畴，并为之设定了一定的边界；另一方面，它突出了该地理范围内居民所共有的历史背景、文化记忆、价值观念和情感习惯。本书通过"社区"这一术语的使用，深化对哈尔滨冰雪文化作为一种非物质文化遗产的理解，同时强调社区成员在保护和传承这一遗产中的积极作用。这不仅涉及文化传统的简单记录，更关乎对那些共同塑造和维系这一传统的社区成员的认知和参与。

"社区"一词源于拉丁语，是指共同的东西、亲密的伙伴关系。其英文是community①，最早见于德国社会学家滕尼斯（Ferdinand Tones）于1887年出版的《社区与社会》（Community and Society）一书，也翻译为《共同体与社会》，此书阐释了社区的本质，即"通过积极的关系而形成族群，只要被理解为统一地对内和对外发挥作用的人或物，它就叫作是一种结合。关系本身即结合，或者被理解为现实的和有机的生命"②。书中指出"社区"是基于自然意志，如情感、习惯、记忆等，以及基于血缘、地缘和心态而形成的一种社会有机体，包括家庭、邻里、村落和城镇。滕尼斯在基于血缘关系而结成的社会联合的基础上强调的是由共同的习俗、记忆、价值观念、文化背景所组成的关系密切的社会团体，也就是从血缘共同体，发展为地缘共同体，最后进一步发展

---

① 对"community"一词的翻译有很多种理解，大多是围绕着"社区"和"共同体"两个概念所作的辨析。根据《新牛津英汉双解词典》中，"community"一是指社区，强调的是一群人共同生活在某个地方并且实行共同的所有制；二是共同体，主要指的是通过共同的利益或兴趣统一起来的民族或国家的实体。户晓辉在其论文《保护非物质文化遗产公约》的实践范式中做过比较深入的讨论，他认为"'社区'概念主要强调共同居住在某个地理区域的人，这里可能有不同的民族，也可能有不同的归属感和认同感"，在非遗实践中会出现误导甚至遮蔽，"共同体"更强调的是由共同的利益、共同的认同感、共同的归属感结成的人群，而不一定限于某个地理区域。因此更倾向于"共同体"的使用。本书不会将两种翻译作为讨论对象，由于会涉及"想象的共同体"等概念，因此"community"的翻译仍然适用比较流行的"社区"。

② 滕尼斯. 共同体与社会［M］. 林荣远，译. 北京：商务印书馆，1999：52.

为精神共同体。第一次明确给"社区"定义的是美国芝加哥学派的社会学家罗伯特·E. 帕克（Robert Ezra Park）、伯吉斯（Ernest Waston Burgess）等人。他们在1925年编著的《城市社会学——芝加哥学派城市研究》中认为社区是占据在一块或多或少明确限定地域上的人群汇集，一个社区不仅是人的汇集，也是组织制度的汇集。帕克既强调社区的地域性，又从功能主义观点出发强调社区内群体的共同目标和利益。20世纪50年代，美国学者韩特的《社区权力结构》一书出版，通过对亚特兰大市权力分配的研究将权力引入社区研究之中，了解社区中权力分配状况，并辨认出哪些人左右着社区的最终决策，这些问题的研究可能促进社区研究的重大变化。将"社区"的概念最初引入中国的是费孝通先生，他的翻译把原文中的"社群性"和"地域性"两个意义融合起来。这种翻译保留了英文的要义和德文Gemeinschaft的基本含义，即"社区"既是地域社会，又是具有共同归属感的共同体。[①] 费孝通在《略谈中国的社会学》一文中写道，"我们称这种注重实地调查和比较研究的社会学为社区研究"[②]。吴文藻先生则强调通过社区和社会的相对而称，提倡"从社区着眼，来观察社会，了解社会"的社会研究方法论。[③] 近年来我国的社会学家也开始对"社区"进行深入研究，或倾向于地理意义上的区域，或研究心理层面上的文化属性。尽管学者们对"社区"所下的定义各不相同，但是在构成其要素的基本认识上还是比较一致的，众多概念都包含以下几个要素：具有鲜明边界的地域、一定数量的人口、居民之间共同的仪式和利益以及社会交往，有规模的设施、某特定特征的文化、一定类型的组织和制度等。

在民俗学领域非物质文化遗产保护与传承的语境下，"社区参与"

---

① 德鲁克基金会. 未来的社区 [M]. 魏青江，译. 北京：中国人民大学出版社，2006：26.
② 费孝通. 略谈中国的社会学 [J]. 高等教育研究，1993（4）：2-8.
③ 费孝通. 六上瑶山 [M]. 北京：中央民族大学出版社，2006：116-121.

也是《保护非物质文化遗产公约》（以下简称《公约》）、非遗保护中最重要的一部分，《公约》第一章对"非物质文化遗产"有明确的界定，它是"指被各社区、群体，有时是个人，视为其文化遗产组成部分的各种社会实践、观念表述、表现形式、知识、技能以及相关的工具、实物、手工艺品和文化场所"[1]。在缔约国申请非遗互动的实际操作中，《公约》第十五条要求"努力确保创造、延续和传承这种遗产的社区、群体，有时是个人的最大限度的参与，并吸收他们积极地参与有关的管理"。就此看来，联合国教科文组织对社区参与的强调是申请世界非物质文化遗产最基本的原则和前提。在非物质文化遗产保护的语境下，社区所指涉及的是以某一地域为基础、以情感为依托，具有共同文化背景、风俗习惯以及共同利益的群体，"他们直接或间接地参与进非物质文化遗产保护和传承中，成为非遗保护的主体，在整个保护过程中不仅应当最大限度地参与，而且应当在其中发挥主要作用，成为所有保护措施和计划的中心以及列入名录之后的受益方"[2]。联合国教科文组织的《公约》对"社区"的强调实际上是对民俗事象表演过程的关注，民俗事象在发展过程中与民众息息相关，强调民众的地位、民众的参与以及民俗事象对民众的日常生活有何种影响、社区民众受益等问题。而就具体民俗事象的实践而言，每一个具体的国家和社区，在民俗事件的发展传承过程中都不可能完全按照联合国教科文组织的规范来实践，尤其是在当代官方的引导和商业的介入下，给予民俗事象、民俗事件一个更好的发展机遇和平台，因此将"社区"概念界定局限于某种基于过去的经验是值得商榷的。对于"社区"概念的阐释随着社会文化的发展变化也一直处于变化之中，国内外的学者也给予许多具有不同倾向性

---

[1] 联合国教科文组织. 保护非物质文化遗产公约 [EB/OL]. 中国人大网，2006-05-17.

[2] 杨利慧. 新文化等级化·传承与创新：中国非物质文化遗产保护的成就与挑战以及韩国在未来国际合作中的角色 [J]. 民间文化论坛，2016（2）：17-20.

的定义。

从以上对"社区"一词的简单梳理可以看出,"社区"的概念从最初出现到今天各个人文社科领域中上百个定义,再到非物质文化遗产语境下的"社区"参与,可以概括地认为它包含两方面的意义:首先是地域性,社区中的人必须在某个特定的地区或区域内,在共同生活的某个确定地理区域之中享用同样的公共服务设施;其次是文化共同性,社区中的人必须有共同的利益、文化、制度、认同感、凝聚力以及归属感。二者缺一不可,只是在不同的学科和语境中,它的侧重点不同而已。安德明在其论文《非物质文化遗产保护中的社区:涵义、多样性及其与政府力量的关系》中,结合不同的定义将非物质文化遗产保护中的"社区"定义为"所谓社区,是指由一定数量拥有共同经济利益和心理因素的人口组成具有内在互动关系与文化维系力的地域性的社会共同体"①,本书对"社区"概念的运用也是基于此定义之上。

根据上文对"社区"概念发展的简单梳理及《公约》对"社区"的强调可以得出这样的结论,非物质文化遗产保护和传承中的"社区"包括的是"原住民""各群体,有时是个人",他们构成非遗保护和传承的主体,最大限度地参与和发挥作用,并最终成为列入名录之后的受益方,在《人类非物质文化遗产代表作名录申报表填写备忘录》中也提到了政府间委员会及其附属机构和评审机构都"强调社区参与在保护措施制定过程中的重要性,以使相关社区——而非国家或者私人企业(states or private enterprises)——成为列入名录以及由此带来的日益增加的关注的受益方(the beneficiaries)"②,显然各级政府、私人商业营利机构等并不包含在内。然而,本书中所使用的"社区"涵盖的范围

---

① 安德明. 非物质文化遗产保护中的社区:涵义、多样性及其与政府力量的关系 [J]. 西北民族研究,2016 (4):74-81.
② 杨利慧. 以社区为中心:联合国教科文组织非遗保护政策中社区的地位及其界定 [J]. 西北民族研究,2016 (4):63-73,114.

却不仅仅如此，与目前非物质文化遗产保护传承过程中的"以社区为中心"准则相对应，本书的"社区"包括作为官方的各级政府和相关部门、商业营利机构、个人以及其他直接或间接参与到此事件之中的各个角色，当然本书所使用的"社区"概念是仅就"冰雪大世界"这一个现代大型的商业文化表演事件而言的。这是基于"冰雪大世界"的特殊性，简单地说，它是建立在当地社区的文化传统之上，由政府主导、文化公司负责、其他营利机构及众多的个人所参与最终协商一致的大型商业文化表演事件。然而在当下商业社会中，如此规模巨大的文化表演活动可想而知是不可能由"社区"中的一个人或几个人来完成的，政府和私人盈利企业的参与与控制变得至关重要，甚至可以说他们是整个活动中的"主要矛盾"，因此国家级部门与私人盈利企业等参与团体也属于本书"社区"概念中的重要组成部分。"社区"的组成部分复杂、多元，官方的力量、商业的力量与民众的力量呈现非均质性的特点，他们的来源、阶层、诉求、表现以及最终的效果等都各有不同，因此在表演的实践和非遗推动过程中自然也形成了主导与被动之分。也正因为此，每一个参与其中的角色所代表的群体和诉求不同，相应的权力制约和利益冲突也使得"新的文化等级化"出现于各个社会角色中间，"一旦某个个人被认定为'代表性传承人'，他／她毋庸置疑地会吸引更多关注的目光，社会地位得到提升，也会收获额外的生活补贴。这加剧了日常生活中传承人之间的竞争与冲突"[①]。而在本书特定的"社区"之中，这种冲突更容易存在于不同的群体角色之间，他们中的政治、经济等冲突也将发生在整个节庆表演的过程之中，而《公约》中所描绘的"非遗项目的保护及其可持续发展应使社区成为受益方"这种愿景也很容易沦为"社区"中的某一等级成为受益方。

---

① 杨利慧. 新文化等级化·传承与创新：中国非物质文化遗产保护的成就与挑战以及韩国在未来国际合作中的角色[J]. 民间文化论坛，2016（2）：17-20.

从"社区参与"的视角审视哈尔滨冰雪节的构建，揭示了这一民俗现象的新讨论空间。民众作为民俗传承的主体，是节庆活动不可或缺的核心力量。然而，仅凭民众的参与和推动，无法实现如此规模宏大的全民性民俗活动。1983 年，哈尔滨市政府采取了创新性的整合策略，将冰灯游园会、雪博会、冰雕比赛、冰雪贸易等冰雪文化活动融合为一个统一的"冰雪节"，为期两个月，成功地将这些文化事件纳入地方性仪式的秩序之中。自 1999 年起，哈尔滨"冰雪大世界"的举办，表面上看是对冰雪文化传统的传承与艺术审美的展示，其深层结构实则体现了社区内部不同阶层、不同角色之间的冲突与妥协、沟通与协商，最终达成一致的交流事件。这一大型商业文化表演活动，无论是 20 世纪 60 年代的小众"冰灯游园会"，还是进入千禧年之后广为人知的"冰雪大世界"，均以当地社区共同的民俗文化传统为基础，经过精心打造和发展，形成了独特的文化表演事件。在此背景下，可以借助非物质文化遗产保护领域中的重要概念"社区"，来指称上述不同的参与角色，它们共同构成了冰雪节的社区。哈尔滨冰雪节从一个将濒临消亡的民俗传统转化为广为人知的文化节庆的成功案例，展现了社区内部多种角色以多种方式的参与。在分析这一过程时，事件的主要矛盾和次要矛盾逐渐显现，为深入理解社区参与和文化传承的复杂性提供了机会。

第二节　官方在民俗文化表演中的引领作用

在国家对地方民俗文化、遗产保护等宣传的"宏大叙事"和盈利企业"市场经营"的大背景下，国家及地方政府、各商业公司、民间"技艺传承人"、专家学者、媒体、参观者以及各种表演语境和表演物品等，共同上演了一出"社会戏剧"。美国社会学家欧文·戈夫曼（Erving Goffman）提出的"拟剧范式"认为"世界就是舞台"，社会互动时刻都在发生,并充满仪式行为(ritual act),他强调所有日常生活和互动都类似于舞台上的表演行为,并将舞台、道具演员、观众、剧本等剧本术语应用于日常生活的行动解释当中。在他看来,人们的行动是就是一种表演。[1] 人们互相展示自我,完成目的不同的自我表述。对于冰雪节庆这样的大型表演活动,地方政府作为权力的拥有者能够顺利地进入到当地社会生活的方方面面,也是通过对政治权力的运作来操纵表演活动的结构及对细节的规划,由此来树立自己的权威。而表演活动也因地方政府的权力导向而发生变迁,体现了政府作为官方在民众生活、文化表演时间中的主导地位。冰雪节庆表演活动的成功与官方的立场、态度等密不可分,甚至可以说,官方的立场和方针政策是决定文化表演活动成功与否的决定性力量。美国学者 E. 胡珀-格林希尔(Eilean Hooper-Greenhill)在论文《教育、后现代性与博物馆》中阐释了话语、权力在西方博物馆知识体系之中的运作关系,考察了在各个时期中博物馆如何处理知识问题,以及话语和权力是如何操作的。[2] 从博物馆、主题公园再到"迪士尼化"的现代都市,艾伦·布里曼(Alan Bryman)将其归纳出三种特征:一是强烈的社会秩序与控制;二是生产和消费断裂,视觉上去除了生产痕迹,用幻想掩盖了消费;三是居民的消费能力具有重要意义。[3] 因此,在冰雪节庆表演活动中,政府对其组织的控制和秩序规划非凡重要,冰雪文化不仅通过对"传统"的再发明、再创造赢得了经济利益,同时也是一种文化信息的传递。以冰雪节庆为主题的民俗旅游不仅"以其物质形式而被物理地消费,同时它

---

[1] 潘峰. 两岸同根同源的文化展演研究:以台湾民俗村和闽台缘博物馆为例[M]. 北京:九州出版社,2011:34-35.
[2] 艾琳·胡珀-格林希尔. 教育、后现代性与博物馆[J]. 杨杨,编译. 博物馆研究,2013(4):59-68.
[3] 潘峰. 两岸同根同源的文化展演研究:以台湾民俗村和闽台缘博物馆为例[M]. 北京:九州出版社,2011:34-35.

有作为一种特殊生活方式的符号和指称而被文化地消费"①，作为官方的当地政府与作为消费对象的冰雪节庆旅游是主导与被主导、控制与被控制的关系。

在深入剖析哈尔滨冰雪节及其核心活动"冰雪大世界"的演变历程时，我们不难发现，这一过程远非简单的文化呈现，而是官方力量在多元文化交织中精心策划、精准调控的缩影。人们或许习惯性地认为，世界即为其表面所展现之景象，但在全球化的浪潮下，文化的展示与导向，实则承载着更为深刻的官方意志与权力运作。以2017年哈尔滨冰雪节及"冰雪大世界"为例，其背后映射出的不仅是官方对于冰雪文化的政治表征和权力参与，更有对当地经济发展、文化传承乃至国际形象塑造的深思熟虑。从大众传媒的视角审视，无论是赞誉之声还是批评之语，围绕哈尔滨冰雪节庆的舆论热度持续升温，这背后折射出的是官方对文化活动的精心策划与媒体策略的巧妙运用。李向平，这位资深冰雪雕刻手工艺人同时也是前哈尔滨市政协委员，为我们揭示了冰雪节起源的另一面——它最初源于市长个人的喜好与推动。然而，随着经济效益的逐步显现，政府开始将其纳入经济发展的战略规划之中，使其成为哈尔滨经济增长的重要支柱之一。从最初小规模、低知名度的冰灯游园会，到如今历时三个月，吸引无数游客与市民共襄盛举的公众文化盛宴，哈尔滨冰雪节的发展历程，无疑是政府力量与市场机制共同作用的典范。而在这盛大的文化表演中，官方不仅通过冰灯文化活动、冰雪艺术赛事、冰雪竞技运动、大众冰雪娱乐以及冰雪经贸和涉外交流等多元化活动，展现了哈尔滨独特的冰雪魅力，更在无形中强化了其作为地方政府的权威地位。这些活动的成功举办，既是政府力量的体现，也是社会力量和时代潮流的汇聚。

---

① 费瑟斯通.消解文化：全球化、后现代主义与认同［M］.杨渝东，译.北京：北京大学出版社，2009：11.

>>> 第六章 冰雪节庆中的社区参与多元话语

值得一提的是,在推动冰雪节庆发展的众多因素中,政府作为国家权力的地方代表,其作用尤为显著。通过精心策划和组织,政府不仅确保了冰雪节庆活动的顺利进行,更在其中注入了深刻的文化内涵和社会价值。这不仅体现了政府对地方文化传承与发展的重视,也彰显了其在国际文化交流与合作中的积极姿态。

在国际冰雕比赛的举办过程中,这一活动不仅体现了组织者精心策划和组织的细致入微,更凸显了其强烈的展示性和广泛的参与性。这一特性不仅彰显了组织者对节庆空间有意识的干预与控制,更成为节庆叙事得以完整、有力表达的重要载体。通过国际冰雕比赛这一平台,组织者对节庆空间进行了有意识的塑造与引导,进一步强化了节庆的文化内涵和社会影响。国际冰雕比赛作为节庆叙事的有效载体,其背后的理念和实践正如李靖在分析云南泼水节一文中指出的,对这些节庆活动的组织、形式和话语的深入考察,有助于我们理解不同仪式生产者在同一节庆空间内的话语实践、权力互动,以及由此产生的节日叙述的复杂性。[1] 在国际冰雕比赛的具体实践中,我们同样可以观察到这种话语实践与权力互动的过程。前负责人李向平先生透露,国际比赛和国际交流的开展,最初便承载了深远的动机和目的。这不仅是为了展示冰雪艺术的魅力,更是为了促进国际文化交流与合作,推动地方文化的传承与发展。通过这一平台,不同文化背景的人们得以相聚一堂,共同欣赏和创作冰雕艺术,进一步加深了彼此之间的了解和友谊。

李向平:(从前)每年呢,国际冰雕比赛的事,都由我管。比如哪天开大会,如果定好了是1月5号,各国这一天就都来了。我就通知,宣布比赛的日程,有啥问题我也解答。6号那天干,干三

---

[1] 李靖. 印象"泼水节":交织于国家、地方、民间仪式中的少数民族节庆旅游[J]. 民俗研究, 2014(1): 45-57.

天。这事我管那我太熟了。(前几天)有一天我就想起来了,我就去看看吧,好几年没看了,我就去了,我看见朱晓东,我问他怎么这么清闲?他说比赛被安排到了江北(哈尔滨地区松花江以北的松北区,被当地人称为"江北",也是"冰雪大世界"的所在区)。以前国际冰雕比赛是归市政府管,那是一个城市名片。现在比赛设置在冰雪大世界,不妥。一个是他们一般都住在马迭尔,现在住哪儿我不知道了,江北也没有接待的地方,弄完了一般群众还看不着,门票那么贵。他还说后悔死了。你看之前外事办和我们联合弄,有内容的。政府负责制订计划,外事办负责外交,我们就负责具体的比赛事项,每个队伍外事办都翻译,一般英语翻译有,俄语翻译少,不过一般的人英语都行,有时候沟通困难了,外事办都跟着,我跟他们接触多。每个作品的牌子啊,什么的,那我们和翻译都互相商量嘛。

……

国际赛事开始是和日本、俄罗斯一起举办的,第一次接触的时候苏联还没解体呢,他那种体制和中国差不多,来这边说要搞冰雕,当时我们也很重视,就开始做预算,预算书是我做的,之后跟苏联去谈,谈冰灯的同时,说要谈农业,也就是种菜的事儿。当时市长、文化局局长都去了,市长就说(我们的方案)不行,格调太低了……意思就是你们这个属于国际之间的经济活动,要尽量往上抬,重新做预算,请哈尔滨工业大学的一个老师翻译俄语,……后来就成了。他们种菜的事儿谈完了之后就说冰雕交流和比赛的事儿。但是苏联那时候太穷了,后来让雕刻厂的厂长、美术公司他们去说咱们可以搞一个易货贸易,这个事儿成了以后呢,你不用给我钱,给我东西就行。当时他可高兴了,连续搞了好几年,把中国便宜东西整到苏联去卖,也挣了不少钱。

<<< 第六章　冰雪节庆中的社区参与多元话语

也是这个时候，冰雕交流开始了……①

国际冰雕比赛与冰灯艺术的交流，最初是作为国家间政治与经济交流的一部分，承载着特定的外交与贸易使命。这种艺术交流，作为农业出口的附属品，标志着中国冰雕艺术首次跨越国界，走向世界舞台。随着国际冰雕大赛的逐渐成熟，其主办权由冰灯游园会移至"冰雪大世界"园区，这一变迁体现了政府对节庆空间有意识地干预与规划。尽管李向平老先生对此持有保留意见，认为此举缺乏文化情怀，但从实际效果来看，政治、经济、商业与新媒体的多元融合，确实为国际冰雕比赛赋予了前所未有的影响力与关注度。政治、经济以及商业、新媒体等多种元素的融合和推动，为赛事增添了新的活力。特别是 Discovery、BBC 等国际媒体以及国内官方发布的比赛轶事和参与者的趣事，提升了游客对国际赛事的兴趣。

哈尔滨市委前副书记、市长在冰雪节开幕时的讲话和政府工作报告中明确指出，哈尔滨国际冰雪节中的国际冰雕大赛、组合冰雕赛以及其他国际赛事，与 2018 "东亚文化之都"中国哈尔滨活动年、"第三届中国国际冰雪旅游峰会"同期举办，构成了一场规模宏大、国际性强、内容丰富的冰雪文化旅游盛事，成为东亚乃至国际关注的焦点。哈尔滨致力于将国际冰雪节打造成一张光彩夺目的冰雪名片，以此向世界展示其独特的文化魅力。

除了政府的引领作用，冰雪节期间，冰雪大世界的总负责人提到，与他们联系最多的是政府的安监部门。"我们必须协调好政府方面的关系，包括消防、公安等，因为安全是第一位的。"在建设期间，施工安全问题由安监部门负责。在开放期间，食品安全和治安则由相关部门负

---

① 访谈人：李向平。访谈时间：2017 年 7 月 3 日。访谈地点：哈尔滨埃德蒙顿路李向平老师家。

责监督和干预。2016年，作为春晚分会场之一的特殊园区内，政府的操控力度前所未有地加强。"在有重大事件的情况下，始终是由政府来调控……虽然政府不提供资金，成本由我们企业自己承担，但政府会从行业角度进行监管和把关。"

当前的国际冰雕比赛是在国际关系的背景下，结合边疆地区的地方经济和对外经贸等多重活动共同发展起来的。在官方的名义下，文化交流表演与民俗旅游不仅承载着鲜明的政治符号内涵，更凸显了权力与政治在其中扮演的关键角色。因此，冰雕比赛、冰雪节庆、民俗旅游等活动都体现了政治共同体的主要意义，成为展现政府权力和行政能力的重要舞台。

冰雪节庆活动内容丰富多样，它们被官方或地方政府有意地整合在一起，体现了表述权力的多重指向。一个大型、综合性民俗表演活动的成功举办，不仅展示了政府在计划、组织、协调方面的娴熟能力，还体现了对时空利用的深刻理解和对潜在问题的预判及应对策略。正如（新加坡）拉加在其著作中所述，"即娴熟的计划能力、组织能力、协调能力，以及对时空利用的明晰理解，还有对可能出现的纰漏和错误的预判，并对可能出现的问题准备好适当的后备手段，以确保整个表演必须按计划进行"[①]。这种官方权力的运用，能够调动各方角色和民众资源，确保活动的顺利进行。

除了政府的直接参与，其潜在的影响力也在活动中得到体现。这不仅是对当地政治、外交、经济以及文化的控制，更是对意识形态的塑造。通过节庆和仪式等形式，这些诉求得以实现，由权力参与、城市建设发展、官方建构等主要因素推动的冰雪节庆和"冰雪大世界"等活动，其冰雪传统的发展方向和趋势由官方决定。在当代冰雪文化的发展

---

① 拉加，梁永佳．营造传统：新加坡国庆庆典［J］．中国农业大学学报（社会科学版），2007, 24 (1)：147-154.

过程中，官方占据了主导地位。在考察民俗事象的当代境遇时，我们应当对官方的参与和影响进行正面评估，而不是简单地批判。然而，每个文化传统和具有地方特色的民俗事象都有其内在的发展逻辑。在多角色参与的当代大型商业民俗文化活动中，我们应警惕行政力量的过度干预，这种不顾文化传承者和传播主体情感，忽视当地民众现实生活需求的做法，可能会导致文化遭到破坏和民众感情的疏远。对于这种无约束的改造和伤害民众感情的行为，应当持批判态度，而不是无差别地对官方操纵和商业化行为进行抨击。

第三节　商业集团在冰雪节庆决策中的角色

在对冰雪大世界的主要责任方——哈尔滨冰雪大世界股份有限公司的前董事长夏千明先生进行访谈时（2016年），他详细地阐述了冰雪节庆和冰雪大世界的筹备流程，"参与整个哈尔滨冰雪节庆、冰雪大世界的公司多达30多家。每年4月，创意团队便着手策划文案，随后由规划设计单位进行规划。经过专家论证并获得一致认可后，便开始平面规划，继而是故事性的单体建筑设计。这一届的筹备工作便依照此方案展开。我们将方案制作成PPT或多媒体形式，向政府汇报。每年，市长都会亲自听取汇报，在领导批准后，我们便启动施工单位的招标、进场和建设工作，直至12月5日正式开始。参与建筑的公司每年有17至18家，而负责采冰的则有3至4家"[1]。然而，即便在30多家商业集团的合作中，依然存在着权力制衡和话语权的分配问题。例如，在2016年，冰雪大世界首次推出了吉祥物"艾斯"（Ice）和"斯诺"（Snow），这

---

[1] 访谈人：夏千明，52岁，哈尔滨冰雪大世界股份有限公司董事长。访谈时间：2016年12月25日。访谈地点：哈尔滨市松北区哈尔滨冰雪大世界股份有限公司。

两个看似简单的吉祥物背后，实则隐藏着数月来不同公司间的激烈讨论和矛盾，尽管两个吉祥物只存续一年。炎黄文创公司的总经理任先生，作为参与文化创意的公司之一，对于吉祥物的选择表达了强烈的不满："我提出的龙男、龙女二次元民俗形象，非常贴合我们的文化传统。哈尔滨地区在民间传说中拥有两条龙脉，'水龙'松花江和'土龙'东大直街。将这两条龙脉化作动画人物，既传承了民间传说，又具有创新意义。"然而，在对时任董事长的夏先生采访中谈到关于"龙男""龙女"的创意，他突然非常愤怒："他就是个骗子！你怎能轻信他的话？（尽管）我对"艾斯""斯诺"也有所保留，这两个名字并不能充分展现冰雪文化的核心。它们仅仅是英文翻译的名称，而且在公众号上推广的'爱丝的甜品屋'和'斯诺的工具箱'也显得过于肤浅。我所期望的是一个能够传承下去的吉祥物，成为一个传统，就像迪士尼、唐老鸭那样的文化象征。"最终，吉祥物的临时形象和命名由当时主要责任公司的董事长夏千明先生拍板决定。

在商业集团合作的大型活动中，无论是针对具体问题的讨论还是总体规划上的分歧，其核心目的始终是盈利。夏千明先生在访谈中坦言："老实说，我对冰灯这玩意儿真没啥特别的爱好。工作到深更半夜，人都快累垮了；夏天那会儿，啤酒节忙得不可开交，加班都成了家常便饭。说真的，参与这个项目其实不是我自愿的，但现在看来，这是我不得不扛起来的责任。记得以前有个领导被其他地方用高薪挖走了，我呢，还是选择留下来。虽然这么说，但当我看到自己的作品能吸引那么多游客，得到大家的一致好评，包括领导、专家还有游客们的称赞，我就觉得这算是成功了。毕竟，作为商人，追求利润是我的本职工作，这也没什么不对的。至于门票价格的问题，咱们得想想，我们一年就这两个月能搞活动，面对那么大的投入，收支平衡是关键，这样才能保证我们能持续做下去。要是亏本了，我早就不干了。我们这可不是简单地复制传统文化，而是把传统的东西和现代的政治、经济、社会状况还有民

178

<<< 第六章 冰雪节庆中的社区参与多元话语

俗旅游结合起来……不过，这几年，我听了不少本地人和司机师傅们说的'赔钱赚吆喝'，还有'一张冰雪名片'的说法。这些话听起来好像我们是在白忙活，但实际上，这些说法并不符合事实。我们一直在强调，要塑造出一种真正的文化现象，而不是那种奇怪的可怜形象。我们的目标是让人们看到，通过我们的努力，冰雪节不仅仅是一张名片，更是我们这座城市的骄傲，是我们共同的文化财富。"① 正如费瑟斯通在其《消解文化》中所指出，当传统文化变成当代社会流行的大众文化一个主要组成部分时，它们会经常被特定的群体以各种不同的方式加以利用和改造，"从它们的发明者所预想的方式到某些群体积极地对其象征与神圣性的意义加以讨论"②。不论是将自己看成民俗文化的传承人还是将民俗文化加以商业的介入，只要没有伤害民俗文化的匿名大众拥有者、没有为了利益而过度扭曲伤害民俗文化，都应当受到正确的认识和对待，这实际上也是从某种层面上对民俗文化的一种当代传承。以冰雪文化来看，清朝政府对冰雪文化的定位已经成为我们今天研究冰雪文化一个重要的历史现象，正如当下商业文化对其的适度开发也将是冰雪文化丰富性的一部分。"不但要保护非物质文化遗产的自身及其有形外观，更要注意它们所依赖、所因应的结构性环境。不仅要重视这份遗产静态的成就，还要关注各种事象的存在方式和存在过程。保护非物质文化遗产的整体性原则，不仅是就空间向度而言，也表现在时间向度上。"③ 也就是说任何传统，实际上它在被活着的人享有的程度上它都是活的，而我们要考察的则是人们如何依赖它而生存，在新的文化背景下如何对其改造以更好地作用于自身。

---

① 访谈人：夏千明，52岁，哈尔滨冰雪大世界股份有限公司董事长。访谈时间：2016年12月25日。访谈地点：哈尔滨市松北区哈尔滨冰雪大世界股份有限公司。
② 费瑟斯通. 消解文化：全球化、后现代主义与认同 [M]. 杨渝东，译. 北京：北京大学出版社，2009：131.
③ 刘魁立. 非物质文化遗产及其保护的整体性原则 [J]. 广西师范学院学报（哲学社会科学版），2004，25（4）：1-8.

夏先生在探索地方性知识与商业实践的结合过程中，明确表示其首要任务是吸引更多的关注和游客，同时在东北广阔的旅游市场中塑造独特的特色。他在采访中说："现在传统文化景区在很大程度上是以游客为中心的。游客们来到哈尔滨，大多是出于对雪景的向往，以及对这座城市中西合璧的独特风貌的好奇。比如说中央大街上琳琅满目的商店里，俄罗斯纪念品到处可见，像马迭尔这样的品牌，已经成为俄罗斯文化的一个标志性符号。但是对于东北地区的少数民族文化，情况就大不相同了。无论是满族文化、赫哲文化，还是历史悠久的金元文化，它们并没有吸引到大家的广泛关注。这些文化的魅力和价值，并没有得到足够的认可和探索。举个例子，金元文化博物馆的访客量就远远不如那些主打俄罗斯风情的景点，显得有些冷清。"[1] 同"冰雪大世界"一样，中央大街也是冰雪节庆期间为游客展示当地文化的一部分，通过老建筑来讲述城市历史。从前它强调的是马迭尔餐厅在历史上的政治意义，如围绕着《马迭尔旅馆的枪声》《悬崖》《哈尔滨一九四四》的电视剧而展开的政治意义的展示；而当下的展示则是从官方的、政治性、仪式性的形式描绘转向民间活动，比如，"在冬天，来中央大街吃一根马迭尔冰棍"已经成为一种旅游仪式在进行着，仿佛这样就是当地日常生活的一部分，以往那些"房前屋后"的琐事获得了新的大众魅力。不论是政治性展示还是日常琐事的展示，这些展示的内容和形式不过是"马迭尔""华梅"等作为一个商业品牌所制造出来的消费热点，当我们在中央大街吃着俄餐就像回到了100年前具有多元文化的"国际都市"，有蛋糕也有枪声。而在其他文化产业景区，如"赫哲小镇"和"萨满风情"等本地文化表演同样门可罗雀，这背后固然有运营不当的因素，但以俄罗斯文化为主题的表演，如再现托尔斯泰笔下舞会的俄国

---

[1] 访谈人：夏千明，52岁，哈尔滨冰雪大世界股份有限公司董事长。访谈时间：2016年12月25日。访谈地点：哈尔滨市松北区哈尔滨冰雪大世界股份有限公司。

男孩女孩，以及关于俄罗斯啤酒文化的话剧表演，却备受欢迎，满足了游客对新奇、异域、娱乐和知识的渴望。

民俗文化表演和仪式表演因经济因素而迅速发展，其速度和影响力远远超过了民俗文化本身在历史发展中的自然演变。在此过程中，政府和商业集团成为民间文化变迁的主导力量。为了在商业社会中生存，不被时代淘汰，民俗文化传统必须争取政治合法性和经济效益，权力资本和商业资本自然而然地渗透到民间文化的土壤中，影响了地方社会，并塑造了民众对"社区"内部文化和价值的认同。在商业集团的决策和引导下，民俗文化传统变得可以被消费，通过新潮的话语转变和表达，被编织进当地民俗文化的一部分。冰雪节和冰雪大世界对冰雪文化的展示，虽然在某种程度上违背了冰雪文化的传统自然法则和历史，但这并不意味着当代的大型民俗文化商业表演是对冰雪文化传统的摧毁。相反，这些活动通过对冰雕手工艺人的调度、作品的编排展示、新媒体宣传手段，以及申请非物质文化遗产项目等，致力于冰雪文化的发展和展示。展示给观众的不仅是戈夫曼所定义的"后台"，还变成了一个具有商业性质的、活的博物馆，一个"舞台化了的"后台，为冰雪文化的当代传承提供了新的视角和可能性。这种转变不仅是对传统文化的一种重新诠释，也是对其在现代社会中生存和发展的一种探索，体现了非物质文化遗产保护的整体性原则在实践中的应用。

第四节　个体参与者的自我表述与体验

在深入探讨大型、综合、商业化的民俗文化表演活动时，首要推动力量无疑来自政府和核心商业集团。然而，在这背后，最为庞大而独特的群体，便是作为独立个体的参与者。鉴于每位参与者皆拥有独一无二的家庭背景、教育经历及生活轨迹，他们对冰雪节庆与冰雪文化表演的体悟及其对日常生活的渗透,自然呈现出多样化的色彩。尽管如此,当这些个体参与者被细分为直接参与者(如冰雕艺术家、建筑工匠),以及间接参与者(如当地市民与游客)时,可以观察到他们在某些文化层面、知识架构及价值观念上的共通性。这种角色内部的单元化划分,有助于更精准地把握冰雪文化在当代社会展示中的个人影响,以及不同参与者对这些文化活动的独特见解。

一、冰雕手工艺人

第二章已经从冰灯文化作为一项非物质文化遗产的当代传承方面来阐释手工艺人对其的当代传承,这一部分将主要关注的是冰雕艺人在参与冰雪节庆展示过程中他们的个人诉求以及对其日常生活的影响。从时间的向度来看,这些冰雕手工艺人群体实际上才是冰雪文化传统的唯一传承人,无论是经过官方的主导还是商业的介入操纵,手工艺人作为传统的传承者在"传统"的发展变迁中永远都是不可缺席的,而"第一代"冰雕艺人在整个冰景行业中又具有着重要的地位和历史意义。"第一代"这个称号也是笔者在采访中得知的,在与四位年逾60岁老人的交谈中,他们都会自然而然地将自己这一代人定位于"第一代"。采访中发现他们的人生经历和对冰雪文化发展的了解和态度有着高度的一致性,他们都出生于20世纪三四十年代的哈尔滨市区,从小喜欢做手工和绘画,在十几岁的时候因为种种原因进入当时为数不多的大学学习雕塑专业(本科),后来进入哈尔滨的工艺美术研究所或当时的雕刻厂工作。20世纪60年代,随着政府对冰雪文化的复兴政策,他们开始在实践中摸索冰雕的技法等问题,"文革"对文艺工作行业的摧毁并没有对他们个人产生较大的影响(其他受到政治因素影响的冰雕艺人现在已经不从事这个行业了)。20世纪70年代初,他们又重新开始研究冰灯艺术,同时参与冰灯游园会的建设,他们"发明了冰雕的专用工具""第一次试图制作出彩色冰景""第一次与国外进行冰灯行业的学术交流"等。在退休之后,有的人开了自己的冰景文化公司,有的人在家继续研究雕塑。他们在探索冰雕雕塑技法和整体造型的过程中对作为民间艺术的"粗糙的冰雕"的借鉴问题上,他们表现出了非常高的一致性,"20世纪的城市家庭生活中其实并没有冰雕",那么在文献中所描述出的"过年的时候家家户户都在院子里浇出的冰灯"以及起源于"维德罗"的冰灯到底是在哪里呢?我们在采冰仪式的发明者甲继海的小型民俗博物馆的看门人李师傅那里找到了答案。李师傅说从前"过年的冰灯"是在哈尔滨附近的农村才有,"几乎每一个这个年纪(68岁)"的人都知道,"那时的冰灯很简单,就是一个空心的冰坨子,放进蜡烛就行了,当时看来还挺好看的,小孩儿也喜欢"。

基于李师傅的答案再去与"第一代"手工艺人进行交流,李向平先生思考了一会儿说,"冰雕追溯起来,应该是在沙俄时候,在松花江上的天主教洗礼,到新中国成立以后还有呢,教堂这么多,沙俄好多人在江北,各种教堂,他们经常来往,经过松花江,最早的哈尔滨冰雕应该就是那个冰上十字架……如果像你说的对民间的借鉴,那借鉴的只是一个模糊的冰灯形象",或者说其实借鉴的是一种民间传统的理念或概念,而这个理念并不能称为"艺术",当粗糙的形象通过艺术工作者的精雕细琢、匠心独运之后所雕刻出的才是真正的"冰雕艺术",因此"谈不上从某个民间个人那里得到的借鉴和传承,更没有民间传统技术和我们雕刻专业技法的结合了。甚至很多工具都是我们自己做出来的……"他向笔者展示仓库中已经不再使用的冰雕工具。而同样的三角刀在对"从事冰雕行业50年"的孙万杰先生的访谈中也提到了,他给笔者展示的是自己的一把三角刀图片,他说,"我是哈尔滨第一个使用三角刀的人,但不是我自己做的,是一个德国人送给我的,现在这个买的话很贵……其实德国和日本的冰雕工具要比我们精细很多"。

在对"第一代冰雕艺人"的采访中其实会发现一些有趣的现象,比如,"我拥有哈尔滨第一把三角刀"等相类似的很多矛盾的"第一个","彩色冰雕的发明"则是另一个例子。李向平先生说:"那时候……我在轻工业局,政府要求每个公司要出一个冰雕,那我们当然都要宣传自己的公司咯,然后我就做了一块像广告一样的冰雕格子板,一格一格地介绍我们公司,但是这样雕刻出来也看不出来东西,我就想到了变色。有一天半夜12点,我跟一个姓栾的同事,在冰点的时候往冰上浇颜色,第二天一看傻眼了,只有绿色、黄色行,红色简直不是个色了,失败了,勉强那一届过去了,那是1965年。第二年,王景富(王景富出了好多这方面的书,这个人特别有意思,他不是搞工艺美术的)知道有这个事儿,他们就开始实验,找了不少研究采冰的事儿,都是乌突突不透明的,后来过了好几年才成功。"① 而在对孙万杰先生采访时,他很确定地说,"说实话,彩雕第一人是我,报纸可以证明,就在兆麟公园里,做的九龙壁,是当时甲方要求的……"是否辨别二者的孰真孰伪并不重要,重要的是作为"第一代冰雕艺人"的他们是在共同的年代,凝结了多年的工作经历,是为了适应地方性的自然、人文环境做出的努力,运用自己的雕刻知识与面对新的雕刻对象的过程中,通过探索、转换而在融合传统之上发明新工具。

"第一代冰雕艺人"对伴随半生的冰灯、冰雕工艺本身有特殊的情感,李向平先生试图用语言描述这种情感,停顿了一会儿他说,"你听说过有一句话吧,点一盏灯有一口气"。然而对于当下本地的冰雪文化发展却有着颇多不满、不屑、失落,他们认为自己曾经从事的工作可称为"艺术",而当下的冰雕则只是赚钱的工具,高密度的批量快速生产、大众消费和娱乐进入冰雕艺术领域,是对冰雪文化的损害,他甚至在交谈中表现出对当下冰雪文化发展现状的极度气愤。在离开体制内之后,孙万杰先生如今已经有了自己的冰灯文化公司,他说"冰雪大世

---

① 访谈人:李向平,77岁,"第一代冰雕手工艺者"。访谈时间:2017年7月2日。访谈地点:哈尔滨市埃德蒙顿路李向平先生家中。

界发展太快了,现在各个市县都泛滥了,太多了,有条件的都搞,天气、雪量、资金到位就行……他们不管谁设计,不管谁干、什么水平,都可以,粗制滥造出来就行,他们不提倡搞精细的活儿,时间太紧张,展期也是问题……人家可不管呢,都是你的事儿,像冰雪大世界还保留部分尾款,你要是不去修,尾款可就不给你了。其实就是规模大了,艺术没了……真正有手艺的,不超过10个。慢慢就建立关系了,外地很多都是这样建立关系的。新的关系建立起来就有竞争了,你不给人家钱就别想给你活儿干"。这是冰雪行业的现状,在对冰雕艺人的需求越来越多的同时,手工艺人的技艺却在大幅度下降,从外在来说,这是商业时代文化生态变迁;从内部来说,则是其越来越具有的市场化属性所导致的可预见的后果。一方面,当代冰雕制作具有鲜明的传统性,它是一项手工艺,是为了提供民众审美、娱乐并与手工艺人的艺术性相结合的客观载体,是一种无功利的审美活动;另一方面,当代冰雕成为当下民俗旅游的主体,以盈利为目标,因而冰雕的制作必须紧紧围绕着市场,其间又有各个角色、部门的参与,客观上要求冰雕必须具有较强的适应性,按照标准化、规模化来进行生产,这与手工艺人的初衷有违,进一步凸显了传统与现代之间的纠葛和矛盾。为了解决手工艺的"匠人精神"与完成市场效益之间的矛盾,盈利集团实行的解决办法显然不能让手工艺人们满意,"哈尔滨每年的国际比赛在兆麟公园,政府支持冰雪大世界啊,把哈尔滨那些大型比赛都拿到冰雪大世界去了,无缘无故地来填补它那一块儿。因为冰雪大世界里面很多都粗制滥造,简单,要说精细的,有啊,你看有世界比赛在那里啊"。这种"不走心"的解决办法让很多手工艺人很无奈。要平衡冰雕的无功利雕刻与当代商业染指的复制雕刻之间的矛盾,不是完全地去市场化,更不是盲目地市场化,而是在复活冰雕手工艺原本的审美艺术属性基础上又限度地市场化,使手工艺人在传统与现代的空隙中留有一定的张力,在适与不适的矛盾中合理发挥。

二、松花江上"采冰王"的一天

65岁的刘财①被称为松花江上的"采冰王",他拥有松花江上最大的6个冰场,更重要的是他从事采冰行业30年,深谙松花江冰层每一区域的冰层厚度、透明度和适合怎样的冰景造型等。在每年12月初的采冰仪式结束后,随后的半个月就是刘财最忙碌的日子,他"承包了6个冰场,工人们一天干十三四个小时,(凌晨)4点到晚上五六点钟,提供20多万万块符合标准的冰块",在低温、寒冷江风的环境下,刘财在不指挥工人们操作冰块,在没有接受电视台采访和采冰工人一切顺利的间隙中他开始给笔者讲他的采冰故事。

图5 采冰现场

---

① 访谈人:刘财,1953年出生,是冰雪大世界和中央大街展示的冰雕和冰建筑所用冰块的主要提供者。访谈时间:2017年12月3日—8日。访谈地点:松花江上采冰场。

2017年的采冰是从12月2日开始的,"我们也要从××部门申请的,每年开采冰层都是要这样的,松花江又不是我个人的,这些准备手续做好就开始采冰了。我们雇佣的一般都是老人(有经验的人),都知道怎么弄,也有一些年轻人,这几年年轻人真不少……按照标线操作切割机,长度160厘米,宽度80厘米,先划出笔直的缝隙,切过冰面,但不能切透,否则浸润了江水马上就(使切开的冰块)连在一块,就不能用了"。每一个细节里都有他的经验之谈,划线、炸冰等这些前期工作非常辛苦,"去年做了心脏搭桥手术,但闲不住,虽然不伸手吧,但按捺不住,要跟着一起喊号子"。炸开的时候冰面会自动裂开一道缝隙,江水涌上来,大家就会很开心地喊"开了、开了",此时采冰人就浮在水面上,30多厘米(厚度)的冰排可以动起来,下面是3米多深的江水,但是采冰人并不害怕。炸完之后,一小块一小块切下来装车,三个人一个套,把冰拉出来装车上,蹬住冰上的槽子,"……用尽一切力量,猛点一股劲儿,一块冰半吨多,槽子是我想出来的,蹬住才能用劲儿啊",但还是太滑,一会儿鞋就湿透了,拉拽的时候很多冰也会碎掉,"最担心的还是切冰和运冰,缺角少肉都要扔了,坏了一块儿损失七八块钱……这钱从我这儿出,工人们不用管"。午休是一个小时,为了不耽误出冰的进度,工人们就在冰场吃午饭,冰块就是他们的小饭桌,盒饭和小菜"冻得刚儿刚儿的",每一个采冰工人都拿着一个矿泉水瓶子,里面装的是"小烧儿"六十度的白酒,"冰得炸牙,喝得人暖和","……一天挣三百多,干半个月,四五千块钱,一天能睡七八个小时吧,回家就休息了。家里有点地,农闲的时候就挣点钱呗……每天最快乐的时候就是发工资,哈哈,数钱最快乐啊……从来没有去过冰雪大世界啊,太贵了,每次坐车都路过,很漂亮……"采冰工人在"小烧儿"的浸润中很快就能暖和起来,一个小时后继续采冰。而刘财在午后的江边指挥部小木屋中开起了每天的工作例会,各负责人都是刘财的亲戚,儿子、儿媳妇等,刘财听着每个冰场负责人报告自己冰场的进度和所遇问题,"3号冰场冰太厚""我们缺车,需要10辆卡车""进度太慢,把大庆的车队也调过来"……人脉广的刘财打了几通电话就把问题一一解决了,他说"早晚高峰期没办法运冰,所以我们早晨、傍晚都停两个小时,很多冰块就积压在冰面上了,但是错峰运输又影响冰雪大世界的进度,只能联系朋友调车了,一个人调十台八台就够了"。

12月7日当地下起了小雪,刘财4号冰场的冰块又薄又脆,没有办法切割成符合要求的冰块,既不成形又不通透,刘财的儿媳妇似乎有些难过,"(冰场)白开了,槽子瞎了一万多(块钱)"。刘财安慰着大家也安慰自己,"损失就损失吧,信誉不能丢,这冰运过去也不能用啊"。但关闭冰场的另一个问题是"有的工人不想走,有的一个屯子好几伙工人,扯一伙其他伙就不干了,都想多挣点钱啊,今年冰雪大世界又加景了,用冰量太大了,现在就两个冰场在干,冰质不好的全废了。今年冷得太快,天一冷,冻得又快又酥,冰的质量不好……还有就是涨水,一涨水就有裂纹,纹多,坏的就多。今年不如去年"。无奈之下只好关闭4号冰场。他的儿子刘喜全说,"我爸闲不住,总是担心,冰车来回一动,拽一块冰,心忽悠一下,现在冰雪大世界的冰供上了还行,供不上的时候可上火了,成宿成宿的睡不着觉,去年还做了搭桥手术"。

12月7日下午,刘财一如既往在冰面上看着工人们采冰,突然接到来自冰雪大世界的电话,"他们需要600厘米厚的冰块,难啊,再过几天还行,现在我去找一找吧",一直对刘财追踪拍摄的电视台记者问"不能把两块冰粘在一起吗","一起够厚但不够透啊,我们去找找纹水区吧,可能有"。刘财神秘地拿出一张纸,细微的表情变化告诉我们这难不倒他,那是一张简易漫画版自制探冰图,不是采冰仪式上冰把头拿着的那种浮夸卷册探冰图,而是"我自己画出来的,哪一个区域适合什么样的冰雕,厚度、透明度、质量怎么样,我都标着呢",我们跟着刘财来到一个工人少的冰面上，刘财蹲下推开雪，冰面就露出来了，"看，裂纹少，透明度好。下面看起来特别黑，这就是最好的冰啦，没有气泡，就是这儿"。他打电话开始调遣工人。下午4点开始天黑，我们在回去的路上，刘财说"（冰雪）大世界不是一般的，是有世界有影响的，这要是供不上冰不是开玩笑呢嘛。今年我本来想休息了，休不了，这么大一片，交给孩子我不放心，我每天都来瞅一瞅有什么问题就及时告诉他们，有生之年能干动就上冰场"。

从默默无闻的采冰人到承包冰场的总工，刘财越来越被媒体所关注，他说"我们的工作被越来越多知道，很多人来看、来拍照，媒体过来采访啊，大家都好奇心强，现在每年冰雪大世界影响那么大，需要那么多冰，就越来越多的人都想知道怎么采冰，说实话我挺骄傲的，我也愿意让别人来看，"对冰雪大世界和冰雪节的直接参与——原材料的供给在当下也成为公众性文化表演的一部分并被纳入冰雪节庆的日程之中和公众所关注的事件之一，"外地人都会问那么多冰哪儿来的，发现原来是这样采的都觉得有意思"。刘财和他的工人们，不仅构建了一个展示行业"自我"的平台，而且他们的采冰工作也成为2023年风靡互联网的"钻石海"景点的一部分。这里的"钻石海"并非指真正的海洋，而是指那由无数晶莹剔透的冰块组成，宛如钻石般闪耀的冰块海洋。在2018年以前，采冰现场曾是开放给游客参观和交流的场所。这种开放性的模式不仅让游客有机会近距离了解传统采冰工艺，还促进了公众与冰雕文化之间的互动。然而，随着安全意识的提升和冰面条件的不可预测性增加，自2018年起，出于安全考虑，采冰现场不再允许游客自由出入。尽管如此，游客对"钻石海"这一浪漫景点的向往并未因此而减少，以其晶莹剔透的冰雕和独特的艺术魅力吸引着无数游客。如今的游客只能在冰雪大世界完全建成之后，才能走上冰封的江面，一睹这片"钻石海洋"的壮丽与璀璨。

刘财和他的工人们构建一个展示行业"自我"的平台，成为冰雪文化表演的重要参与者,他们用着古老传统的凿冰工具,也用着最先进的电子设备,在展示的过程中被物化为地域性的文化符号,与采冰仪式的制造者、冰雪大世界的负责人不同。

三、工人、当地人与游客

"很少看冰灯,又冷又贵,再说我家门口就有",每一个被问到对冰雪文化看法的当地人大概都会这样说,不论他是参与其中的工人还是每天都在冰雪大世界门前载客的出租车司机。从12月初到12月末,在园区内时间最长的是各个参与其中的工程公司的工人们,听闻笔者想对建筑现场做一些考察时,一个50多岁带着自制取暖帽子的工人说"你什么时候来我们都在",当然也包括晚上。"我们晚上在脚手架上摞冰,白天他们负责雕刻的就开始雕。我们就去堆雪壳儿,你看那是大佛的模型,是30多米高的雪立方……"① 他指着远处未经雕琢的雪佛模型对笔者说。55岁的工头儿鲍忠先生参与了第一届到第十八届"冰雪大世界"建设的每一个冬天,他说他带着60多人的团队"要把工匠精神用在雕冰刻雪上,工人们在园区建设之外的时间里,有农民也有工人,在这个多月他们也能赚一些钱,一天赚个两三百,是辛苦,但是能赚钱嘛"。从调查中得知,从前园区内工人和雕刻艺人的年龄都是四五十岁,当地人都认为这并不是一个好职业,大学中的冰雕专业也不是一个"好找工作的专业,除了冬天岂不是就没有工作了",然而近些年来随着当地的冰雪行业越来越发达,全国各地的室内冰灯冰雕展越来越多,从事冰雪行业的工人也开始出现年轻面孔。2017年,园区内最受欢迎的长达380米的冰滑梯负责人是24岁的男孩徐工,他经常带着一把油锯、一把冰铲和一个水桶,"每天早上六点到晚上六点工作,中午休息

---

① 访谈人:冰雪大世界冰雪建筑、冰雪雕塑从业者。访谈时间:2016年12月初、2017年12月初。访谈地点:哈尔滨市冰雪大世界施工现场。

一小时，冰块间的空隙就是我的落脚地"。但是看到每个游客都会来排几个小时的队伍来尝试冰滑梯，"心里很满足，滑梯玩起来又爽又刺激，但制作很难，在冰面上站不稳，总是滑下来、再上去，一天上上下下数不清。有时鞋子会湿透，就准备了两双鞋换着穿……开园了之后我也要经常过来维修……对，还有尾款没给啊"。同样比冰滑梯逊色一些的雪滑梯的负责人在冰雪大世界5号门的办公室里表示他并不想那么频繁地维修，"因为雪滑梯没有冰滑梯那么大那么长，也吸引不来那么多人，雪和冰也不一样，雪滑梯的损耗特别大，几乎一会儿就要维修一次，那些尾款根本不够维修的"。后来他就想出了一个办法，"让大家坐在雪圈里，雪圈下面垫着硬纸壳儿，这样滑对雪滑梯的损伤也少"。也有一些年轻工人是子承父业，30多岁的孙健是冰雕手工艺人孙万杰的儿子，"我爸之前让我干，我还不愿意呢，又冷又遭罪啊，后来大了就觉得工作压力也大，冰雪大世界这边发展还好，赚钱也不少，我就来了……有很多工具是我爸给我的，夏天我们就去南方，也去国外，在那边赚的比冰雪大世界多多了"。

每年的12月初到12月20日之间，园区内同时容纳1万多名工人作业，在不远处的松花江上有上百名工人采冰，运冰卡车在二者之间穿行，这个图景是冰雪大世界园区建设的一部分，但其本身从很大程度上来说已经成为一个相对独立的文化现象。参与其中的工人中只有一小部分以此为自己的职业和事业，大多数当地的参与工人在一年中的其他时间都有各自不同的职业，他们是农民、建筑工人、教师等。冰雪文化作为当地的传统实际上一直在他们的日常生活中无意识地参与着。哈尔滨学院的一名大学教师（63岁）在交谈中说："我们这些人从小就是和冰雪一起长大的，但是谁也没注意过这件事儿，到了现在冰雪旅游火起来之后，我们才知道冰雪文化是自己血液中的一部分……我们现在都不会主动去冰雪大世界了，除非来了朋友，但还是会关注，挺骄傲的……"随着当地冰雪文化行业的飞速发展，很快被同化到了新成型的生活方式中，冰雪文化参与到他们的日常生活之中，成了新生活方式中司空见惯的常识，工人们在参与建设园区的过程中整合赋予旧知识以新意义时，并没有意识到实际上他们也是冰雪文化传统在当代发展过程中的建构者和推动者。一方面，冰雪大世界为参与的工人提供了一份"忙活二十天，赚点过年钱"的临时岗位；另一方面，对工人来说，他们有意识、能动地参与其中似乎也是"对前工业社会的生活遗迹"[①]的追寻，这种追求是如此强烈，以至于可以部分地解释为什么在工资并不高的情况下人们还是愿意在寒冷的空气中接受这样一份与冰雪相关的工作。孙万杰说："不干吗？没想过，辛苦真是辛苦，起早贪黑，但是吧，我还是喜欢这一行的，如果不催我，让我精雕细琢地弄，我是真心喜欢这个行业。"从前的冰雪文化传统只有本地人才能理解，现在已经被政府机构和私人商业公司，包括旅行社、旅游局、旅游部门等有组织地包装为浪漫主义的流行文化出售给外地旅游者。[②]尽管在官方的宣传中，冰雪节、冰雪大世界是为了复兴当地的传统文化而实践的一项文化政策，但实际上它们更多的是为了向外地游客展示当地文化而建立的一个展示舞台，节庆、园区的规划和建设过程中，潜在游客的兴趣爱好成为园区规划的重要导向，因此游客成为大型表演活动中的重要参与角色，旅游因素逐渐成为当地冰雪文化变迁的一个不可忽视的指标。

如果说"通过一些能力之外的东西才有机会"投标上岗的包工头们是可以货比三家的自由人，那么作为哈尔滨美术家协会副主席的朱晓东则是"编制内"的人。朱晓东先生是哈尔滨美术家协会副主席，毕业于哈尔滨师范大学美术教育系，同时担任哈尔滨冰灯艺术博览中心副主任等重要职务。2016年12月2日，在一个寒风凛冽的冬日，采访在

---

① Dean Mac Cannell. 旅游者：休闲阶层新论[M]. 张晓萍，译. 桂林：广西师范大学出版社，2008：92-93.

② Dean Mac Cannell. 旅游者：休闲阶层新论[M]. 张晓萍，译. 桂林：广西师范大学出版社，2008：92-93.

兆麟公园外森林街39号的哈尔滨冰灯艺术博览中心三楼办公室进行。办公室内，画作堆叠如山，每一幅作品都散发着艺术的灵气。在这样一个充满创意与历史气息的空间里，朱老师慷慨地分享了他所珍藏的关于哈尔滨冰雪文化发展的丰富文献资料。一年后的12月12日，采访地点转移到了兆麟公园内，正值朱老师全神贯注于创作他的冰版画。

图6　在兆麟公园办公室的朱晓东老师

朱老师在工作之余负责尽管奄奄但尚有一息的"冰灯游园会"园区的建设，同时也创作"冰版画"。"冰版画是用冰做版画的模版，先用墨汁在冰版上画出草稿，然后用木刻刀、平刀、斜刀等许多木刻工具沿着草稿将图案雕刻出来，涂上防冻液，再涂上颜料。最后，将宣纸平铺在上，轻轻压实，而后快速将宣纸揭开，每一张冰版画随着冰块的融化印出来的效果都有所不同，所以每张冰版画几乎都是绝版。"朱晓东说冰版画的创意源于冰雕的制作，但其对原材料质量的需要却比冰雕高很多，他带我们来到江边，指着废弃的冰块儿说："冰块中间面条状的东西，是气泡上升过程，很壮观。江边的冰有钻石的颜色和光芒，但是不能用。江中心的冰像浅色的海水，是不断流动着的江水冻上的，晶莹剔透，这样的才可以……另外，高度白酒也是必需的，用来调颜料最好用……"

2016年冬天，朱晓东将他的冰版画展览置入冰雪节庆的时空之中，在盛大的冰雪节庆背景下冰版画开始让观众所了解，反之冰版画作为地域性的艺术品也丰富着冰雪节庆的当代艺术内涵。朱晓东说他希望"开一些讲座，让艺术专业的学生们了解冰版画，当然更希望他们学习冰版画"。然而在当时来看，他的冰版画理想并没有实现，反而更多的人要来学冰雕，"很多外国人来学简单的冰雕，今年（2017）也有，今年有个电视节目（或是网络节目）就是录这个的，来的是加纳的非洲小伙儿，我让他先练习冰尜（陀螺），你要知道抽冰尜和冰雕所需要的手劲儿是一样的，你会冰尜了冰雕也就会了；然后去松花江的冬泳池冰手，冰20秒之后拆俄罗斯套娃（10组），30秒之内拆完装完一套俄罗斯套娃，考验手指在冰寒空气中的灵活度，如果都能做到那你的基本功就差不多了，有耐力和抗冻力了……当时那个小伙儿是要雕一个象征爱情的冰制非洲图腾送给他女朋友求婚，最后算是勉强完成了"。由于宣传等各方面因素，更多的游客自愿参与其中，人们可能互不相识，但他们都愿意去了解冰雪文化传统的发展过程并参与其在当代的建构，形成邓迪斯（Alan Dundes）所言的"一种特定群体所共享的认同"[1]，也因为对这种特殊的冰雪文化的"共享认同"，特定群体变得与众不同，在这个意义上，民俗成为社会群体建构社会认同与自我认同的重要手段。[2] 不过到了2023年、2024年，学冰版画的学生稍微多了一些，经常会有高校艺术学院邀请朱老师介绍冰版画，探讨冰版画对于冰雪文化的传承等问题。

---

[1] 王杰文. 寻找"民俗的意义"：阿兰·邓迪斯与理查德·鲍曼的学术论争[J]. 西北民族研究, 2011（2）：205-211.

[2] 王杰文. 寻找"民俗的意义"：阿兰·邓迪斯与理查德·鲍曼的学术论争[J]. 西北民族研究, 2011（2）：205-211.

<<< 第六章 冰雪节庆中的社区参与多元话语

克里福德（James Clifford）在其著作《途径：二十世纪晚期的旅游和迁移》中，将20世纪晚期旅游和迁移的社会现象概括为"旅行文化"，他建构出一个越来越不均衡但日益联系密切的世界，将时间、空间、地方、帝国、社会、阶级、线路、商贸、朝圣、移民等地理历史问题统统置于历史变迁的社会结构中进行考察。换言之，旅行并非简单的人在空间中的移动，而是人在空间移动的过程中所触及的社会内部的构造，以及"展示在旅游活动和隐蔽在旅游活动之后的社会变革的图像、形貌和范式"①。21世纪的旅游也越来越成为一种具有特别民俗学意义的行为，是以了解、体验"异文化"为目标的活动。作为商品的民俗旅游是当地文化拥有者的"社区"与游客相互对话所产生的心理预期合力完成的，"对观光客而言，他们在寻求'地方性'知识的同时，还要展现自己的闲暇、身份与优越，并在旅游现场表演性'真实'引发的新奇和比较中获得自我满足与认同"②。但同时，游客的心理预期和客观参与也是建构"地方性知识"和民俗旅游的重要因素，游客是去与当地文化的展示事件进行互动的主体。通过哈尔滨冰雪大世界的冰雕展区设计规划人刘小萍介绍，他们在考虑设计整个园区的景致时，"很多时候要上微博、知乎、马蜂窝"等年轻人聚集的网站去了解年轻人关注的热点和他们喜欢的主题，这也是"设计团队大多数都要年轻人"的原因，"2017年我们邀请了王凯，还设计了冰雪王者荣耀峡谷……当然都是为了吸引年轻人来玩儿啊"。而这些举措伴随着原本就高昂的声势成功吸引了更多的外地游客，旅游经验攻略、园区外排队入园的人群和川流不息的班车可见一斑。

原本在农家小院中的节庆冰灯经过商业、技术的加持成为新奇的、灿烂的旅游景点，原本习以为常的民间技艺具有了新的意义和阐释空

---

① 彭兆荣. 旅游人类学 [M]. 北京：民族出版社，2004：43-44.
② 岳永逸. 都市中国的乡土音声 [M]. 北京：中国人民大学出版社，2015：11.

间，那些具有象征性、地方性符号的冰灯和冰雕被塑造成一个个冰雪童话、冰雪城堡、冰雪奇缘等。冰雪节庆、冰雪大世界对冰雪文化的建构之于当地人与集体怀旧感相关，唤起具有相似背景文化的当地人的甘苦交织、朦胧单纯的过去；之于外地游客则是建立一个他们想看到的、与往日不同的、神奇宏伟、刺激壮阔的异文化。不论是否由于广告的因素，"就是想来看看哈尔滨的冰灯"是外地游客来此的主要原因，媒体所虚构出来的历史、文化已经在游客心中建构起了这样一个充满浪漫主义的、晶莹剔透的地方。除了冰雪大世界之外，大街小巷的雪人和冰雪形态广告、各具形态和风格的雪雕成为"南方人"（在当地人看来，东北三省之外的人统称"南方人"）可望亦可即的"远方"。同其他的国家公园、乡村景观、农家乐、民族特色旅游一样，它视作治疗都市现代性的药方，富裕有闲的快乐和闲适、出去验证他们从大众媒体或书籍等处所获得的关于其他地方的想象是大多数外地游客的目的，而非如很多学者认为的"游客们会期待看到有趣而浓缩的文化展示，使他们可以马上瞥见当地生活世界的'实质'（essence）"[①]，或是寻求一种其他人不一样而真实的生活方式。

　　与游客不同，当下哈尔滨的本地人对冰雪文化及其商品的消费、对冰雪空间如何申请非物质文化遗产、对冰雪文化空间建构的主动参与相当少，不过这并不意味着不了解。换句话说，他们是对冰雪文化传统既陌生又熟悉的拥有者和传承者，正如上文所提到的63岁的本地大学教师所说，他们不去参与那些仪式，不了解冰雪大世界的建成是何种机制或它是否盈利，对冰雪行业的丰富和繁荣更是感到陌生，但他们是"伴随着冰雪文化成长起来的"，"从小堆雪人、玩儿爬犁、滑雪、滑冰长大……"他们了解冰与冰之间如何黏合，了解雪花在不同温度下的

---

① 迪克斯. 被展示的文化：当代"可参观性"的生产 [M]. 冯悦, 译. 北京：北京大学出版社, 2012：4-5.

不同形态，了解在冰天雪地中房屋如何更好地取暖，更明白如何利用雪来储存食物，等等，这些冰雪文化背景下的日常生活习惯和习俗作为当地的传统传延至今，冰雪文化的传统已融入他们日常生活的肌理之中。然而在伴随着当地政府"冷资源热起来"的旅游政策过程中，黑龙江省教育局强制性要求不论城市还是乡镇，每个中小学必须浇建自己的校园冰场，"发展冰雪体育，各中小学校每班每周利用体育课时开设冰雪课不少于2节，包括速度滑冰、短道速度滑冰、花样滑冰、冰壶、滑雪、冰球比赛等项目……"以此来证明当地的日常生活中充满着冰雪文化，丰富多彩的冰雪日常如同新闻中所描述的斑斓，完成旅游者关于异文化的时空相信。然而，这样的政策使许多乡镇中小学校长叫苦不迭，纷纷抱怨"我们连篮球场都没有水泥地，却还要浇冰场"。官方的过度干预使得人们不得不表象地参与到冰雪活动中，成为当代冰雪文化的建构者，作为文化工业的一部分，官方的强制参与反而消解了旅游部门极力宣扬的"悠久而真实"，失去冰雪文化作为日常生活部分的真实存在，被赋予了太多的文化政治意义并被纳入关于权力政治、商业市场的时空中。而在官方与民间的交涉过程中，这样的政策会因为各种因素而不能完全实践，强制地将旅游表演内容置于民众的日常生活中，并不能换来民俗文化的新生，民俗旅游产品与当地的日常生活是"属性不同而又彼此关联的存在"，作为民俗旅游的主导者更应该超越它们之间的悖论。[1]

四、新兴集市的产生

如上所述，一个综合性的大型商业民俗文化表演事件涉及的角色众多且关系复杂。在对哈尔滨冰雪大世界进行的为期两年的间断性调查中，发现了一个独特而引人入胜的现象——冰雪集市的兴起。集市，作

---

[1] 周星."农家乐"与民俗主义[J].中原文化研究，2016，4(4)：85-93.

为一种定期或在固定地点进行买卖交易的市场，常见于乡村或小城镇。根据"汉典"的解释，古代的集市也被称为"墟市""集墟"，在西南地区则有"赶场"之称。① 集市多位于交通便利的中心地带或旅游胜地边缘，主要是基于经济功能而形成和发展的。

在哈尔滨冰雪节庆和冰雪大世界的背景下，"冰雪集市"的出现与之前讨论的冰雪贸易有所区别。冰雪贸易是由政府主导的，涉及国际和省际的大型商贸流通。相较之下，"冰雪集市"为游客提供了便利的临时性集市，如在松花江冰面上出售具有东北大兴安岭寒冬特色的衣帽与饰品的摊位，这些摊位借助《智取威虎山》电影的衣饰风格，自然而然地进行了广告宣传；除此之外，2023年的"冰雪集市"拓展到了冰雪文创领域，包括雪花摩天轮、索菲亚教堂、东北虎林等元素。值得注意的是，2017年冬季新出现的"冰雪集市"现象，这是一种位于冰雪大世界园区之外的，专门为冰雕艺人和工人临时存在和自发形成的临时集市。这一新兴集市与冰雪行业工作者的日常生活紧密相关，与他们过去的工作表现形式有着直接联系。

这一现象反映了在冰灯节庆这样的特殊大型文化表演活动中，以及在冰雪大世界这样基于冰雪文化传统构建的园区内，形成了一种与当地居民日常生活紧密相连的、自发产生的新事物和新空间。通过对这些临时的、自发的、实用性而非观看性的集市现象的考察，可以帮助我们理解冰雪文化作为当地传统是如何作用于当代民众的，在同一节庆空间内的权力、商业以及新媒体的主动参与下，当地普通民众在这一空间中如何进行自我表达以及多角色叙述和互动下的复杂性。

2016年12月10日

……中午12点是园区工人的午休时间，我们在冰雪大世界园

---

① 该文引自"汉典"。

区的门前看到许多工人在电箱、面包车,或者干脆就坐在雪地上吃盒饭、喝凉水,面前摆放着他们自己的冰雕工具。他们三三两两聊天,或是一个人站着吃饭。这种天气一直在走路、小跑的我们都冷得直跳,怎么能在外面吃饭呢?(后来发现采冰工人也是这样吃饭的)我和小邢看见一个带着冰雕工具的中年男人站在一个电箱旁边,打算过去和他聊聊天。

图7 2016年冬季冰雪大世界施工现场

50多岁的王先生一边拧着矿泉水瓶一边告诉我,"里面有食堂,但是太小啦,我们一共一万多人呢,哪儿能放得下这么多人呢?就出来吃,对付着吃吧,吃完了干活好回家……我家在附近农村,每天早晨4点多有班车去接我们,5点多就到这儿干活了,你要是想看我告诉你啊,你就早晨5点多来,那时候亮着灯,漂亮!跟开园之后是一样的……晚上我们6点多回家,他们也有通宵干的……"天气实在太冷,我们不忍心让王先生一边吹着寒风、吃着冷饭,一边跟我们说话,只好走开。……几位50岁出头的先生聚在一块儿吃着饭聊着天,我们也凑过去,他们以为我是外地游客来得太早，怕我看不到成型的冰雪大世界园区，也如同王先生一样给我介绍怎么自己提前来看的各种方法。但我问到他们为什么会来这儿做冰雪工作时，他们说："挣钱呗，反正农民冬天也是待着没事儿……小时候是有冰灯啥的，但是要说怀念，哈哈，那可不是，怀念我就在家怀旧得了，就是挣钱，要不这么冷谁来呀"……当我进到建设中的园区内，看到了几家正在准备开业的星巴克、东方饺子王、肯德基，但是里面空无一人……

2017年12月15日

　　……到了这里是上午10点，联系了小萍（工作人员）和他们的杨志部长，小萍给了我们宣传手册和安全帽，嘱咐了半天"一定注意安全"，我们直接从停车场附近的5号门进入，除了工作人员就只有我和小邢两个人……里面的星巴克、肯德基和去年一模一样，晶莹的大玻璃房子里空无一人……12点左右我们出园区，园区外有一个环岛，一条路是工人们班车的路线，另一条路通往公路大桥，环岛附近的一大片地是运冰的卡车和施工队伍的车。

　　2016年的这里只有戴着安全帽的工人往来，而这次我们却意外地发现有许多人，他们不是记者或游客，也不是工作人员，而是第一次在这里自主形成的临时集市的商贩。道路的左侧搭起了一排临时的塑料布棚子，里面有热气不断地冒出来，棚子门口竖着牌子，招牌简洁、字体随意，"馄饨，有热乎位子""包子豆浆""热乎盒饭"，装着饭的大箱子上面盖着厚棉被，很多人坐在里面吃饭，喝白酒，也有糖葫芦，可想而知，糖葫芦生意并不好（观赏性大于实用性）。路的右侧分两段，一段是穿着厚重衣服的商贩们将麻布铺在地上，卖着"海拉尔——羊毛鞋垫""骆驼毡"、暖宝宝、各样帽子与手套等保暖衣物；另一段架起了桌子，卖着冰雕工具，耙子、交叉齿锯子等琳琅满目的"家务事儿"，许多工人围在这里询问材质和价格。我们也凑过去，他们的货都在背后面包车的后备箱里，桌面摆出了几样给大家瞧，老板是一对老夫妻，阿姨看我不是工人却表现得很好奇的样子，问我是不是从广东来的记者。我不知道她为何这么问，她说："我老伴儿从前也在这里干活，包工头，手下有好几十人呢，天南地北的，还去国外呢，现在干不动了，就来卖工具。他工作那会儿就经常有工具突然坏了不知道怎么办……那时候的工具都是自己做的，现在这个（耙子）是机器计算，机器制作的，不过这个，（老板娘给我展示着一排奇怪的锯子）你看这个齿儿，左边一个右边一个，这个没有厂家给你做，都是我们老头子自己加工的，只有干过这个的人才知道怎么做……"

2023年12月10日，随着疫情的阴霾逐渐散去，哈尔滨冰雪节庆迎来了疫情之后的首次园区开放。今年的冰雪大世界在规模和参与人数上都达到了新的高度，呈现出一派繁荣景象。建设中的园区中有星巴克、东方饺子王、肯德基等连锁餐饮店正在准备开业，但店内空无一人，显得格外冷清。正当我们观察着这些店铺时，我们遇到了几位正在午休的工人师傅。尽管是休息时间，但他们显然在争分夺秒，利用这个短暂的间歇进行快速的进餐和休息。在园区外围一角，我们遇到了冰雕工人李师傅。他裹着厚重的棉衣，手里拿着一个热气腾腾的保温杯，脸上洋溢着自豪的微笑。我们与他进行了简短的交谈。

"李师傅，今年的园区看起来比往年都要大，您觉得有什么变化吗？"我问道。

"那可不，今年是疫情后的第一次全面开放，大家都特别期待，所以园区也扩建了不少。"李师傅回答，眼中闪烁着光芒。

"您在这里工作多久了？"小邢接着问。

"我啊，快十年了吧。每年冬天我都会来这里，看着这些冰雕从无到有，就像看着自己的孩子长大一样。"李师傅笑着说。

我们又问到了他对疫情后园区重新开放的感受，李师傅深有感触地说:"疫情防控期间,我们都不能工作,心里挺着急的。现在能回来,感觉特别踏实。虽然现在要求多了,比如,戴口罩、保持距离,但我们都理解,这是为了大家的安全。"

……

"不过今年确实不一样,你们看,连星巴克都开到我们这儿来了。"另一位工人指着不远处的店铺说。

门前的冰雪集市,作为节庆活动的一部分,也随之复苏,呈现出一派热闹而有序的景象。尽管集市的规模并不庞大,但它的针对性强,满足了特定时间段内游客和工作人员的需求。①

以上是对"冰雪大世界"门前小广场的两次描述,在喧嚣、热闹的集市背后吊车林立、冰雪建筑半成品的园区,运冰的卡车川流不息、上万工人来来往往,正如新闻标题所说,建设中的园区俨然一幅"冰雪上河图"。冰雪集市是围绕着园区冰雪工人的需求所聚集出的为其服务的衍生物,如老板娘所说老板们都是曾经从事这个行业的人,他们不仅熟悉冰雪、熟悉冰雪工具,也熟悉冰雪工人的需求。与其说他们来这里做生意,不如说他们是用其他的参与形式来表达自己,与曾经所从事的冰雪行业形成某种特殊的关联,参与到当下的冰雪文化建构中并延续对冰雪及其行业的情感,呈现出一个由市民自主参与的一个自由空间。冰雪集市是伴随着园区半个月的施工而开展的,通过针对专门的消费群体所形成的买卖、饮食等空间,这种诉诸特定时空限制的文化景观本身以一种延展的形式体现了冰雪文化与他们日常生活之间的一种交融和共享,这种交融是自然而然发生的,并非强制和刻意的官方或商业的指挥和干预。冰雪集市不仅仅是一个交易的场所,除了交易之外,它还有一

---

① 摘自笔者于2016年、2017年、2023年冬季在哈尔滨市公路大桥下采冰现场及"冰雪大世界"建筑工地的田野调查。

个很重要的职能——社交职能，商贩与工人在短短的20多天内完成了一个交流行为，这也是社区的认同和社区凝聚力发生的一个机会。在对冰雕艺人的采访中，李向平先生讲述过关于冰雪大世界建设初期的一个失败案例，"以前日本札幌的人口100多万，他的旅游人口超过本市人口，那边就是国际性的雪雕、冰雕展览，过了一个礼拜就全拆了，而且不靠收门票挣钱，他们去跟当地的周边旅馆、饭店、商场和交通部门收钱。我们也学人家，当时冰雪节办公室下令，冰雪办公室主任天天夹着包去各个地儿收钱去，人家都不愿意给，这个方法在中国行不通。你看你，坐车人多了，你去车站收钱去，谁给你啊，体制不一样，还是不行"。冰雪集市的出现展示出民俗本身一个积极的发展方向，尽管其发展模式所受到的诸多外在因素的干预和推动很强大，其本身也具有自己的内在发展动力，不符合时代和历史的过度官方干预、过度商业开发以及旅游模式并不会对民俗本身造成伤害，反而会使民俗事象在新的语境下不断适应，使民俗在原本的时空脉络之外予以重置，以获得新的功能或发生灵活变通的变化，而这变化本身也成为民俗"整体性"的一部分。

第五节 构建"社区"：民俗文化表演中的实践与认同

如上文所述，象征国家意志的官方政府、各个营利机构、"冰雕艺术家"、仪式制造者、工人、游客、本地人等多种角色在作为民俗文化表演的冰雪节、冰雪大世界的建构过程中均占据着重要的地位。然而，从一个融合了政治权力、经济利益、社区组织、民众的集体记忆、个人创造、营销策略、大众媒介等多方因素互动、交融甚至共谋的当代大型综合性民俗文化表演活动来看，参与其中的角色也不仅尽于此，例如，与民俗旅游密切相关的其他行业，如交通、住宿等，各个角色复杂多样,来源不同,活动中表现不同,诉求不同,产生的效果也不同,各方的力量在实践过程中呈现出非均质性等特点,这使得社区更加动态、频繁地变异,造成更多的冲突和矛盾,在这之中通过协商、沟通等最终达成一致,来促进民间文化传统的发展,为当地冰雪文化的创造发挥作用,不断地打造着"地方性知识",传统的民俗文化在多种力量的协商、沟通和促进之下才能得以不断延续。现代社会中这样的特征和发展途径可能会导致新文化事件/表演被再创造,同时也可能成为民俗文化传统持续传承的基本动力。因此,将冰灯文化作为非物质文化遗产置于当代语境下来看,其中的"社区"参与就应该被赋予新的内涵。从联合国教科文组织的文件来看,"对社区的强调,主要是以对政府力量主导性的警惕或规避为前提的……对于是否承认某一文化事象属于非遗,是否申报某个层级的非遗名录……都应该遵循社区的意愿而非政府的主导"[1]。也就是说,政府、营利机构等部门不属于社区,然而这样的规定在运用于现代的大型商业民俗表演活动中似乎并不合适。

在哈尔滨地区冰雪文化变迁的过程中,我们可以清楚地看到,文化表演是基于哈尔滨及周边地区源远流长的民间冰雪文化传统。冰灯的制作过程和工具,是由多代民间手工艺者的智慧共同发展而成的。然而,在不同的社会背景下,官方始终是这些变迁的主导者,而民众则赋予其生命力,使冰雪文化和冰灯民俗得以不断自我更新。尤其是在当下,作为旅游资源的"冰雪大世界"却是完全由政府主导的民俗文化事件,政府从最初的构想、投资到现在的参与、监管,在此事件中占据着决定性的位置。

在"冰雪大世界"成为一个具有丰厚经济利益的项目以来,营利机构又在此事件中占据了主导地位,投资、招贤纳士、统筹、协商等,

---

[1] 安德明. 非物质文化遗产保护中的社区:涵义、多样性及其与政府力量的关系 [J]. 西北民族研究, 2016 (4): 74-81.

<<< 第六章　冰雪节庆中的社区参与多元话语

营利机构与政府/官方共同推动着"冰雪大世界"的发展。同时民间也并非一味地被动接受。在此案例的田野调查中可以看到，官方与民间之间并非绝对的二元对立或截然分开，二者之间的交流互动非常频繁，在政府的重视和征用之下，很多民间机构和民众甚至表现出很积极地支持和参与冰雪文化的当代建构工作，他们很多时候会经过自身的内在发展逻辑选择和取舍，并主动地利用官方资源来发展传统，最后双方认同并借助此标签，在多元互动的背景下传播着有活力的民俗文化。尽管民俗文化在这样的语境下往往会成为民俗旅游和遗产景点的附属，但获取经济效益往往成为保护民俗传统的主要动力。

随着民俗旅游的发展，扩大就业机会、增加税收、增加地方收入以致刺激本地企业和吸引外资等方面对本地经济和国家经济来说具有极大的潜在价值。然而，许多民俗学者担忧这种发展会伤害到民俗文化本身，以致"民俗旅游越来越抛离其原生的文化生存语境，已经彻底仪式化了，被表演的民俗生活不是一种自然的、原生态的生活状态，具有独特文化意蕴与价值的符号体系只留下一个空壳"[1]。民俗文化的"表演化倾向"影响民俗文化自身的发展，也影响旅游的可持续发展等。[2] 但"保护"不等于"保存"，皮尔斯将"保护"定义为明智地使用资源[3]，民俗传统并非等同于历史，而是反映出目前所存在的东西。如爱尔兰谚语"一个人的传统是他所具有的、比他更为古老的那部分"。这种看待传统的方式抓住了一点，即任何传统，实际上，在它被活着的人享有的程度上都是活的。[4] 因此，官方政府、营利机构或广大民众对民俗传统的商业化、现代化、新媒介化处理完全合理，"社区"内的任何

---

[1] 刘晓春. 民俗旅游的意识形态 [J]. 旅游学刊, 2002, 17 (1): 73-76.
[2] 徐赣丽. 民俗旅游的表演化倾向及其影响 [J]. 民俗研究, 2006 (3): 57-66.
[3] 蒂莫西, 博伊德. 遗产旅游 [M]. 程尽能, 主译. 北京: 旅游教育出版社, 2007: 89.
[4] 塞尔兹尼克. 社群主义的说服力 [M]. 马洪, 李清伟, 译. 上海: 上海人民出版社, 2009: 6-7.

角色都有权对其所拥有的民俗事象进行传承、再创造、商业化、旅游化等处理。

对于将冰灯民俗传统打造为"冰雪大世界"旅游商品的成功案例的过程中，是政府、商业机构、民众等所组成的广义的"社区"所共同建构的文化表演，但同时广义的"社区"参与在非物质文化遗产保护或者民俗文化表演活动的实际操作过程中会出现很多问题。比如，官方的参与势必会出现权力的过度干预问题。在"冰雪大世界"事件中，权力的运作不仅体现在申请"非遗"项目的过程中和在"社区"内部的协商和沟通中，而且过度的干预更作用于民众的日常生活之中。若权力运作不当，那么政府对政绩和利益的诉求很容易成为"冰雪大世界"事件最主要的目的。其次是对"过度开发"的思考。由联合国教科文组织保护非物质文化遗产政府间委员会核定的《保护非物质文化遗产伦理原则》强调，"非物质文化遗产的动态性和活态性应始终受到尊重。本真性和排他性不应构成保护非物质文化遗产的问题和障碍"。非遗不是文物，也不是"活态的文物"，它与人类的过去、现在和未来都相关。因此社区有权对其所有的非遗进行传承、再创造，尤其是在当下，对其进行商业化、旅游化等处理也是对非遗保护与传承的重要手段之一。但是在商业化、旅游化的过程中，作为社区中的机构——营利机构是其中的主要部分，它对非遗进行的商业化等处理也完全合理，但其占据着文化事件发展中的主导地位，应该注意防止过度开发，以致给遗产本身带来伤害。另外现代商业文化表演活动的兴起导致在保护和传承"非遗"过程中对"社区"中最重要的部分——人的关注逐渐减少。实际上这个问题不仅在此个案中，在很多"非遗"项目中都存在。[①] 丽莎·吉尔曼（Lisa Gilman）教授在对列入联合国教科文组织"人类非

---

① 安德明. 非物质文化遗产保护中的社区：涵义、多样性及其与政府力量的关系 [J]. 西北民族研究, 2016（4）：74-81.

<<< 第六章 冰雪节庆中的社区参与多元话语

物质文化遗产名录"的马拉维的"Vimbuza Healing Dance"进行回访时发现，当地社区成员并不知晓 Vimbuza 的申遗过程和结果，该项目的申报完全没有做到"社区参与"的要求，但事实上它申报成功了。① 在"冰雪大世界"这个文化事件中，"社区"中的每个个体都参与到它的建构之中，然而当其作为"非物质文化遗产"申请项目时，主要的参与者就是权力机关和利益机构，社区的参与仅仅体现在申遗材料和文本中，而非"非遗"项目的实践中。

随着社会、时代、科技、媒介的发展，在非物质文化遗产保护与传承的语境之下的"社区"概念也在不断变化，本尼迪克特·安德森指出，诸如民族国家这种实体是抽象概念。通过对惯例、民族神话传说、旗帜及其他象征的信仰分享，人们联系在了一起。② 按照西非作家玛里多玛·撒门（Malidoma Some）的说法，人类具有一种"社区本能"（an instinct of community），人类寻找与自己最相似的人，目的是保护自己，与社会其他部分隔离开来。当下新媒介的兴起使民俗文化传承发展的渠道实现了多元化，技术世界为民俗文化及其研究带来的是时空拓展，同时技术的魔力也改变了民俗文化的表现形态。作为民俗研究者，我们面临的重要任务是从目前对民俗事象、传统文化的保护走向开放，迎接全球化"社区"的到来，以新的视野来看待传统的民俗文化。当进入了一个更加抽象的以科技为媒介的领域，对"社区"的理解也应该更加宽泛。无论是当下以传统的地理界限、文化共同体为核心的"社区"概念，还是未来以科技为媒介的虚拟"社区"，或是在非遗保护还是其他的语境下，它都应该是一个所有人都可以参与的团体，公开

---

① GILMAN L. Demonic or cultural treasure? Local perspectives on Vimbuza, intangible cultural heritage, and UNESCO in Malawi [M]//MICHAEL D, FOSTER M D, GILMAN L. UNESCO on the ground: Local perspectives on intangible cultural heritage. Bloomington and Indianapolis: Indiana University Press, 2015: 59-76.

② 安德森. 想象的共同体：民族主义的起源与散布 [M]. 吴叡人，译. 上海：上海人民出版社，2005: 8.

的沟通与平等参与将成为普遍的社区准则。正如《未来的社区》一书中所提到的，一个稳定而有活动的"社区"应该是关照自己，关照彼此，关照这个地方。

结　语

　　以冰灯为代表的冰雪文化，是哈尔滨地区传统文化中的标志性符号。但长期以来，在当地人的日常生活中，冰灯或冰雪文化仿佛是浑然天成的有机组成部分，与衣食住行、礼尚往来的方方面面融为一体，并不会被当作多么特殊的对象来加以特别的观照或讨论。在全球旅游工业日益兴盛的今天，随着越来越多的外地人来到哈尔滨并惊叹于这里的冰雪风光，以及冰灯、冰雕等人对自然的艺术化处理，当地人才开始意识到自己习以为常的冰雪文化，可以被贴上"传统""民俗"乃至"非物质文化遗产"等各种新的标签，在当下旅游热、"非遗"热的语境中大放异彩；而地方政府更是敏感地察觉到，冰雪文化不仅仅是局限于当地的冬季娱乐项目，它更可能成为拯救衰落都市的良方。这些新的认识和思路，与高科技的迅速发展和商业化的日益普及相结合，导致当地的冰雪文化发生了急剧的变迁，与冰雪相关的各种新的行业在当地蓬勃兴起，过去的"冷资源"变成了现在的"热经济"，冰雪文化从日常生活的潜流中走向前台，以被包装的"文化表演"、完美而复杂的商业形态展示在大众面前。

　　本书以哈尔滨的冰雪节庆（包括冰雪大世界）为个案，对当地冰灯的类型、制作技术和功用的变革、冰灯手工艺人的生命史以及当代冰雪文化市场化过程中各参与角色的不同诉求及互动关系等进行了整体性的研究。全书从"文化表演"的角度，将"冰雪大世界"及相关的冰雪行业置于社会变革的语境之中，来讨论传统在当代社会的传承与再创造，以及由多元力量构成的相关"社区"的作用及其复杂多样的内部关系。在此过程中，既关注项目决策者、主导者的诉求和作用，也关注从事冰雪行业的普通民众的生活世界，尤其着重讨论不同参与主体如何协商不同的诉求与期望并最终达成一致的问题。全书主要结论和思考如下：

第一，"冰雪大世界"作为一个特定的文化空间，集中展示了各个层面的社会文化，包括政治、经济、社会及信仰、民俗等不同要素。这一冰雪文化的盛会，是从黑龙江地区的冰雪文化传统当中建构起来的，它以人们所了解和熟识的寒季娱乐和日常生活，连接起了过去、现在和未来，提供了一个反映当下社会境况和当地人增强地域认同感的契机，并为创造新的社会关系提供了可能。冰雪空间不仅是一个娱乐的场所，它还具有社交职能，使各种身份的人们在特定的时空内完成了交流行为，也为加强社区的认同和社区凝聚力创造了机会。

第二，在作为"文化表演"的"冰雪大世界"的建构过程中，官方、商业、民众和手工艺者的参与使整个表演更加多元和复杂，文化表演中充斥着不同的话语交织以及在此语境中的自我表述。一个完整、丰富的"文化表演"，正是由不同角色之间的冲突与妥协、沟通与协商以及最终达成一致等诸多环节构成的交流事件，尽管其最终的结果会让所有的参与角色认为不尽如人意，但也是"基本符合"他们的最初意志。作为一项商业性的文化表演，冰雪大世界实际上是一个多元角色"交流的事件"，其中角色之间的冲突并不激烈和普遍，相反，持有不同诉求的角色之间，存在更多的是妥协和协商。这可能是由于权力和资本的调控，但更多的则是由于冰雪行业从业者本身的选择，比如，很多具有较好家庭背景和教育背景的冰雕艺人，他们会给自己更多的妥协空间，或是离开家乡去其他地方"寻找适合自己的空间"，或是努力解决手工艺的"匠人精神"与完成市场效益之间的矛盾，只选择"小冰雕"进行制作，既让自己满意又"让领导满意"。

　　第三，冰雪大世界的组织规划者，通过对当地已有的冰雪文化传统或相关要素的创造性运用，构建出了一个新的文化事象。它既有别于传统又与传统有着千丝万缕的联系，既让参与各方觉得不伦不类又无法全然否定。这种被发明的传统，对作为活动中表演主体（如冰雕艺人、冰雪工人等）的当地人来说，有着去语境化特征，已经完全脱离他们所熟悉的传统的日常生活，而变成了与自己原有生活不相干的事象。但是，面对来自四面八方的游客，在一个被明确标定为"表演空间"的特定场合，这些新传统以及其中的各种古老元素，又都经历了再语境化的过程，变成了专门针对外来游客的特定交流形式，成了当地用以展示其"地方性"、外地人得以感受和体验当地"独特魅力"的一个特殊表演平台。这个平台所展示的具体内容，既包括传统冰灯造型和题材，又包括大量与时代要求密切相关的新题材，诸如克里姆林宫、撒哈拉、圣索菲亚大教堂等古代丝绸之路沿线国家风情，以及"王者荣耀"乐园等在年轻人中所流行的电子竞技游戏主题设计等，都成为备受游客欢迎的重要内容。每年一度的作为冰雪节开幕标志的"采冰仪式"，则是利用部分传统元素由专人精心编创的表演活动，它尤其会创造出极度狂欢的场面。这一富于动态感和戏剧性的表演形式，表现了粗犷、豪迈、雄壮的"东北大汉"形象，这一形象，既符合外地人对东北人性格的想象与期待，又能满足当地人关于自我形象的定位，从而在高度商业化的表演活动中，强烈地表达了"本地"与"外地"之间复杂而微妙的关系，并使"本地"与外界更加密切地联系在一起。这一切，都为经营者带来了更大、更好的经济效益。客观上，也面向更为广泛的观众群体，更加集中地展示了哈尔滨与时俱进、多元并蓄的城市面貌。

　　第四，《保护非物质文化遗产公约》所强调的"社区参与"在此案例中的特殊性。概括而言，非遗保护领域的"社区"概念，可以是一个边界明确的地理空间，但更重要的，则是指直接或者间接地参与相关非遗项目的施行和传承的人①，具有与"文化共同体"相似的特征。联合国教科文组织主导的非遗保护，始终强调社区最大限度地参与以及使社区成为保护最直接受益方的原则。由于是从官方与民间二元对立的角度来表达对政府力量过度干预的警惕，其"社区"概念中并不包括官方和商业机构等力量。然而，本书通过对哈尔滨地区冰雪节庆发展历史的追溯，得出了不同的理解。可以看到，由于主流意识形态的影响，当地的冰灯活动及冰雪节庆曾一度中断，直到20世纪70年代后期以来，随着国家的文化政策逐渐宽松，这些活动才得以复兴，并获得了越来越多的生存空间和展示舞台，商业时代的来临，为冰雪文化提供了更广阔的发展平台。在这样的背景下，政府开始对其进行宏观调控，商业公司则作为主要负责人操纵冰雪节庆的设置，每一个相关盈利集团争相参与，手工艺人将童年经验与自身的雕刻技法结合，在"传统"基础上创造了新的艺术形式与展演形式……由此可见，官方（地方政府）的参与实际上占据着主导的地位，官方对节庆空间有意识地干预与控制，是其节庆叙事得以完整表达的重要保障，通过策划和组织以及亲自在场，官方展示了毋庸置疑的主导和权威地位。而同样被置于非遗保护相关"社区"概念之外的商业机构，在此案例中则扮演着重要的执行功能。通过对冰雕手工艺人的调度、对冰雕作品的编排和展示、运用多种新媒体手段宣传冰雪文化、申请非物质文化遗产代表作项目名称等手段，商业机构致力于冰雪文化的展示与发展，它将冰雪行业的人们聚集于此，按照官方的要求和自己的预期进行规划和操作，为这一文化表演的达成发挥了至关重要的作用。可以说，就"冰雪大世界"这一个现代大型的商业文化表演事件而言，"社区"不仅具有特定技能或知识的民众，还包括属于"官方"的各级政府部门和相关商业机构。当然，

---

① 杨利慧. 以社区为中心：联合国教科文组织非遗保护政策中社区的地位及其界定[J]. 西北民族研究, 2016 (4): 63-73.

在这一复杂的综合商业活动和地方认同建构过程中,这些参与力量有着各自不同的具体诉求与具体行动,但在建造冰雪大世界这一大的目标下,他们之间的差异又得到了调和与统一,并最终促成了总体目标的达成。另外,由于官方行政力量或商业机构在文化实践领域常常处于强势地位,因此,保持对这些权力过度插手干涉民俗文化领域的警惕也十分必要,对那些不顾文化本身的传承者或主体的情感,忽视当地民众的现实生活需求,一味为了文化而文化,为政绩而开发,乃至伤害了民众感情的做法,我们应该始终保持批判的态度。

从作为"流放之地"的小渔村到多元的"东方小巴黎",从昔日的工业重镇到今天"年轻人逃离、老年人海边养老"的"逃亡之地"……在过去的一个世纪当中,哈尔滨经历了诸多跌宕起伏的剧烈变化。在这样的背景下,如何重塑城市的辉煌成为当地政府和社会各界共同关心的大事,丰厚的冰雪传统以及在其基础之上建构的冰雪大世界,自然被当成复兴城市的重要资源。作为大型商业性文化表演的冰雪大世界,客观上也担负起了这项使命,从而具有了与一般商业活动不尽相同的特征。本书以上有关这一表演事件的考察,希望能够为民俗主义视角下的文化表演研究以及非遗保护领域的相关讨论,提供有参考价值的民族志资料和思考。

参考文献

一、中文文献

（一）古代文献（按照年代顺序）

［1］彭大翼. 山堂肆考：卷二十三地理［M］. 清文渊阁四库全书本.

［2］曹学佺. 石仓诗稿：卷三十三［M］. 清乾隆十九年曹岱华刻本.

［3］郭子章. 豫章诗话：卷六［M］. 清刻本.

［4］徐熥. 幔亭诗集：卷七［M］. 清文渊阁四库全书本.

［5］李攀龙. 古今诗删：卷二十九［M］. 清文渊阁四科全书本.

［6］清通典：卷五十八礼［M］. 清文渊阁四库全书本.

［7］西清. 黑龙江外记：卷六［M］. 清光绪广雅书局刻本.

（二）专著

［1］阿塔利. 未来简史［M］. 王一平, 译. 上海：上海社会科学院出版社, 2010.

［2］安德森. 想象的共同体：民族主义的起源与散布［M］. 吴叡人, 译. 上海：上海人民出版社, 2011.

［3］鲍曼. 作为表演的口头艺术［M］. 杨利慧, 安德明, 译. 桂林：广西师范大学出版社, 2008.

［4］鲍辛格．技术世界中的民间文化［M］．户晓辉，译．桂林：广西师范大学出版社，2014．

［5］德鲁克基金会．未来的社区［M］．魏青江，译．北京：中国人民大学出版社，2006．

［6］迪克斯．被展示的文化：当代"可参观性"的生产［M］．冯悦，译．北京：北京大学出版社，2012．

［7］蒂莫西，博伊德．遗产旅游［M］．程尽能，主译．北京：旅游教育出版社，2007．

［8］费瑟斯通．消解文化：全球化、后现代主义与认同［M］．杨渝东，译．北京：北京大学出版社，2009．

［9］费孝通．六上瑶山［M］．北京：中央民族大学出版社，2006．

［10］风笑天．社会学研究方法［M］．北京：中国人民大学出版社，2001．

［11］傅颐，王永魁，乔君．中国记忆：1949—2014纪事［M］．深圳：深圳报业集团出版社，2014．

［12］富育光．富育光民俗文化论集［M］．长春：吉林大学出版社，2005．

［13］高丙中．民俗文化与民俗生活［M］．北京：中国社会科学出版社，1994．

［14］戈夫曼．日常生活中的自我呈现［M］．冯钢，译．北京：北京大学出版社，2008．

［15］格尔茨．文化的解释［M］．纳日碧力戈，等译．上海：上海人民出版社，1999．

［16］龚强．冰雪文化与黑龙江少数民族［M］．哈尔滨：黑龙江人民出版社，2008．

［17］顾军，苑利．文化遗产报告：世界文化遗产保护运动的理论与实践［M］．北京：社会科学文献出版社，2005．

[18] 哈尔滨市政协文史和学习委员会. 那个冬天：哈尔滨冰雪文化50年 [M]. 哈尔滨：黑龙江人民出版社, 2013.

[19] 赫兹菲尔德. 什么是人类常识：社会和文化领域中的人类学理论实践 [M]. 刘珩, 石毅, 李昌银, 译. 北京：华夏出版社, 2005.

[20] 黑龙江省文史研究馆. 黑水十三篇 [M]. 北京：中华书局, 2005.

[21] 胡朴安. 中华全国风俗志 [M]. 石家庄：河北人民出版社, 1986.

[22] 霍布斯鲍姆, 兰格. 传统的发明 [M]. 顾杭, 庞冠群, 译. 南京：译林出版社, 2004.

[23] 加罗夫, 芬奇, 马科斯菲尔德. 现代冰雕技法：宴会冰雕·节庆冰雕·竞赛冰雕 [M]. 郑蕴, 葛莉, 刘旸菲, 译. 沈阳：辽宁科学技术出版社, 2006.

[24] 李家瑞. 北平风俗类征 [M]. 北京：商务印书馆, 1937.

[25] 李兴盛. 中国流人史（下）[M]. 哈尔滨：黑龙江人民出版社, 2012.

[26] 辽宁省地方志编纂委员会办公室. 辽宁省志·体育志 [M]. 沈阳：辽宁人民出版社, 1999.

[27] 刘爱华. 手工作坊生产与社会交换：以江西文港毛笔为个案 [M]. 北京：中国社会科学出版社, 2015.

[28] 洛夫格伦, 弗雷克曼. 美好生活 [M]. 赵丙祥, 罗杨, 等译. 北京：北京大学出版社, 2011.

[29] 马尔库塞. 单面人：发达工业社会意识形态研究 [M]. 左晓斯, 张宜生, 肖滨, 译. 长沙：湖南人民出版社, 1988.

[30] 莫福山. 中国民间节日文化辞典 [M]. 北京：职工教育出版社, 1990.

[31] 穆鸿利. 松漠集·辽金史论 [M]. 北京：中国国际出版

社, 2005.

[32] 潘峰. 两岸同根同源的文化展演研究: 以台湾民俗村和闽台缘博物馆为例 [M]. 北京: 九州出版社, 2011.

[33] 彭兆荣. 旅游人类学 [M]. 北京: 民族出版社, 2004.

[34] 塞尔兹尼克. 社群主义的说服力 [M]. 马洪, 李清伟, 译. 上海: 上海人民出版社, 2009.

[35] 宋良曦, 宋岸雷. 中国灯文化 [M]. 成都: 四川人民出版社, 1996.

[36] 滕尼斯. 共同体与社会 [M]. 林荣远, 译. 北京: 商务印书馆, 1999.

[37] 涂尔干. 宗教生活的基本形式 [M]. 渠东, 汲喆, 译. 上海: 上海人民出版社, 1999.

[38] 王景富. 哈尔滨冰雪文化发展史 [M]. 哈尔滨: 黑龙江人民出版社, 2007.

[39] 王景富. 世界五千年冰雪文化大观 [M]. 哈尔滨: 黑龙江人民出版社, 2007.

[40] 王景富. 永不重复的童话: 哈尔滨冰灯诗文选粹 [M]. 哈尔滨: 哈尔滨出版社, 2001.

[41] 王清海. 冰城夏都历史旧事 [M]. 哈尔滨: 黑龙江人民出版社, 2014.

[42] 吴文藻. 人类学社会学研究文集 [M] 北京: 民族出版社, 1990.

[43] 希尔斯. 论传统 [M]. 傅铿, 吕乐, 译. 上海: 上海人民出版社, 1991.

[44] 杨早, 萨支山. 话题2007 [M]. 北京: 生活·读书·新知三联书店, 2008.

[45] 于建青. 志说吉林风物 [M]. 长春: 吉林文史出版

社，2015.

［46］育光．七彩神火：满族民间传说故事［M］．长春：吉林人民出版社，1984．

［47］岳永逸．都市中国的乡土音声［M］．北京：中国人民大学出版社，2015．

［48］张朝枝．旅游与遗产保护：基于案例的理论研究［M］．天津：南开大学出版社，2008．

［49］钟敬文．民俗学概论［M］．上海：上海文艺出版社，1998．

（三）期刊

［1］安德明．表演理论对中国民间文学研究的意义［J］．民族艺术，2016（1）．

［2］安德明．对象化的乡愁：中国传统民俗志中的"家乡"观念与表达策略［J］．民间文化论坛，2015（2）．

［3］安德明．非物质文化遗产保护中的社区：涵义、多样性及其与政府力量的关系［J］．西北民族研究，2016（4）．

［4］安德明，廖明君．走向自觉的家乡民俗学［J］．民族艺术，2005（4）．

［5］安德明．认同与协商：街子乡春节期间的社火表演［J］．温州大学学报（社会科学版），2012，25（6）．

［6］鲍曼，杨利慧．美国民俗学和人类学领域中的"表演"观［J］．民族文学研究，2005（3）．

［7］戴光全，保继刚．西方事件及事件旅游研究的概念、内容、方法与启发（上）［J］．旅游学刊，2003，18（5）．

［8］段义孚，志丞，左一鸥．人文主义地理学之我见［J］．地理科学进展，2006，25（2）．

［9］费孝通．略谈中国的社会学［J］．高等教育研究，1993（4）．

［10］富育光．北方冰雪文化述考［J］．民间文化，2001（2）．

［11］郭淑云．满族萨满教雪祭探析：兼论原始萨满教的社会功能［J］．内蒙古社会科学（文史哲版），1992（5）．

［12］黄龙光．美国公众民俗学对中国非遗保护的启示［J］．云南社会科学，2015（5）．

［13］拉加，梁永佳．营造传统：新加坡国庆庆典［J］．中国农业大学学报（社会科学版）2007，24（1）．

［14］李靖．印象"泼水节"：交织于国家、地方、民间仪式中的少数民族节庆旅游［J］．民俗研究，2014（1）．

［15］刘爱华，艾亚玮．创意与"变脸"：创意产业中民俗主义现象阐释［J］．民俗研究，2012（6）．

［16］刘魁立．非物质文化遗产及其保护的整体性原则［J］．广西师范学院学报（哲学社会科学版），2004，25（4）．

［17］刘晓春．民俗旅游的意识形态［J］．旅游学刊，2002，17（1）．

［18］潘峰．民俗文化村的文化表演：以生态人类学的视角分析［J］．西北民族研究，2011（2）．

［19］彭牧．实践、文化政治学与美国民俗学的表演理论［J］．民间文化论坛，2005（5）．

［20］苏沙丽．思想的乡愁：百年乡土文学与知识者的精神思辨［J］．粤海风，2017（1）．

［21］田兆元．经济民俗学：探索认同性经济的轨迹：兼论非遗生产性保护的本质属性［J］．华东师范大学学报（哲学社会科学），2014，46（2）．

［22］万建中．"技术民俗"：民俗学视阈的拓广［J］．中国图书评论，2010（6）．

［23］汪晓云．是戏剧还是仪式：论戏剧与仪式的分界［J］．上海大学学报（社会科学版），2007（1）．

[24] 王杰文."表演理论"之后的民俗学:"文化研究"或"后民俗学"[J].民俗研究,2011(1).

[25] 王杰文."表演性"与"表演研究"的范式转型[J].世界民族,2014(3).

[26] 王杰文."传统"研究的研究传统[J].民族文学研究,2010(4).

[27] 王杰文."民俗主义"及其差异化的实践[J].民俗研究,2014(2).

[28] 王杰文.寻找"民俗的意义":阿兰·邓迪斯与理查德·鲍曼的学术论争[J].西北民族研究,2011(2).

[29] 王霄冰.民俗主义论与德国民俗学[J].民间文化论坛,2006(3).

[30] 吴晓,邹晓玲.民间艺术展演文本的文化修辞[J].湖北社会科学,2007(11).

[31] 徐赣丽.民俗旅游的表演化倾向及其影响[J].民俗研究,2006(3).

[32] 杨利慧."民俗主义"概念的涵义、应用及其对当代中国民俗学建设的意义[J].民间文化论坛,2007(1).

[33] 杨利慧.新文化等级化·传承与创新:中国非物质文化遗产保护的成就与挑战以及韩国在未来国际合作中的角色[J].民间文化论坛,2016(2).

[34] 杨利慧.语境、过程、表演者与朝向当下的民俗学:表演理论与中国民俗学的当代转型[J].民俗研究,2011(1).

[35] 王凯宏,贺敏,李方海.黑龙江冰雕文化的发展与制作技术[J].艺术品鉴,2013(2).

[36] 岳永逸.日常表达中的华北乡土社会[J].中国农业大学学报(社会科学版),2009,26(4).

[37] 周星."农家乐"与民俗主义[J].中原文化研究,2016,4(4).

(四)网络文献

[1] "波兰"哈尔滨人"忆抗战:在那里我们共同经历好与坏的年代(组图)"[EB/OL].环球网,2015-09-02.

[2] "法学图书馆"网页版:http://www.lawlib.com/law/law_view.asp?id=95300。

[3] 哈尔滨首届采冰节启动 古老祭祀仪式穿越百年[EB/OL].人民网(黑龙江频道),2015-12-04.

[4] 联合国教科文组织.保护非物质文化遗产公约[EB/OL].中国人大网,2006-05-17.

二、外文文献

(一)专著

[1] DORSOW R M.Forklore in the modern world[M].Berlin:De Gruyter Mouton,1978.

[2] GETZ D.Event management & event tourism[M].New York:Cognizant Communication Corporation,1997.

[3] JACKSON P.Maps of meaning[M].London:Unwin Hyman Ltd,1989.

[4] JAMAL T,ROBINSON M.The SAGE handbook of tourism studies[M].Los Angeles and London:SAGE,2009.

[5] KIRSHENBLATT-GIMBLETT B.Destination culture:tourism,museums,and heritage[M].Berkley:University of California Press,1998.

[6] MARKWELL S,BENNETT M,RAVENSCROFT N.The changing market for heritage tourism:a case study of visits to historic houses in England[J].International Journal of Heritage Studies,1997,3(2).

[7] MITCHELL D. Cultural geography: A critical introduction [M]. Oxford: Blackwell Publishers Limited, 2001.

[8] SINGER M. When a great tradition modernizes: An anthropological approach to Indian civilization [M]. New York: Praeger, 1972.

(二) 期刊

[1] WOLFORD J. The formation of folklore studies [J]. American Anthropologist, 2010, 101 (3).

附　录

田野调查主要采访对象介绍

在本次田野调查中，我们有幸采访了一系列关键人物，他们对于哈尔滨冰雪文化的深刻见解和丰富经验，为我们的研究提供了极为宝贵的第一手资料。这些访谈对象不仅以其专业素养和独到的视角，帮助我们深入了解了冰雪文化在现代社会中的传承与发展，也以其开放和合作的态度，极大地丰富了我们的研究内容。

特别感谢以下各位在百忙之中接受我们的访谈，并慷慨分享他们的知识和经验：

1. 夏千明先生，哈尔滨冰雪大世界股份有限公司董事长。
2. 杨志先生，哈尔滨冰雪大世界股份有限公司企划部部长。
3. 孙颖先生，哈尔滨冰雪大世界股份有限公司企划部前任部长。
4. 张博超女士，哈尔滨冰雪大世界股份有限公司企划部工作人员。
5. 苗苗女士，哈尔滨冰雪大世界股份有限公司企划部工作人员。
6. 刘小萍女士，哈尔滨冰雪大世界股份有限公司企划部工作人员。
7. 郭崇林教授，哈尔滨师范大学民俗学教授。
8. 计世伟先生，黑龙江省文联主席。

9. 邱广会先生，著名冰雕艺术家。

10. 李向平先生，哈尔滨艺术学院美术系雕塑专业毕业生，资深行业专家。

11. 孙万杰先生，哈尔滨艺术学院美术系雕塑专业毕业生，企业家及冰雪雕刻艺术家。

12. 孙健先生，孙万杰先生之子，继承父业的冰雪雕刻艺术家。

13. 吴乃光先生，老一代冰雪工作者，"哈尔滨现代冰雪创始人之一"。

14. 艾辉先生，哈尔滨市华辉环境艺术工程公司经理。

15. 朱晓东先生，黑龙江省著名冰雪艺术专家，冰版画创始人。

16. 刘财先生，冰雪大世界的"采冰王"。

17. 任长春先生，炎黄文创（北京）文化发展有限公司总经理。

18. 甲继海先生，哈尔滨旅游形象大使，多才多艺的商人、演员及民俗爱好者。

19. 在采冰现场、采冰仪式现场以及冰雪大世界建筑工地等田野工作地点，给予笔者无私帮助的热心而真诚的工人们。

笔者要向所有在笔者田野调查过程中给予无私帮助和支持的人们表示衷心的感谢。在采冰现场、采冰仪式现场以及冰雪大世界建筑工地等多个田野工作地点，笔者有幸采访到了许多热心而富有知识的人们。

特别感谢那些在采冰现场辛勤工作的工人们，他们不仅在严寒中坚守岗位，还慷慨地分享了他们对于采冰工艺的独到见解和丰富经验。他们的讲述让笔者更加深入地了解了这一传统行业的艰辛与美丽。同时，笔者也要感谢在采冰仪式现场的参与者和组织者，他们热情地向笔者介绍了仪式的历史渊源和文化内涵，让笔者能够更全面地理解这一独特民俗的意义和价值。在冰雪大世界建筑工地，笔者遇到了许多敬业的工程师和建筑工人，他们不辞辛劳地为笔者解答关于冰雪建筑技术和创意设计的问题。他们的专业知识和独到见解对笔者的研究有着极大的帮助。此外，还要感谢所有在笔者采访过程中提供信息和见解的人们，他们的无私奉献让笔者能够更深入地挖掘冰雪文化的丰富内涵。衷心感谢每一位帮助过笔者的人,正是你们的支持和分享,让笔者的研究更加充实和有意义,也为我们的研究工作增添了深刻的人文关怀和社会价值。